주 역 원 론 ⑥

- 사물의 운명 -

김승호 지음

 도서출판 선영사

머리말

마침내 졸업반에 들어서게 되었다. 물론 주역이라는 학문 그 자체의 졸업반을 의미하는 것은 아니고, 주역이라는 학문의 기초 과정의 졸업반을 의미한다. 군이 비유하자면 초등학교 6학년이다. 제1권에서부터 제5권까지 쉼없이 참되고 착실하게 독파해 온 독자라면 지금쯤 괘상의 뜻을 어느 정도 이해했을 것이다. 어떤 독자들은 그 동안의 과정을 통해 내재하고 있는 지성이 분출하고 있을지도 모르겠다.

제6권은 폭을 더 넓히는 한편, 모든 부문에 아주 철저히 과학화를 시도했다. 이로써 괘상의 뜻은 더욱 분명해질 것이다. 이 책이 주역의 기초 과정이라고는 하지만, 정통 주역 학자라면 30년도 더 걸릴 내용이다. 어쩌면 지난 수천 년 동안 인류는 이처럼 깊게 주역을 다루지 못했을 것이다. 그만큼 주역이 어렵다는 뜻이다.

모든 자연의 법칙이 그러하듯, 주역의 진리도 깊게 파고들어가면 갈수록 단순해지는 법이다. 따라서 지금까지 이 책을 공부해 온 독자들은 이제 주역이 더욱 단순하게 여겨질 것이다. 어떤 독자들은 주역의 신비가 이토록 낱낱이 벗겨지는 것에 대해 허전함을 느낄 수도 있다.

당연한 일이다. 필자도 어려운 문제를 오랜 세월 동안 공격하다가 답을 알아내는 순간에는 보람도 느꼈지만 허전함을 느꼈던 것이다. 어떤 경우에는 눈물마저 글썽였다. 하늘이 감추어 놓은 보물이 세상 밖으로 드러남으로써 불쌍하다는 느낌이었을까? 아니면 신성(神聖)을 침범했다는 죄책감 때문이었을까?

사실 필자는 이 책에 수록된 문제 중 쉽게 척척 알아진 것은 하나도 없다. 거의 모두를 수년씩, 또는 10여 년씩 사투를 벌여 깨달아 왔던 것이다. 독자들은 그저 읽다 보면 알아지는 것뿐이지만 처음 그것을 발견하는 일은 그리 쉽지 않았다.

만약 그 동안 다루어 왔던 문제들이 쉽게 발견될 내용이었다면 인류는 그 내용을 수천 년 동안 빈번히 다루었을 것이다. 6환군 이론만 해도 그렇다. 전통 주역 학자들은 군주괘, 즉 E군을 발견해 놓고도 그것을 확장하는 방법을 몰랐다. 이 책에서는 6환군을 보다 단순하게 거론하고 그 필요성을 밝히고 있는데, 이는 주역 64괘 이전의 범주로서 초괘상이라고 할 만한 것이다.

그 외에 균형에 관한 이론은 자연계가 유지·변화되는 원리와 과정을 극명하게 밝혀 놓았다. 이는 수리 논리로 정밀하게 이루어졌는데, 바로 그대로 자연과학의 중요 이론이 되는 것이다.

제6권은 중요하고 심오한 이론이 많이 집결되어 있는바, 이는 전 5권에 비해 다소 편중된 느낌이 없지 않다. 그러나 그만한 이유가 있다. 그 동안은 주역의 기초 중 기초를 공부하기 위해 아주 평범하고 또는 시시한 문제를 다루기도 하였다.

하지만 공부가 점점 쌓여온 지금 시점에 와서는 모든 기초 이론의 결론을 보여줘야 하는 것이다. 사실 제6권에 수록된 내용은 전문가 입장에서 보면 전5권의 모든 내용보다 많다고 할 수 있다. 물론 그러한 내용들은 제1권에서부터 제5권까지의 내용을 확실히 이해할 수 있을 때만 이해할 수 있는 것이다. 따라서 지금까지 공부가 미흡하다면 제6권은 이해할 수가 없다.

이를 비유하자면 외계를 탐험하는 6단계 로켓에 해당된다. 로켓은 1단계씩 소모되면서 최종 목적지를 향해 제6단계 로켓을 밀어주는 것이다. 마침내 모든 로켓이 소진되면 6단계 로켓은 목적지에 도달하게 된다. 인류의 문명 발달을 보면 지난 300년이 그 이전 3,000,000년보다 더욱 진보했던 것이다.

이 책은 조심스럽게 출발한 제1권에서 주역을 소개한 이래 점점 고도화되었고, 이제 제6권에서는 모든 것이 간략하게 다시 조명되고 있다. 그것은 몇 개 되지 않는 결론들이다. 하지만 그것의 내용은 주역의 모든 것을 망라하고 있다.

　만일 제6권을 무리 없이 소화해 낸 독자가 있다면 그는 이미 주역의 대가인 것이다. 왜냐 하면 그는 이제 혼자서도 연구해 나갈 능력이 갖추어졌다는 뜻이다. 따라서 그런 사람은 성인의 깊은 뜻에 접근하고 있는 것이니만큼 자부심을 갖고 학문의 폭을 넓히라고 격려하고 싶다.

　끝으로 한 가지 얘기하고 싶은 것이 있다. 이 책의 제목을 《주역 원론》이라고 했는데, 이는 솔직히 말해 《기하학 원론》을 그대로 본뜬 것이다. 《기하학 원론》이라는 책은 저 위대한 유크리드의 작품이다. 그는 2300년 전에 이미 철두철미한 논리로 수학의 기초를 이루어낸 사람이다.

　《기하학 원론》은 아직도 인류 최고의 명저로 되어 있다. 그 수준은, 제대로 수학 기초 과정을 완전히 터득한 사람만이 풀 수 있는 심오한 내용들로 가득 차 있다. 오늘날 수학이라는 학문은 실로 기하학 원론으로부터 비롯된 것이다.

　필자가 이 책의 제목을 《주역 원론》이라고 한 것은 의미 심장한 뜻이 있다. 기하학 원론처럼 앞으로의 인류가 주역 원론을 통해 주역의 과학화를 이루기를 염원하는 것이다. 물론 필자를 유크리드처럼 위대한 사람에게 견주려는 것은 아니다. 다만 이 《주역 원론》

은 주역을 깨닫기 위한 인류의 과학적 도전일 뿐이다.

앞으로 많은 인재들이 나와 기필코 성인의 뜻을 기리고, 주역을 정복할 수 있게 되기를 기대한다.

차 례 1

차 례 **2**

玉虛眞經 (1)

治人事天 莫若嗇

사람을 다스리고 하늘을 우러름에 아끼는 것보다 좋은
것은 없다.

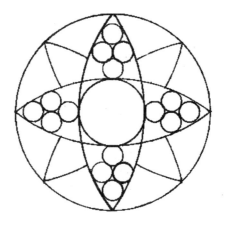

보물섬

도인에게는 보물이 따로 없다. 깨달음이 곧 보물인 것이다. 주역에서의 보물은 괘상 자체이겠지만, 그 괘상의 진정한 의미를 모르는 한 보물일지라도 쓸데없는 물건에 지나지 않는다.

이 장에서는 괘상의 위상 지도를 다시 한 번 점검하고자 한다. 우리는 앞에서 괘상을 평면에 배치했는데, 그것은 8×8 → 64인 2차원의 체계였다. 이는 주역이 만들어진 이래 인류가 지금까지 주역을 다루어 온 방식이다. 복희 팔괘도이든 단군 팔괘도이든, 또는 중앙 측정괘이든, 결과적으로 그들은 모두 가로 세로 8칸짜리 평면에 배열시켰던 것이다.

이것은 과연 옳은 방법일까? 현대 수학의 관점에 의하면 주역의 괘상은 상하로 구성되어 있어서 행렬의 모양이므로 평면에 배치하는 것이 타당하다. 그러나 이를 좀더 세심히 검토할 필요가 있다.

그리고 1, 2, 4······ 등으로 수치를 매긴 2진법 체계도 다시 한 번 따져볼 필요가 있는 것이다.

또 다른 방법은 없는가? 8×8 → 64 평면은 주역의 괘상을 이해하는 데 절대적인 좌표인가? 의심이 많은 도인은 제아무리 최첨단을 달리는 현대의 과학적인 방법이라도 마음을 놓을 수가 없다.

이 장에서는 그 동안의 체계에 대해 다시 한 번 타당성 검토를 시도하고자 한다. 앞에서 필자는 시간 대륙을 소개하면서 주역에서 가장 중요한 점이라고 찬미한 바 있는데, 이 장에서 전개될 내용은 그보다 더 소중한 것으로써 '보물섬'이라고 명명했다. 이 곳에서는 주역의 심오한 내면을 보게 될 것이다. 우선 전상도를 다시 한 번 살펴보자.

☳☶	6	5	4	3	2	1	☰
6	5	4	3	2	1	0	-1
5	4	3	2	1	0	-1	-2
(☵)	3	2	1	0	-1	-2	-3
3	2	1	0	-1	-2	-3	-4
(☶)	1	0	-1	-2	-3	-4	-5
(☳)	0	-1	-2	-3	-4	-5	-6
☷	(☷)	(☶)	-3	(☳)	-5	-6	☷

　그림은 괘상을 많이 생략했지만 그 대신 숫자를 적어 놓았다. 숫자들은 ☰과 ☷를 수직으로 그은 선을 기점으로 하고 좌우로 평행선을 내리그은 다음 거리 좌표를 표시한 것이다.

　즉, 중앙선은 0이고, 좌측은 +, 우측은 −이다. 독자들은 ☰을 위쪽, ☷을 아래쪽에 놓고 중앙 수직선을 0, ☷을 −7, ☰을 7로 보면 된다. 그리고 전상도 하나를 그려 옆에 놓고 시작하자. 그림에는 (1, 5)인 괘상을 표시했는데, 이것은 시간의 흐름을 나타내는 괘상이다. 즉,

$$☷ \rightarrow ☷ \rightarrow ☵ \rightarrow ☷ \rightarrow ☱ \rightarrow ☰$$

　이 과정은 양이 올라가고 또한 음이 내려오는 것인데, 모두 6단계로 나누어져 있다. 그런데 앞의 그림에서 보면 다소 문제가 있는 것 같다. 이들의 위치는 일정한 간격을 두고 나타난 것이 아니다. 즉,

4	2	1	−1	−2	−4

　이들은 좌우가 대칭이지만 간격은 불평등하게 이루어져 있다. 이것은 왠지 이상하게 느껴진다. 우리는 위의 괘상을 해석할 때 양이 한 단계씩 올라가는 것으로 해석할 뿐 각 단계의 변화는 평등하게

느끼고 있다. 뿐만 아니라 시간의 변화는 각 단계로 측량하는 것이지 그 단계마다 다른 의미를 부여할 수는 없는 것이다. 이는 11시 → 12시와 3시 → 4시가 간격이 같아야 한다는 뜻이다. 시에 따라 간격이 달라진다면 시계가 잘못된 것이다. 주역에서 시간의 흐름이란 양과 음이 자리를 바꾸는 것을 한 단위로 하지만, 앞의 그림에서는 각 단위의 길이가 일정하지 않다.

이럴 바엔 시간 대륙을 따로 놔두는 것이 유익할 뿐 한 곳에 뭉뚱그려서 그릴 필요가 없어진다. 이처럼 시간 대륙을 떼어놓고 그리면 시간의 각 단계는 일정하게 된다. 예를 들어 보자.

이 그림은 좌측에서 시작하여 음양이 한 번 자리를 바꿀 때마다 우측으로 한 칸씩 이동시킨 것이다. 그런데 이것이 전상도에 배치될 때는 불평등이 발생한다. 즉,

䷁	6	5	4	3	2	1	0
6	䷁	䷁	3	䷁	1	0	-1
5	䷁	䷁	2	䷁	0	-1	-2
4	3	2	䷁	0	䷁	䷁	-3
3	䷁	䷁	0	䷁	-2	-3	-4
2	1	0	䷁	-2	䷁	䷁	-5
1	0	-1	䷁	-3	䷁	䷁	-6
0	-1	-2	-3	-4	-5	-6	䷁

이 그림에 나타난 (3, 3)의 괘상을 보라. 원래의 시간 대륙과는 완전히 다르다. 간격이 불평등할 뿐 아니라 같은 시간대에 있는 괘상도 전상도에서는 아예 다른 시간대로 변해 버렸다.

그 원인은 1, 2, 4, 즉 2진법 측정과 또한 막연한 평면 배치 때문이다. 평면 복회 팔괘도에서는 시간 변화는 전혀 나타나지도 않지만 괘상을 오직 8×8인 평면에 배치한 것은 너무나 한가한 태도가 아닐 수 없다.

무엇보다도 우리는 시간 대륙에서 나타난 시간의 흐름을 평등하게 보장해 주는 전상도를 찾아야 한다. 이제 문제점은 분명하게 드러났다.

여기서 잠시 다른 얘기를 해 보자. 바둑은 순임금이 어리석은 아들을 가르치기 위해 처음 만들었다고 한다. 왜 바둑 얘기를 꺼냈느냐 하면 바둑판이 주역의 법칙에 입각하여 만들어졌기 때문이다.

바둑판 둘레가 72인 것은 주공의 72후를 본떠서 만든 것이라고 한다. 또한 중앙을 제외한 360자리는 일 년의 숫자라는 것이다. 문제는 바둑판이 19×19로 되어 있다는 점이다. 이에 의해 둘레 72가 나오고 360이라는 숫자도 나온다.

그런데 옛날 바둑판 중에는 17×17인 것도 있었다. 그러나 그보다 더 먼 옛날에는 역시 19×19였었고, 이것이 17×17로 변했다가 다시 19×19로 제자리를 찾았다는 것이다.

여기에는 아주 신비하고 중대한 뜻이 숨어 있다. 바둑판은 19×19가 옳은 것이었음에도 불구하고, 한때 17×17로 변했던 것이 궁금하다. 더욱 궁금한 것은 왜 19×19로 되었느냐는 점이다.

서양의 장기인 체스는 8×8인 판이어서 아예 주역 64괘를 나열할 수 있게 만들어져 있다. 그러나 정작 주역을 본떠서 만들었다는 바둑판은 19×19인 것인데, 이 문제는 주역을 공부하는 사람으로서 꼭 밝혀야만 한다.

편의상 먼저 17×17인 바둑판에 대해 생각해 보자.

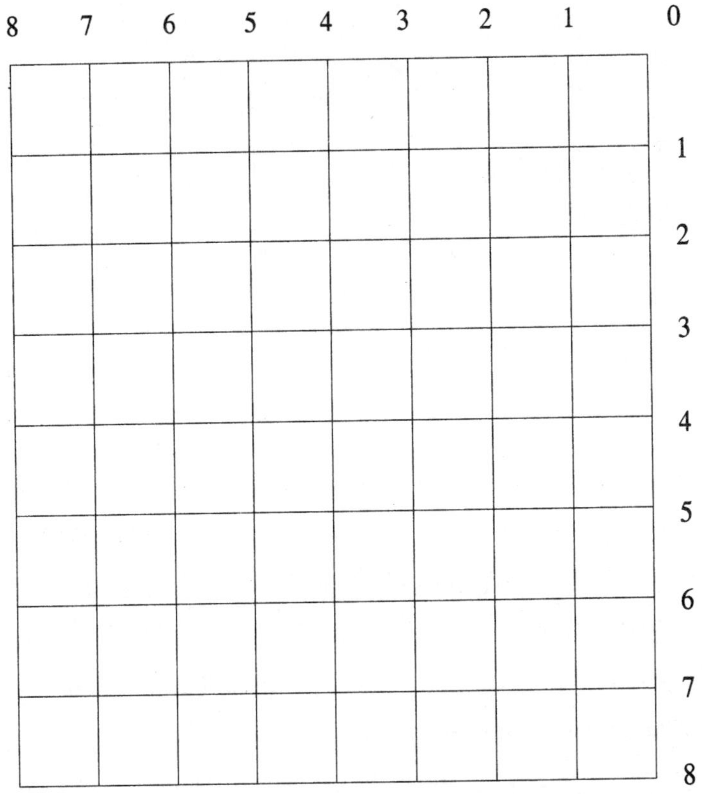

| 8 | 7 | 6 | 5 | 4 | 3 | 2 | 1 | 0 |

위의 그림은 주역의 괘상 64개, 즉 8×8이 들어갈 수 있는 평면이다. 복희 팔괘이든, 전상도이든, 위의 칸에 다 들어갈 수 있다. 체스판도 이렇게 만들어져 있다. 그런데 그림에 표시한 숫자를 보자. 모두 17개로 되어 있다. 이 17이라는 숫자는 체스판을 대각선 길이로 키워서 선의 교차점을 합한 것이다.

다음 그림을 보자.

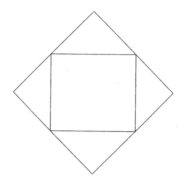

　중앙에 있는 4각형은 8×8칸으로서 체스판 또는 괘상도이다. 둘레에 있는 4각형은 17×17인 교차점 좌표이다. 두 4각형은 주역의 숫자와 관련이 있다. 옛날 바둑판 중에 17×17이 있었던 것은 바로 이 때문이다. 그 바둑판이 만들어진 경위는 필경 주역 학자가 가르쳐 주었기 때문일 것이다. 그 학자는 틀림없이 주역의 숫자가 17×17이라고 자신 있게 말했을 것이다.

　그러나 그보다 훨씬 더 먼 옛날 바둑판은 19×19였다. 17×17은 분명 주역에서 나온 것이라면 19×19는 대체 어디서 나온 것일까? 주공 72후가 되기 위해서는 19×19가 되어야 한다. 360이 나오기 위해서도 19×19가 되어야 한다. 그렇다면 괘상 평면도에서 나온 17×17을 무시하고 주공 72후 등을 맞추기 위해 억지로 19×19를 도입했던 것일까?

　바둑판 얘기는 여기에서 마치고 본론으로 돌아가자. 그러나 이 바둑판의 문제는 유념해 두어야 한다. 이 문제는 주역의 문제가 풀리면 자연적으로 풀리게 될 것이다. 다음을 보자.

그림에 들어 있는 괘상은 인데, 빈 칸은 효와 효 사이의 공간이다. 빈 칸은 모두 5개로서 오행 공간이라 하고, 중앙 칸은 토간(土干)이라 한다. 토간이란 괘상을 상하로 바라볼 수 있는 것이다. 여기서 괘상을 바라봄으로써 전상도가 만들어지고, 시간의 흐름을 평면에 나타낼 수 있었던 것이다.

단지 문제는 전상도의 시간 간격과 대륙의 시간 간격이 다르다는 것뿐이다. 중앙에서 바라보지 않은 방식으로 만들어진 괘상은 시간의 흐름이 나타나지 않으므로 논의할 것이 없다. 문제는 시간 대륙에서의 시간 간격을 정확히 도표에 나타내는 일이다.

다시 보자.

--	5
	4
—	3
	2
--	1
	0
--	-1
	-2
—	-3
	-4
—	-5

　이 그림에서 알 수 있는 것은 무엇인가? 효의 위치가 1, 3, 5, 또는 아래로 1, 3, 5인 지점에 있다는 것이다. 효는 중앙에서 바라보면 위 또는 아래로 1, 2, 3이 아니라 1, 3, 5인 것이다. 그림은 그와 같은 사실을 분명히 보여 주고 있다.

　이제 우리는 실제적인 효의 간격을 수치로 사용할 수 있다. 일부러 2진법 수치를 도입할 이유가 없다는 것이다. 당초 2진법을 도입한 이유는 1, 2, 3으로 할 때 괘가 중복되기 때문이었다. 그러나 1, 2, 3이 아닌 1, 3, 5는 중복되지 않는다. 그러므로 간접적인 방법을 사용할 필요가 없다.

　이제 괘상을 정리해 보자. 우선 중앙에서 아래를 보면서 괘상을 정렬시키자. 이것은 선천 복희 팔괘도와 순서가 같다. 다만 값에 차이가 있을 뿐이다. 복희 팔괘도는 다음과 같다.

☰

☱

☲

☳

☴

☵

☶

☷

 이들은 위로부터 일정한 간격으로 배치되어 있다. 옛 사람들은 이 것을 가로세로로 빽빽하게 배치하여 선천 복희 평면도를 만들었다. 이는 물론 아래쪽으로 치우친 것이다. 어쨌건 이들의 값을 살펴보 자. 즉, 위로부터 1, 3, 5로 나가는 방식이다.

$$☰ \begin{matrix} 1 \\ 3 \\ 5 \end{matrix} \rightarrow 9$$

$$☳ \begin{matrix} -1 \\ 3 \\ 5 \end{matrix} \rightarrow 7$$

$$☶ \begin{matrix} 1 \\ -3 \\ 5 \end{matrix} \rightarrow 3$$

$$
\begin{array}{lll}
\begin{array}{ll} \texttt{==} & \texttt{-1} \\ \texttt{==} & \texttt{-3} \\ \texttt{==} & \texttt{5} \end{array} & \longrightarrow & 1 \\[3ex]
\begin{array}{ll} \texttt{==} & \texttt{1} \\ \texttt{==} & \texttt{3} \\ \texttt{==} & \texttt{-5} \end{array} & \longrightarrow & -1 \\[3ex]
\begin{array}{ll} \texttt{==} & \texttt{-1} \\ \texttt{==} & \texttt{3} \\ \texttt{==} & \texttt{-5} \end{array} & \longrightarrow & -3 \\[3ex]
\begin{array}{ll} \texttt{==} & \texttt{1} \\ \texttt{==} & \texttt{-3} \\ \texttt{==} & \texttt{-5} \end{array} & \longrightarrow & -7 \\[3ex]
\begin{array}{ll} \texttt{==} & \texttt{-1} \\ \texttt{==} & \texttt{-3} \\ \texttt{==} & \texttt{-5} \end{array} & \longrightarrow & -9
\end{array}
$$

이상은 자연스런 값인데, 5가 빠졌다. 5란 0과 함께 중앙의 숫자로서 빠져 있는 게 당연한 일이다. 괘열 하나를 더 만들어 보자. 이번에는 중앙에서 위를 바라보면서 따져 보는 것이다.

$$
\begin{array}{lll}
\equiv & \to & 9 \\
\overline{\equiv} & \to & 7 \\
\equiv\!\equiv & \to & 3 \\
\equiv\!\equiv & \to & 1 \\
\equiv\!\equiv & \to & -1 \\
\equiv\!\equiv & \to & -3
\end{array}
$$

☶ → -7

☶ → -9

계산 방법은 하향식과 같아 생략했다. 다만 괘열은 복희 팔괘의 반대로 되어 있다. 이 괘열은 앞서 다루었지만 여기서는 값이 달라져 있다. 물론 이것은 괘상의 순서가 바뀐 것은 아니다. 이제 상향식과 하향식으로 만들어진 두 괘열을 합쳐서 괘상 평면을 만들어 보자.

그림이 다소 이상한데, 비어 있는 칸은 5가 지나간 곳이다. 종래의 전상도와 비교하면 두 칸이 넓어졌다. 그 이유는 괘상 없는 공간을 삽입시켰기 때문인데, 그 결과 괘상도는 9조각으로 나누어졌다.

필자는 이것에 대해 이름을 붙여 놓았는데, 그것이 바로 이 장의 제목인 보물섬이다. 더 정확히 얘기하면 주역에 있어서의 보물섬인 것이다. 새로 만들어진 괘상도는 그야말로 완벽한 전상도인데, 앞의 그림이 섬의 지도인 셈이다.

보물섬이라고 명명한 데는 이유가 있다. 여기에는 무궁무진한 내용이 함축되어 있기 때문이다. 당초 이 지도는 공개하지 않으려 했던 것이지만 천지의 의리를 생각해서 공개를 결심하게 되었다. 이러한 그림은 주역이 생긴 이래 현재까지 5,000년 동안 등장한 바가 없다.

이제부터 그 그림을 살펴보자. 대충 훑어보는 것에도 책 한 권이 필요할 만큼 방대한 내용이다. 그러므로 여기서는 당면한 몇 가지 문제만 살펴볼 것이다. 우선 시간의 흐름을 보자. 먼저 (1, 5)의 괘상이다.

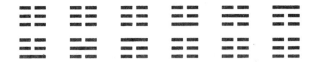

이 괘열은 가장 간단한 시간 진행을 보여 주는데, 보물섬에 나타난 모양을 보자. 독자들은 섬의 지도를 1,000장쯤 복사해 둘 필요가

있다. 왜냐 하면 주역의 거의 모든 것이 이 지도를 통해 등장하기 때문이다. 지도에 (1, 5)를 표시해 보자.

䷁	-8	-7	-6	-5	-4	-3	-2	-1	䷀
-8	-7	-6	-5	-4	-3	-2	-1	0	1
-7	-6	-5	-4	-3	-2	-1	0	1	2
-6	-5	-4	-3	-2	-1	0	1	2	3
䷗	-4	-3	-2	-1	0	1	2	3	4
-4	-3	-2	-1	0	1	2	3	4	5
䷒	-2	-1	0	1	2	3	4	5	6
-2	-1	0	1	2	3	4	5	6	7
䷊	0	1	2	3	4	5	6	7	8
괘	괘	2	괘	4	괘	6	7	8	괘

그림에 나타난 (1, 5)의 괘를 보자.

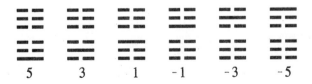

| 5 | 3 | 1 | -1 | -3 | -5 |

이들은 좌우 대칭일 뿐 아니라 괘상의 간격이 일정하다. 완전한

평등, 완전한 대칭인 것이다. 이것은 일정한 시간 흐름을 보여 준다. 따라서 이 그림 자체를 시계로 사용할 수 있다. (2, 4)의 괘상에 대해서도 살펴보자.

-9								
䷁	-7							
		-5						
䷁			-3					
	䷁		䷁	-1	䷁			
䷁					1			
	䷁		䷁		䷁	3		
							5	
	䷁		䷁		䷁		7	
				䷁		䷁		䷁	9

괘상의 위치를 확인하자. 이들은 다음과 같이 배치되어 있다.

8, 6, 4, 2, 0, -2, -4, -6, -8

이들 역시 간격이 일정하고 대칭이다. (3, 3)인 괘상에 대해 그려 보자.

괘상의 위치는 다음과 같다.

9, 7, 5, 3, 1, -1, -3, -5, -7, -9

여전히 질서를 유지하고 있다. 이상에서 알 수 있듯이 시간의 흐름은 어느 곳에서나 일정하고, 방향은 ☷와 ☰를 이은 선과 나란하다. 모든 시간 간격이 2인 것은 대각선으로 한 칸 이동이 2의 간

격으로 되어 있기 때문이다. 이들 모두는 주어진 공간에서 최대한
의 경제성을 유지하며 일정한 간격으로 배치되어 있다. 이처럼 경
제적 효용을 최대로 하는 것은 바로 자연 법칙의 모습이다. 자연은
결코 지름길을 놔두고 돌아서 가는 법이 없다. 돌아갈 이유가 없기
때문이다. 이제 모든 대륙의 시간 길이를 비교하자.

9	8	7	6	5	4	3	2	1	0	-1	-2	-3	-4	-5	-6	-7	-8	-9
				A		A		A		A		A		A				
	B		B		B		B		B		B		B		B		B	
C		C		C		C		C		C		C		C		C		C
									D									

그림에서 맨 윗줄의 숫자는 위치를 나타낸 것이다. 기호는 다음의
괘상과 같다.

A → (5, 1) 또는 (1, 5)

B → (4, 2) 또는 (2, 4)

C → (3, 3)

D → (6, 0) 또는 (0, 6)

이상에서 원소의 수가 짝수인 것은 짝수끼리 만나고 홀수인 것은
홀수끼리 만난다. 시간 길이는 C가 가장 길고, 그 다음은 B인데,
이것들이 충돌 없이 배치되기 위해서는 최소한 19칸의 공간이 필요
하다. 즉, 원소가 10개인 그룹과 9개인 그룹을 평등하고 대칭적으로

배치하기 위한 절대적인 조건은 최소한 19칸의 공간이 있어야만 하는 것이다.

바둑판은 바로 여기서 나온 19라는 숫자로 만들어진 것이다. 19는 주역의 신비한 숫자이다. 만약 이 숫자가 지켜지지 않으면 시간 간격은 엉망이 된다. 오직 이 숫자만이 모든 괘상을 충돌이나 모순도 없이 제자리에 머물도록 만든다.

옛 사람이 한때 바둑판을 17×17로 만든 것은 주역을 어렴풋이 알았기 때문이다. 주역의 최고봉이라 일컬어지는 소강절도 괘상을 8×8인 평면에 배치하는 법만 알았을 뿐 10×10에 배치하는 법을 몰랐던 것이다. 그는 단순한 2진법 논리를 적용했다. 그러나 중앙에서부터 효까지의 거리를 재면 그만이다.

이제 해결 값의 정의와 고저 값이 분명해졌다. 고저 값이란 상하 괘를 합친 것으로, 괘상을 중앙에서 바라본 거리로써 계산한다. 해결 값은 상하 값의 차이로서, 상하 괘의 충돌 에너지이다. 고저 값은 상하 괘의 협력 에너지이다. 충돌 에너지는 시간이 지남에 따라 사라진다. 충돌 에너지는 상하 괘의 갈등 에너지로서, 성질과 방향의 차이를 뜻한다.

이제 주역의 모든 괘상을 표준 값에 의해 정리할 수 있게 되었다. 예를 들어 보자.

$$\begin{array}{l} \text{━━} \quad {}^{-}5 \\ \text{━━━} \quad 3 \\ \text{━━} \quad {}^{-}1 \end{array} \;\longrightarrow\; {}^{-}3$$

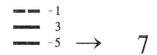

여기서 해결 값은 하괘 - 상괘, 즉 7 - (- 3) → 10

고저 값은 하괘 + 상괘, 즉 7 + (- 3) → 4

이는 상하 괘의 작용이 10으로 나타나 매우 활발하고 4로서 떠올려진다는 의미이다. 다시 말해 연못은 물을 떠받들고 또한 물과 연못은 서로 친화한다는 뜻이다. 다음 괘상을 보자.

이 괘상은 해결 값이 - 10으로서 상하는 서로 친화하지 못하고 멀어져 간다. 또한 괘상 전체는 아래로 가라앉고 있다. 두 괘상을 비교하면,

☵ 은 물이 불어나 두툼해지고 ☶ 은 흙이 닳아 없어져 산이 낮아지고 있다.

이제 새로 만들어진 전상도를 사용해서 모든 괘상의 정체를 밝힐 수 있다. 전상도의 내용을 잠시 음미하자.

　이 그림은 화(火)의 영역을 떼어내서 그린 것으로, 중앙이 시원하게 갈라져 있다. 4개씩 한 조를 이룬 것이 눈에 띄는데, 그들은 중앙(제2, 5효)이 같기 때문에 모여 있는 것이다. 원전 주역에서 보면 중효(제2, 5효)를 아주 중시하는데, 여기서는 중효의 효력이 잘 드러나 있다.

　이상의 그림을 위상적으로 축약시켜 보자. 위상 축약이란 예를 들어 다음과 같은 작업이다.

　이와 같은 내용은 앞서 공부한 바 있다. 위상 축약도를 그려보자.

이 그림에서 무엇을 알 수 있는가? 위상 원소의 개수가 1, 3, 5라
는 점이다. 주역 64괘를 모두 위상 축약시켰을 때 원소의 수는 1, 2,
3, 4, 5, 6으로 한정되어 있는바, 여기서는 1, 3, 5, 즉 홀수가 나타나
고 있다.

이는 심오한 통일성이다. 원래 전상도와 위상 축약은 별개의 법칙
에서 만들어진 것인데, 여기서는 두 개의 법칙이 서로 합치고 있음
을 알 수 있다. 괘상을 해석하는 데 있어서 위상 축약을 사용하면
모든 괘상이 아주 단순해진다.

예를 들어 보자.

☷ 을 위상 축약시키면 ☵ 로 되는데, ☵ 는 내부 공간이 두 곳이
있다. 이것을 살피면 괘상의 내용이 드러나게 된다. ☵ 은 제3효,
즉 음효를 기점으로 볼 때 아래로 양 두 개가 축적되어 있으며, 위
로는 양 3개가 활동하고 있다.

이 괘상의 뜻은 축적, 그리고 활동, 이는 하나의 칸막이에 의해

나누어져 있다. ☲의 위상을 가진 모든 괘상이 이와 같은 구조로 되어 있다. 즉, 칸막이가 두껍거나 혹은 얇거나, 축적이 크거나 적 거나, 활동이 많거나 적거나 등이다.

또 다른 괘상을 보자. ☶은 칸막이가 두텁다. 양의 기운은 두터 운 칸막이 아래에 잠재되어 있고, 맨 위쪽의 활동은 미미하다.

☳은 가장 두꺼운 칸막이가 있고 그 아래에 미약한 힘이 잠재되 어 있을 뿐이다. 활동도 아주 작다. 이는 어린아이가 천천히 성장하 는 모습이다. 성장의 전형적인 모습이다.

☴은 음 하나가 아래 있는 강력한 양을 누르려 하지만 역부족으 로 대부분의 힘을 방출시키고 있다. 그러므로 괘명을 소축이라 한 것은 당연한 일이다.

☶은 갇혀 있던 양이 드디어 해방되는 모습이다. 위에는 양이 많 기 때문에 이와 같이 해석된다.

☰은 아래에 많은 양을 축적하고 있다. 밖으로 나가는 양은 일부 분일 뿐이다. 그러므로 괘명을 대축이라 이름 붙였다.

☱은 축적된 양이 너무 많아 이미 방출이 시작된 모습이다.

☵ 은 멀리 달아나고 있는 양을 힘겹게 쫓아가는 모습이다. 갇혀
있는 양은 아주 작고 달아나는 양은 최대치이다.

☳ 은 깊숙이 갇혀 있던 양이 크게 활동하는 모습이다.

☴ 은 축적된 양의 기운을 적당하게 쓰는 형상으로, 이상적인 모
습이다.

 이상으로 ☰를 간략하게 모두 설명했는데, 이로써 주역이 매우
쉽다는 느낌이 들 것이다. ☰는 단순하게도 축적되고 쓰이는 모습
일 뿐 특별한 부분이 없다. ☰를 분해하면 ⚌과 ⚌이 되는데, ⚌
은 양의 활동으로서, 그 크기는 양의 개수로 나타내어진다. ⚌은 양
의 축적으로 크기는 역시 양의 개수로 표현되는 것이다.
 위상 ☶ 은 양이 활동하러 나가는 도중 멈춘 형상이다. 중간에 있
는 양은 준활동 또는 준축적적인 모습이다. 직접 괘상을 보자.

☶ 에서 중간에 있는 양은 위로 올라가다가 일시적으로 걸린 모
습이다. 도마 위의 생선을 생각하면 된다. 생선이 물에 있을 때는
하양이고, 조리되기 직전 죽었을 때는 상양이다. 갇혀 있던 중 탈출
하다가 장애가 발생하고 끝내는 풀려난 모습이다.

☴ 은 흙덩이에서 나무가 뻗어 가는 모습인데, 아래에 있는 양은
뿌리이고, 중간에 있는 양은 줄기, 위에 있는 양은 잎사귀이다. 그

잎사귀가 매우 풍부하다.

☳은 꽃이 만발한 모습, 중간에 많은 양이 몰려 있다. 이는 열매의 형상이다.

☲은 바다에서 태양이 떠오르는 모습으로, 가득 담겨져 있던 양이 여유롭게 차례로 떠오르는 형상이다. 중간과 꼭대기에 양이 하나씩 머물러 있다.

☵은 중간에 걸쳐 있는 양 위에 음이 두텁게 자리하고 있기 때문에 정체가 심하다.

이상으로 모든 괘상을 살펴보았는데, 이들을 다시 한 번 조직적으로 음미해 보자.

연속적으로 변화하는 과정으로, 축적된 양이 해방되고 있다.

☳은 양이 가득 축적된 가운데 겨우 하나의 양이 탈출해 있다. 그것은 충분한 힘을 받으며 뛰쳐나간 것이다. 괘명은 대유로 대량 축적과 강한 탈출을 설명해 주고 있다.

☰, 양의 탈출이 뒤따라 이어졌다. 그러므로 괘명은 소축이다.

☰, 양이 계속 뒤따르는 모습이다. 이미 많은 양이 탈출하였고, 안에 있는 양도 떠날 준비를 서두르고 있다. 괘명은 뒤를 밟는다는 뜻의 이(履)이다.

☰, 양이 다 떠나가고 오직 하나의 양이 홀로 남아 있다. 옳은 길이라면 서둘러 따라가야 한다.

이상은 ☷ 중에서도 선형으로 연결되어 있는 괘상들이었다. 다른 괘상을 보자.

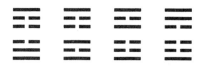

이들 괘상은 시간적으로 연결되어 있는바, 화(火)의 영역에서 (5, 1)의 괘상과 대칭을 이루고 있다. 이러한 대칭에도 일정한 법칙이 있다. 즉, (5, 1) ↔ (3, 3), (2, 4) ↔ (6, 0)인데, 이는 짝수는 짝수끼리 홀수는 홀수끼리 묶여져 있다.

☶, 대문을 굳게 닫고 방 안에 깊숙이 들어가 있는 형상이다. 높은 산 아래에 있는 연못도 이러한 형상.

☷, 보호되어 있는 곳에서 자유롭게 활동하는 모습이다. 한정되어 있으나 평화롭다.

☵, 대문이 열려 있어 밖으로 나아갈 수 있다. 그러나 장애가 있어 전진이 자유롭지 못하다.

☳, 전진하는 모습, 선발대가 나서서 진로를 개척하고 있다. 가족을 잘 먹여 살리는 가장(家長), 소가 밭을 잘 일구고 있다.

위의 괘상은 ☷ → ☵ → ☳로 위상이 변화하는데, 이는 ☷의 아래에 있는 양이 중간 단계를 거쳐 위로 나아가는 모습이다. 즉,

이 과정은 아래 있는 하나의 양(제2효)이 위(제5효)에 가서 붙는 모습이다. 양이 위로 이동했으므로 괘상 전체의 뜻도 달라졌다. 괘상은 양이 위로 올라갈수록 활동적으로 변한다. 중간 과정도 마찬가지이다

이 과정은 양이 제3효에 있다가 제4효 자리로 옮긴 모습인데, 그 때문에 괘상의 성질은 정지에서 활동적으로 바뀐 것이다. ☶는 아름다움이 숨어 있으나 ☳은 드러난 모습이다. 또한 ☶는 저녁에 활동을 중지한 모습이나 ☳은 대낮에 활동하는 모습인 것이다. 다음 괘상을 보자.

☳ ☵ [☰] ☱ ☶

☶ , 하괘가 극양으로 가득 찬 에너지이다. 이것은 위에 있는 산에 갇혀 있다. 창고에 가득 쌓인 물품, 은행에 쌓여 있는 돈이다.

☳ , 축적되어 있던 기운이 마침내 움직인다. 시골의 인재가 서울로 향하고, 훌륭한 선수가 경기를 하기 위해 중앙으로 진출한다. 다 성장한 딸이 출가하는 모습.

☱ , 갈고 닦은 기량을 발휘하고 있다. 즉, 포부가 실현되고 있는 것이다.

☵ , 도약을 위해 잠시 쉬고 있다. 대규모의 반격을 준비하고 있는 것이다. 활동은 위의 괘상과 같지만 중간(제3, 4효)에서 일단 멈추어 있다. 이는 이미 전쟁터에 나아가 있는 중군(中軍)이 진격 태세를 점검하고 있는 모습이다.

☰, 멀리 진격해 있던 부대가 활동을 개시하는 중에 후속 부대가 지원을 하는 모습이다. 전형적인 조직의 모습이다. 활동을 잘 하기 위해서는 후방의 지원이 필수적이다. 이처럼 남편이 사회 생활을 잘 하기 위해서는 부인의 내조가 필요하다. 하늘을 나는 연도 줄에 의해 생명과 그 활동이 보장되는 것이다. 여기서 줄이란 과도한 전진을 막아줌으로써 고립을 피할 수 있다. 남자는 가족이 없으면 책임질 일이 없기 때문에 모든 일에 막 나갈 수 있다. 이는 용기가 아니라 탈선이다.

☷, 모든 에너지가 완전히 충전된 모습이다. 대규모 공세로 끝장을 낸 모습.

이상을 전체적으로 보자.

이 과정은 가득 찼던 기운이 아낌없이 방출된 모습이다.

이 과정은 멀리 나아갔으나 일정한 소속을 유지하고 있는 모습이다. 흔히 개구리가 올챙이 시절 모른다는 말이 있는데, 소인은 출세할수록 그 근원을 잊고 잘난 척하며, 의리를 어기고 옛 친구를 거들떠보지 않는다. 그러나 ☷ 은 뿌리를 잊지 않는다. 그러므로 더욱 크게 성장할 수 있다.

지금까지의 괘상을 전체적으로 배치해 보자.

○	A		A	☰
B	○		○	A
B	○		○	A
☳	B		B	○

이 그림은 계열의 대칭을 보여 주며, 또한 다른 계열과의 관계를 보여 준다. 이 중에서 ○로 표시한 계열은 A와 B의 중간을 유지하다가 A, B가 서로 멀어짐에 따라 둘로 갈라지고 있다. 그 중 한 갈래는 ☰에 접근하여 많이 축적되고 활동하는 모습이다. 반면 ☳ 에 접근하는 한 갈래는 조금 축적되고 조금 활동하는 모습이다. 전체의 위상도를 다시 보자.

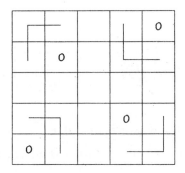

이 그림에서 원소의 개수가 같은 것끼리 연결해 보자.

이 그림에는 어떤 뜻이 담겨 있을까? 우선 대칭적으로 이루어져 있다. 이 자체만으로도 그림은 조직적으로 되어 있다는 것을 알 수 있다. 그리고 연결된 선은 화살표 모양이다. 화살표 방향을 따라 가 보면 두 개는 중앙을 향해 있고 나머지 두 개는 중앙에서 양 모서 리로 향해 있다.

중앙으로 향한 화살표는 원소의 개수가 늘어나고 모서리로 향한 화살표는 원소의 개수가 줄어든다. 이것이 무슨 뜻을 내포하든지 중앙을 위주로 작용이 분포되어 있음을 알 수 있다. 이는 전상도가 치밀하게 이루어져 있음을 다시 한 번 보여 주는 것이다. 큰 중앙 원칙 외에 작은 중앙 작용이 존재한다는 것은 그만큼 전상도가 생동력을 갖고 있다는 것이다. 전상도의 괘상을 다시 한 번 살펴보자.

			䷗	䷁
			䷏	䷖
䷓	䷒			
䷗	䷁			

위 괘상들은 중앙을 향해 전개되어 있다.

䷗, 밖으로 굳게 닫혀 있는 가운데 안에서 기운이 작용하고 있다. 즉, 수도장이나 학교의 모습이다. 또한 부모의 보호를 받으며 커가는 어린아이의 모습이다. 그러나 여기에서 일변하여 밖으로 모습이 드러나는 것이 ䷏ 이다. 반면 안으로 쌓여 나가는 것은 ䷓ 이다. 그리고 안으로는 쌓이고 밖으로 발출되는 변화가 한꺼번에 생긴 것이 ䷒ 이다.

☰, 극양으로, 상하가 극한적으로 활동을 하고 있다. 이 중에서

하괘가 주춤하는 것이 ☳이고, 위쪽으로 되돌아서는 것이 ☶이다. 상하가 동시에 정지하여 서로 기운을 가다듬고 있는 모습이 ䷏인 것이다. 이상의 괘상은 중앙으로 향하는 작용이다.

다시 그림을 보자.

채워진 그림은 꼭지점을 향해 전개되고 있다.

☳, 화살이 활을 떠나는 모습으로, 축적되어 있던 기운이 드디어 발출하는 것이다. 여기서 아래쪽이 극단적으로 강화되면 ☳가 된다. 반면 위쪽이 약화되어 전진이 멈추면 ☶이 된다. 그리고 아래는 강화되고 위가 멈추면 압력은 최대가 된다. 이 때의 괘상은 ☶이다.

☵, 근원이 고정되어 있는 가운데 밖으로 활동하고 있는 모습이다. 여기서 바깥 활동이 지나치게 많게 되면 근원을 이탈하여 먼

곳으로 날아가게 된다. 이 때의 괘상은 ☳이다.

반면 근원이 지나치게 강화되면 활동을 위축시키게 된다. ☶은 밖에 나가 있는 남편을 사소한 집안일로 자꾸만 불러들이는 꼴이다. 이런 일이 계속 이어지면 남편의 성공을 기대할 수 없다.

그리고 밖으로는 심하게 치달리고 안으로는 강하게 휘어잡으면 안팎의 안정된 상태를 유지하기가 매우 힘들게 된다. 이 때의 괘상은 ☵인데, 이는 미친 듯 달리는 마차를 제어하는 모습이다. 어느 쪽으로든 힘이 통일되는 게 좋다. 이것은 팽팽히 늘어난 낚싯줄과 같은 상황으로, 빨리 변화가 와야 한다. 가장 좋은 방법은 어느 한 쪽이 양보하는 것이다.

이상으로 화(火) 영역의 괘상에 대해 대충 음미했다. 다른 영역을 보자.

䷗	䷒		䷓	䷖
䷏	䷕		䷔	䷓
䷎	䷣		䷕	䷏
䷆	䷎		䷇	䷆

위의 그림은 목(木)의 영역이다. 4개의 지역으로 나뉘는 것은 화
(火)의 영역과 마찬가지로, 각 지역은 중효가 같다. 이들의 위상 축
약도를 그려보자.

이 그림에 채워진 위상 체계는 원소가 2, 4, 6이다. 짝수만 있는
것이다. 화(火)의 영역에서는 1, 3, 5만 있었으므로 뚜렷한 경계 영
역을 보여 준다. 전상도에 이러한 특징이 나타나는 것은 전상도 자
체가 따로 존재하지만 1, 3, 5 또는 2, 4, 6체제를 음미하여야 함을
뜻한다.

우선 그림에 나타난 괘상에 대해 시간 과정을 음미하자.

이 과정은 시간 관계를 나타낸다. 위상 원소를 짝수 개로 유지한
다는 조건을 내세워 시간을 진행시키면 이와 같은 선형 과정이 만

들어진다.

☳, 하괘에 극단적으로 큰 에너지가 축적되어 있고, 위에서는 최대한 그 영향을 받지 않으려고 버티고 있다. 그 압력은 ☷보다 커실로 대단하다. 괘명은 대장(大壯)으로 크게 위세를 떨치면서 아래를 제어하는 모습이다. 옛 사람은 이를 보고 집이란 것을 지었지만, 권력자의 경우 대궐 같은 집을 지어 권위를 한껏 높였다. 큰 자동차를 타고 다니는 것도 이와 같은 의미가 있다.

이것은 땅으로부터 떨치고 일어나 높이 오른다는 도전 의식, 또는 생명 의식을 표현한다. 먼 옛날 존재했던 선돌과 탑은 높인다는 뜻으로 쌓아올렸고, 그 안에 성인의 유골을 봉안한 것은 크게 존중하고 보호한다는 뜻이 담겨 있다. 하지만 이러한 현상은 결코 오래 가지 못한다. 일단 권세를 맛보았다면 재빨리 권력을 내놓고 초야에 묻혀 살아야만 그 명예를 보존할 수 있는 법이다.

☳, 권세가 무너지고 있다. 백성이 선하면 악한 정부는 오래 갈 수 없는 법이다. 그러므로 권력 조직에 혼란이 생기고 있다. 백성들에 대한 통제력에 한계가 나타나고 있다. 이제 권력 집단은 뜬구름과 같은 신세가 되었다. 오늘날 북한은 상당히 오랫동안 1인 독재 체제가 유지되고 있다. 이는 국민이 선하지 못하기 때문이다. 북한 주민은 용감하지 못하다. 아직 ☷의 상태가 되지 못한 것이다.

☳, 일부 국민이 국가의 일에 참여하고 있다. 백성은 드디어 숨

통이 트인 셈이다. 그러나 아직은 생각에 그칠 뿐 백성 전체가 행동에 옮길 의욕이 없다. 이 괘상은 한 곳에 집중된 에너지를 적당히 분산한 모습으로 도처에 활력이 공급되고 있는 모습이다.

☷, 백성이 본격적으로 활동을 개시했다. 머지않아 독재 체제가 무너질 것이다. 옳은 것은 밖으로 드러나는 법, 막강한 힘으로 언제까지나 정의를 가둘 수는 없는 것이다.

이상은 ☳ → ☷의 과정으로, 아래에만 갇혀 있던 에너지 집단이 위로 이동하면서 풀려나는 현상이다.

이 과정은 아래에 있는 에너지가 위로 이동함으로써 위아래의 압력이 해소되고 있다. 그러나 ☶도 아직 상당한 압력을 가지고 있다.

이 과정은 위아래가 균등한 압력으로 변화하고 있다. 물이 끓을 때 열이 이동하는 게 아니라 기포가 이동하면서 열의 분산을 극대

화하는데, 이 과정이 바로 그 현상을 보여 주고 있다.

다음 괘열을 보자.

이것은 시간 선형 과정인바, 위상 변화는 ☷ → ䷗이다.

䷗, 양이 깊숙이 잠복하고 있으며 음 에너지가 높게 자리잡고 있다. 집 밖으로 쏟아져 나온 군중들, 크게 참여하고자 함이다. 백성은 생존에 위협을 느끼면 겉으로 돌출하게 되는 법이다. 그러므로 제자리를 찾아 주어야 한다.

䷖, 극소수가 안정되어 있을 뿐 세상의 인심이 흉흉하다.

䷎, 안정을 위한 움직임이 계속되고 있다. 이미 단체적인 행동이 시작되어 효과를 얻고 있다. 뭔가를 얻고자 하는 사람은 먼저 여러 사람과 단결을 이룰 줄 알아야 한다. 하늘 높이 먼지가 날리고 있으나 차츰 가닥을 잡아 나갈 것이다.

䷚, 구체적인 작업을 진행하고 있다. 지금은 혼돈스럽지만 끝내는 소득이 있을 것이다. 목표가 정해지면 희망이 생기는 법이다.

이상의 괘상은 음 위주로 해석했다. 다소 생소한 느낌이 들겠지만 역성(易聖)이 되기 위해서는 양이나 음 모두를 해석할 수 있어야 한다. 인류는 과거 수천 년 동안 양을 위주로 해서 괘상을 해석해 왔다. 그 결과 주역을 공부한 사람조차 완전한 지혜를 구사할 수 없었다.

다시 괘열을 보자.

☷ ☳ [☶] ☴ ☶

이것은 ☷ → ☳ → ☵ → ☷ 등으로 다소 복잡한 과정을 거친다. 이는 출발선에 있는 에너지가 충분하기 때문에 다양한 결과를 나타내는 것이다.

☰, 원초적 에너지, 음양의 에너지가 각각 최대를 나타낸다. 무엇이든 척척 해낼 능력이 있다. 이 힘은 무의 소용돌이에 의해 생겨났다. 우주란 하나의 ☷계(系)로서, 물방울과 같은 것이다. 현대 과학자들은 물방울과 같은 우주가 무수히 많다고 생각한다. 그들은 이 이론을 거품 우주론이라고 한다. 우리가 속해 있는 광활한 우주는 하나의 거품에 불과하다. 하지만 주역에서는 크기가 아닌 구조가 중요하다. 인간은 우리가 살고 있는 우주 이외의 또 다른 우주도 깨달을 능력이 있다. 생명 그 자체는 바로 ☷의 모습이다.

☷, 에너지가 최초로 사용되고 있다. 부대가 출동하는 모습. 사용해야 될 곳에는 사용해야 되는 법, 보물도 사용해야만 부작용이 없다. 예쁜 딸도 때가 되면 남에게 시집 보내야 한다. 좋은 자리도 언젠가는 떠나게 된다. ☶의 아래는 안정되고 위는 활력이 있는 모습이다. 가정이나 직장, 또는 국가에 있어서 떠나보내야 할 사람은 내보내야 한다.

☷, 에너지가 적당히 공급되고 있다. 어린아이에게 골고루 영양을 주는 모습, 에너지는 그 분배가 적당해야 한다.

☷, 위의 괘상과 시간 수준이 같다. 자라나는 새싹을 잘 보호하고 있다. 기운이 공급되고 있는 모습, 아이가 성장하면 어느 정도 자유를 주어야 한다.

☷, 완벽하게 에너지를 공급하고 있다. 이처럼 배분이 잘 이루어진 사회는 나날이 발전하는 법이다. 모든 것이 제자리에 적당히 들어 있는 모습이다. 훌륭하기는 하지만 유지하기는 몹시 힘든 상태이다. 아름다운 것은 쉽게 파괴되는 법. 국민은 세금을 잘 납부하고 정부는 이를 잘 사용하고 있다. 부정 부패를 방지해야 할 시기.

☷, 집에 들어와 쉬고 있는 모습, 새로운 기운이 공급되어야 할 때이다. 대개 인간은 휴식을 취하면 기운이 보충된다. 쉰다는 것은 밖으로 배출되는 것을 막고 안에서 생기는 힘을 축적하는 것이다.

이 괘상은 용이 연못에서 기운을 기르고 있는 모습이다. 절정기를 경험한 사람이 그 상태로 회복하기 위해 애쓰는 모습, 작은 일이라도 겸손하게 받아들여야 할 것이다. 변화란 뜻하지 않은 곳에서 발생한다.

이상의 괘상을 위상 원소의 개수로 묶어 보자.

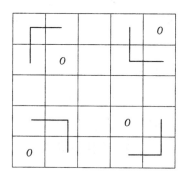

화살표의 방향 구성은 화(火)의 영역과 같은 모습이다. 결국 모든 영역에서 이러한 구조가 이루어진다는 뜻이다. 화(火)·목(木)은 수(水)·금(金)과 대칭을 이룰 것이기 때문이다. 괘상의 변화를 보자.

☰, 지나치게 욕심을 부려 오히려 역반응이 나타나기 직전의 모습이다. 사람의 직위가 높아지는 것도 한계가 있게 마련이다. 윗사람으로서 최악의 상황에 직면하는 모습을 보여 준다.

☰, 부하가 애써 막고 있지만 머지않아 성난 군중이 들이닥칠 것

이다. 이 괘상은 어두운 사회를 표현하지만 공급을 나타내고 있다. 하늘 위의 구름으로, 이는 곧 땅으로 내려오게 된다. 국가로부터 받는 연금은 안정된 법이다. 위의 괘상과 이어서 해석하면 계엄령이 내려져 현상을 유지하는 모습이다.

☷☳, 국민의 열정이 감소한 모습, 끝까지 쟁취하려는 용기가 없으면 독재는 타도할 수 없다. 오늘날 북한은 정의를 향한 어떠한 움직임도 없다. 이는 우리 민족이 용기가 없는 탓일까?

☰☳, 강경함과 유연함을 동시에 갖춘 지도자는 국가를 잘 운영할 수 있다. 베풂에 있어서도 절대 무절제해서는 안 된다. 군자는 행동함에 있어 명분을 중시한다. 《손자 병법》에도 이런 말이 있다.
'전쟁이란 명분이 옳은 쪽에 승산이 있다.'

☱☳, 저마다의 욕구가 균형을 이루고 있는 모습이다. 말이란 길어지면 요점이 흐려지는 법, 적당한 단어와 적절한 설명은 요점을 명확하게 밝힐 수 있다.

이상은 지나친 압력을 해소하기 위해 물러날 것은 물러나고 지킬 것은 지켜야 함을 가르치고 있다. 다음 괘상을 보자.

☶☳, 최초의 양기가 정착한 모습, 아직 활동을 개시할 때는 아니다.

☷, 기운이 아래로 축적되고 있다. 잘 되는 중이다.

☳, 밖에서도 좋은 소식이 전해져 오는 모습. 아직 힘이 미약하니 좋은 조건을 하나로 집중시킬 것.

☵, 안으로는 쌓이고 밖으로는 움직임이 이루어지고 있다. 머지않아 상황을 돌파할 수 있을 것이다.

또 다른 괘상을 보자. 이 역시 중앙에서 멀어지는 화살표이다.

☲, 완벽한 배합, 아래는 양괘이나 중앙에 음이 있어 양을 잡아 놓고 있다. 또한 상괘는 음이지만 중앙에 양이 있어 음에게 활력을 준다.

☳ 은 ☵ 에서 하괘가 변해 이루어진 것인바, 활력이 줄어들어 음에 파묻힌 것이다. 어둠 속에서 갑자기 길을 잃은 형국.

☱ 은 ☲ 에서 상괘가 변함으로써 덮는 힘이 약해진 것, 치솟는 양을 막지 못한다.

☶ 는 ☵에서 상하가 동시에 기운이 약해져서 균형을 이루고 있다. 얕은 연못을 파서 깊게 만드는 모습이다. 집이란 사람이 살고 있으면 발전하게 되어 있다. 집과 사람은 서로 돕는 셈이다.

이상으로 목(木) 영역의 괘상을 다 살펴보았다. 이제 남은 것은
수(水)와 금(金)의 영역인데, 이것은 화(火)·목(木)과 정반대의 괘
상이므로 일일이 따져볼 필요는 없다. 다만 전상도 내에서 괘상의
경향은 다시 음미할 만하다.

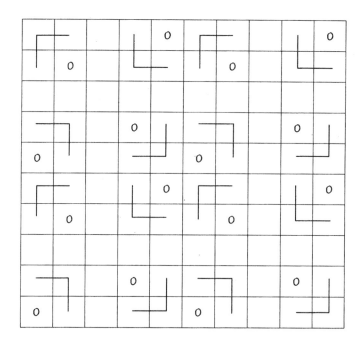

이 그림에서 여러분은 무엇을 알 수 있는가? 자세히 살펴보면 중
앙＋영역에서 교차점이 서로 겹치는 부분을 찾을 수 있을 것이다.
이것은 이웃과 서로 기운을 교환한다는 뜻이다.

전상도를 다시 보자.

D	D		D	D	A	A		A	A
D	D		D	D	A	A		A	A
D	D		D	D	A	A		A	A
D	D		D	D	A	A		A	A
C	C		C	C	B	B		B	B
C	C		C	C	B	B		B	B
C	C		C	C	B	B		B	B
C	C		C	C	B	B		B	B

그림에서 패상의 섬은 9개로 나뉘어 있다. 빈 곳은 물길이라고 생각하면 된다. 섬은 A, B, C, D, 4극이 있는데, 중앙에는 이들이 다 모여 있다. 그러므로 당연히 토(土)의 섬이다. 그리고 A는 화(火), B는 목(木), C는 수(水), D는 금(金)이다.

여기서 모든 섬에 이름을 붙여 보자. 중앙은 그저 중앙도(中央島)라고 하자. A는 남도, B는 동도, C는 북도, D는 서도이다. 그리고 AB는 남동도, BC는 동북도, CD는 북서도, DA는 서남도이다. 이

이름에 따른 괘상은 의미가 있으나 상당히 어려운 내용이므로 다음
으로 미루자. 다시 전상도를 보자.

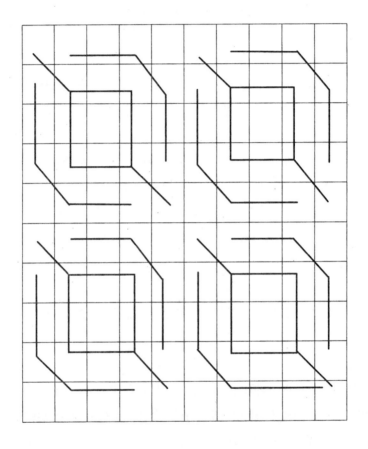

　그림에 나타난 선들은 전상도의 결이다. 괘상은 이 결에 따라 분
포하는데, 독자들은 미리 만들어 놓은 전상도의 선들 사이로 횡적
인 연결을 만들어 보라. 그것으로써 시간 과정의 뜻을 더 잘 이해

할 수 있을 것이다.

괘상이란 자유롭게 존재하는 것이 아니라, 계통적으로 존재한다. 주역을 정복하기 위해서 낱개로 괘상을 이해하려고 하면 아무리 열심히 노력한다 해도 영원히 끝나지 않는다. 이를 실현하기 위해서는 계통을 이해해야 하기 때문이다. 계통을 이해한다는 것은 괘상을 조직적으로 비교한다는 뜻이다.

의학으로는 비교 해부학에 해당된다. 인체의 각 기관은 계통적으로 되어 있는바, 전상도의 구성도 마찬가지이다. 괘상이란 전상도를 이루고 있는 기관이나 세포에 해당된다. 이로써 우리는 주역의 설계도를 갖고 있는 셈이다. 그러므로 이를 이해하게 되면 주역 공부는 끝나게 된다.

필자는 전상도를 십여 년이나 살펴보고 있는데, 끊임없이 새로운 내용이 나타난다. 전상도는 마르지 않는 샘과 같다. 필자는 현재 전상도 자체만을 해석하기 위해 전문적인 책을 몇 권 정도 쓸 생각이다. 그러나 아직은 갈 길이 멀다. 주역의 세계를 아직 더 살펴보아야 한다.

玉虛眞經 (2)

大者 宜爲下

큰 사람은 마땅히 자신을 낮춘다.

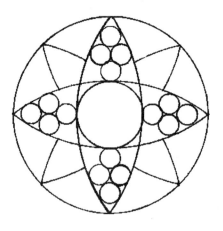

신비와 과학

혼히 과학을 넘어선 곳에 신비가 있다고 한다. 그러나 신비가 비과학적이라는 뜻은 아니다. 단지 과학적으로 해석할 수 없는 현상을 신비라고 하기 때문이다. 그러나 여기에 설명을 덧붙인다면, 과학적으로 해석할 수 없다는 것은 이미 알려진 과학이라는 뜻이어야 한다. 그렇지 않다면 자연의 현상 중에도 법칙 이외의 존재가 있다는 뜻인데, 이는 언어 도단이다. 사물이란 반드시 근거가 있어야 하는 것이다. 그것이 바로 법칙이다.

따라서 신비란 일정한 법칙 내에 존재하지만 아직까지 충분히 알려지지 않았다는 뜻이다. 물론 신비는 그것의 법칙 자체가 심오한 구조를 갖고 있을 때에 한한다. 인간이 모르는 것이라고 다 신비가 아니다. 신비란 우선 진리이어야 하고, 또한 반드시 깊이가 있어야 한다.

주역은 그런 뜻으로 본다면 신비로 가득 찬 세계이다. 그 중에서도 팔괘도는 아주 신비한 사물에 속한다. 왜냐 하면 주역의 세계는 팔괘도로 이루어지기 때문이다. 주역에는 많은 팔괘도가 있는데, 예를 들면 선천 복희 팔괘도를 비롯하여 문왕 팔괘도·정역 팔괘도·공자 팔괘도·조화 팔괘도·단군 팔괘도 등이 있다.

팔괘도의 종류는 모두 5,040개나 된다. 필자는 이것들을 모두 세심히 조사해 봤지만 실제 작용을 나타내는 팔괘도는 지극히 한정되어 있다.

특히 평면 64괘도는 25,401,600개나 있는데, 이 중에서 시간 과정을 규칙적으로 나타내는 평면도는 오직 1개뿐이었다. 이는 상당히 놀라운 일인데, 주역을 통틀어 가장 중요한 현상인 시간 과정이 오직 1개의 평면도에만 나타난다는 것은 차라리 신비였다.

다음을 보자.

이 괘상은 양기가 상승하고 음기가 하강하는 자연계 제1법칙을 나타낸다. 그런데 이 과정을 보여 주는 평면도가 오직 1개뿐이라니 나머지 평면도는 왜 그렇게 많단 말인가! 진리를 보증하는 그림은 2천5백만 분의 1이었다. 이것을 발견했던 것은 행운이었다. 어쩌면 필자의 주역에 대한 열의에 감동하여 하늘이 도와줬던 것일까? 세상에는 신비한 일이 많기도 하다.

또한 필자가 계룡산에서 만났던 도인은 그야말로 신비의 인물이 거니와, 세상에 그러한 인물은 종종 있게 마련이다. 필자는 어려서 부터 구도 생활을 했기 때문에 자연히 신비한 인물들을 많이 만나 보았는데, 특히 주역과 관계된 인물이 많았다. 그것은 당연한 일이 리라. 주역은 우주 최고의 학문인바, 신비한 인물도 당연히 주역에 서 나와야 하는 것이다.

필자는 그 신비한 인물들에게 배운 것도 많지만 실망한 적도 없 지 않다. 몇 사람의 예를 들어 보자.

필자는 미국에 장기 체류한 적이 있었는데, 어떤 한의사로부터 미 국 최고의 주역학자라는 사람을 소개받았다. 그는 매우 예리한 느 낌을 주었는데, 주역의 한문을 줄줄 외우고 괘상을 따지는 것이 신 비해 보였다. 하지만 정작 깊은 내용으로 들어가자 본색이 드러났 다. 그는 비록 자신이 최고라고 생각하고 있었지만 실은 주역의 뜻 을 전혀 모르고 있었던 것이다.

반면 그 한의사의 아버님은 보기 드문 주역의 대학자로 인격도 아주 뛰어났다. 한의사는 자신의 아버님이 최고인 줄도 모르고 엉 뚱한 사람을 추켜세웠던 것이다.

세상에는 뛰어난 학자들이 많은데, 그런 분들이 사회에 활용되지 못하는 것이 안타깝다. 오늘날 핵 물리학자나 미사일 공학자들에게 는 정부의 많은 지원이 있다. 그러나 주역학자에게는 신경조차 쓰 지 않는 것이 사실이다.

관리들은 주역은 한낱 점치는 학문이요, 핵이나 미사일 등은 정밀 한 과학으로서 국가 안보에 직결된다고 보는 것이다. 그러나 주역은 핵이나 미사일 이상으로 정밀하고 과학적인 안보 수단이 된다. 미래를 아는 것보다 더 중요한 학문이 인류에게 있단 말인가!

가까운 미래에 주역은 핵무기나 그 어떤 무기보다 인류의 강력한 안보를 책임지는 도구가 될 것이다. 주역은 안보뿐만이 아니라 인류의 복지를 증진시키고 풍요로운 세계를 열어 줄 것이다.

필자는 어떤 분에게 주역 연구소를 만들자고 제안한 적이 있었다. 그는 여러 분야에 좋은 일을 많이 하는 분이지만 주역 연구에는 흥미가 없었다. 그분에게 주역이란 단지 운명 감정술에 지나지 않았던 것이다. 이런 일이 필자를 슬프게 한다. 사회 지도층 인사들의 생각이 겨우 이 정도라는 것이……

그러나 이것은 주역학자들에게 책임이 있다. 그들이 신비한 술법이나 일삼고 운명 감정이나 점치는 일에만 몰두했기 때문에 세속 사람들이 주역을 올바로 이해할 길이 없었던 것이다. 이제부터라도 우리가 나서서 주역이 어떤 학문인지를 세상에 알려야 한다.

신비한 인물에 대해 좀더 얘기하자. 조화도의 창시자로서 이미 고인이 된 분이 있다. 그분의 본명은 정희철, 자는 도랑(道郞)이다. 1918년 경상남도 함안군 군북면에서 태어났다고 알려져 있다.

그분은 조화도 문중에서는 점존이라는 호칭으로 불리고 있는데, 이는 그분의 학문과 관련이 있다. 조화도는 11개의 원소를 사용하여 사물을 설명하고 있는바, 그 근원은 주역에 있다.

11개의 원소는 신비한 숫자로, 불교에도 등장하고 있다. 즉, 11면 관음보살이란 곳에 출현한다. 불교에서 천수천안 관세음 보살이란 온 세상을 굽어 살펴보고 보호해 준다는 뜻이며, 11면 관음 보살이라는 호칭은 그 구체적인 범주인 것이다.

조화도에서는 십진법 숫자 10개에 ●하나를 덧붙여 11개의 원소로 만들었는데, 그 뜻은 11면 관음 보살의 11과 같다. 이는 10개의 천간 숫자에 그것의 뿌리인 중앙 숫자 1개를 더한 것이다. 불교에서는 전통적으로 우주 공간을 10방이라고 부르는데, 10방 외에 근원 하나를 덧붙이면 내외(內外)를 통틀어 보는 것이 된다.

조화도의 점존은 그 위대한 학문을 간직한 채 세상이 알아주지 않는 곳에서 죽음을 맞이하였다. 왜 세상은 주역을 외면하는 것일까?

또 한 분의 대가를 소개하고 싶다. 그 분은 진정(眞正) 선생인데, 아직 살아 계시므로 본명은 밝히지 않겠다. 그분은 인격에 특색이 있다. 원래 진정 선생은 뒤늦게 주역 공부에 뛰어들었는데, 며칠 만에 64괘 모든 괘상에 대해 정확하고 심오한 깨달음을 얻었다.

세상은 넓고도 넓다. 필자는 30년간 주역에 대해 필사적인 연구를 해 왔지만 어떤 천재가 나선다면 3일 만에 넘어설 수 있다고 믿는다. 이는 분명 신비한 인물이겠지만 천재나 도인 등 그 어떠한 인물일지언정 자연의 법칙을 넘어설 수는 없다.

우리가 만일 저 우주 공간을 날아온 우주인을 만난다면 무척 신비하게 느끼겠지만, 그들의 문명은 결국 자연의 법칙에서 나온 것일 뿐이다. 주역에 있어서도 신비함을 앞세워 일부러 이성을 흐리게 할 것이 아니라, 최선을 다해 과학적으로 연구하다가, 그래도 풀리지 않는 것은 신비한 채로 남겨 두어야 할 것이다.

이 장에서는 단군 64괘 평면도와 전상도의 관계를 논의하고자 한다. 우리는 최상의 64괘 평면도로서 무엇보다도 전상도를 우선적으로 떠올릴 것이다. 그것은 수천만 가지의 괘상도 중 유일하게 시간 과정을 나타내고 있기 때문이다.

전상도는 시간 과정을 조직적으로 시각화한 도형이다. 이것을 시간의 공간화라고 하는데, 사물은 일단 공간화가 되면 선형 단일체로 작용하게 된다. 다음을 보자.

이는 아무리 살펴봐도 시간 과정일 뿐이다. 하지만 여기에는 중요한 전제가 있다. 그것은 괘상 자체가 상하로 독립된 것이 아니라 하나로 화합되어 있다는 것이다. 원래 괘상은 거리가 떨어져 있으면 둘이 된다. 그러나 서로가 아주 가까워지면 하나로 화합하게 되는 것이다.

시간 과정은 상하 괘가 하나로 합쳐졌을 때의 현상을 추적한 것이다. 이 때는 제3·4효, 제2·5효, 제1·6효가 서로 작용하면서 변화한다. 즉, 상하 괘가 하나가 되어 기운을 서로 교환하는 것이다. 그러나 주역은 원래 하 → 상이라는 시간 과정을 표시하는 것인데, 이를 공간적으로 표현하면 또 다른 상하 괘의 쌍을 필요로 한다. 이것을 그림으로 나타내자.

$$b \atop \uparrow \atop a$$

이는 하괘가 상괘로 변화한다는 뜻으로, 주역 원전의 표현이 바로 이것이다. 예를 들어 ䷗은 시간상 ☵ → ☷의 과정을 표현한 것이다. 그러나 상하 괘가 현재 시간에 동시에 공간적으로 존재하면 괘상 하나가 더 필요하다. 즉,

$${b \atop a} \to {b' \atop a'}$$

우리는 이 과정을 전상도로 그렸을 뿐이다. 원전 주역의 원괘(原卦)·지괘(之卦)가 바로 이와 같은 내용이다. 그러나 괘상을 더욱 세분해 보면 ${b \atop a} \to {b' \atop a'}$ 이전에 a → b의 과정을 나타낼 수 있다. 물론 이 때 a는 내부 구조로서, ${A' \atop A}$ 라는 괘상으로 나타낼 수 있다. 그러나 중요한 것은 세분된 것인지, 크게 하나로 뭉뚱그려진 것인지에 따라 달라지는 것이다.

전상도는 괘상 자체의 중앙에 파고들어가 하향 또는 상향으로 바라보는 것이다. 예를 들어 ☷은 단군도에서는 +1값을 갖는 괘상이지만, 전상도에서는 -5 또는 +1이 된다. 이는 공간적인 것이다. 다음을 보자.

이 과정은 전상도에 나타나 있다. 그러나 ☷ → ☳, 또는 ☷ → ☶ 등은 단군도의 소관인 것이다. 만일 필요하다면 a → b와 $b \atop a$ → $b' \atop a'$를 동시에 표현할 수 있는데, 이는 수학적 표현을 빌려야 한다. 그것은 다음과 같다.

$$\left(\begin{matrix} b & b' \\ a & a' \end{matrix} \right)$$

이는 행렬식인데, 처음과 끝을 표현하면 a → b′이지만 과정이 두 갈래가 있다. 이는 매우 전문적이기 때문에 여기서는 그냥 넘어가자. 우리는 단지 전상도와 단군도의 차이를 알면 된다.

단군도란 괘상의 원소, 즉 팔괘 낱낱의 뜻이다. 이는 사물 전체를 동시에 보는 신의 관점에서 바라본 것이다. 그러나 전상도는 시간의 흐름을 파악하기 위해 중앙에서 괘상을 바라본 것이다. 현실에 무엇이 더 필요한지는 상황에 따라 달라진다. 예를 들어,

은 양기가 점점 자라나는 모양을 괘상으로 크게 나타낸 것인데,

☷ → ☷

은 더욱 정밀한 부분이다. 원전의 괘상 설명은 거의 모두 이렇게 이루어져 있다. 그러나 세상은 복잡하기 때문에 원괘 → 지괘의 과정을 조직화해야만 이해할 수 있다.

그 동안 우리는 단어를 이용해서 글을 읽는 법을 배웠다고 할 수 있는데, 이제부터는 다시 처음으로 돌아가 단어가 만들어지는 과정을 살펴볼 것이다. 예전에는 ㄱ·ㄴ·ㄷ 등 문자 원소부터 배웠다고 하면, 요즘의 교육은 사과·꽃·엄마 등 단어를 먼저 배운 다음에 기역·니은·디귿 등 원소를 배우고 있다. 필자도 처음부터 주역 64괘를 등장시켰고, 차츰 팔괘로부터 음양 2효에 이르는 과정을 살펴보았다.

팔괘에서 팔괘로의 변화, 즉 소변화는 주역의 문법에 해당되는데, 이것에 대해서는 다음 장에서 자세히 다룰 것이다. 이미 우리는 주역의 전문가 단계에 깊숙이 들어섰다. 이제부터는 옛 성인이 주역을 만든 당시의 상황에 접하게 될 것이다.

玉虚眞經 (3)

使我介然有知 行於大道 唯施是畏

만일 나에게 확실히 믿을 수 있는 지혜가 있다면 큰길을
걸으며 단지 샛길로 빠지는 것만을 두려워할 것이다.

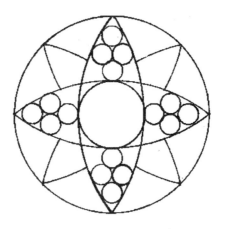

주역의 비밀

　주역의 비밀? 좀 이상한 느낌이 들 것이다. 주역 그 자체만으로도 이미 많은 신비를 느끼는데, 또 다른 비밀이란 무엇을 뜻하는 것일까? 주역에는 비밀이라고 일컬을 만큼 특별한 내용이 있다. 그러나 이들은 쉽게 파악되지 않는다.

　주역은 수천 년 전에 만들어져 이미 수많은 학자들이 연구에 몰두했는데도 불구하고 아예 접근조차 못 해 본 부분이 있다. 그 중에서 가장 최초로 부딪치는 문제가 원전 주역의 주된 구성이다. 주역은 두말 할 나위 없이 64괘로 구성되어 있는바, 원전은 이 괘상의 설명을 목적으로 한다.

　하지만 대부분의 학자들은 괘상 자체는 뒷전이고 그 한문 구성을 마치 주역의 핵심 내용인 것처럼 알고 있다. 이는 크게 잘못된 생각이다. 그 결과 사람들은 주역의 초입에 있는 가장 단순한 괘상의 비밀마저 모르고 지나간다.

필자는 30년간 주역을 공부하면서 많은 사람을 만났고 또한 많은 서적을 뒤적였는데, 괘상의 정의를 단순화시켜 알려준 사람은 아무도 없었다. 오늘날도 마찬가지로 주역을 이해하는 사람이 많지 않다.

그 동안 우리는 상당히 복잡한 과정을 거쳐 왔다. 그로써 주역에의 접근법을 다소 이해했으리라 믿지만 아직 근본적인 방법은 많이 남아 있다. 이제 독자들은 충분한 실력을 갖춘 상태에서 이 장을 읽고 있을 것이다. 이 장은 주역을 공부하는 첫날 읽어도 좋을 내용이다. 그러나 주역은 백 년을 공부했어도 매일 첫날처럼 생각하면서 배워야 한다.

시작해 보자. 다음 괘상을 보라.

이것은 음이 아래에 있는 양을 가두어 놓은 모습이다. 원래 양은 위로 향하는 성질이 있기 때문에 음이 위에서 막아야 하는 것이다.

이 괘상은 양이 위에 있어서 막혀 있는 상태가 아니다. 지금쯤은 이런 문제는 너무 쉽다고 생각할 수 있을 것이다. 그러나 항상 살

얼음 위를 걷듯이 조심해야만 한다. 괘상의 논리는 쉬운 듯하면서도 심오한 면이 있기 때문에 자칫하면 실수를 범하고 착각 속에 지낼 수 있다.

다시 보자. ☵는 담겨 있는 물이다. 그러나 반드시 물일 필요는 없다. 흩어지는 것은 모두 양이다. ☵는 서랍 속에 물건이 담겨 있는 것일 수도 있고, 사람이 방 안에 들어 있음을 표현하는 것일 수도 있고, 또한 인간이 이념이나 선악에 사로잡혀 있는 것일 수도 있다.

반면 ☴은 담겨져 있지 않고 밖으로 표출되어 있는 것이다. 흐르는 강물과 거리에 나다니는 사람이다. 자연 현상 중에 바람이 이와 같은 성질을 가지고 있다.

주역의 괘상은 그 자체로서 개념이 확립되어 있다. 즉, ☴은 바람을 설명하기 위해 만들어진 것이 아니다. 바람이 ☴을 설명하기 위해 예로서 등장한 것이다. ☴은 술 취한 사람, 무례한 사람, 여행객, 거지, 여자의 마음, 길·동굴·전화선·소식·창문·접시 등으로 설명할 수 있다.

이것이 바로 그 동안 우리가 공부한 내용이다. ☴의 의미를 깨닫기 위해 풍(風)이라는 한문을 알아야만 하는 게 아니다. 자칫해서 ☴을 없애 버리고 풍이라는 글자만을 생각하게 되면 그 순간 주역이라는 학문은 사라지고 마는 것이다.

거듭 말하지만 주역이란 바로 괘상학이다. 괘상은 음양이라는 근본적인 원소를 삼중으로 결합시켜서 만들어진 분자로써 이루어져 있다. 여기서 삼중의 3이라는 숫자에는 특별한 이유 때문에 도입된 것이다. 우리는 이 점에 대해서는 평생토록 음미해야 한다.

왜 3인가? 효를 5중으로 해서 괘상을 만들면 안 되는가? 옛 성인이 그저 그렇게 만들었다고 치부해 버린다면 주역은 학문이 아니라 종교가 되어 버린다. 그러면 주역 원전을 예언서라고 주장하면서 아무렇게나 해석이 이루어져 해괴한 꼴을 보게 될 것이다. 학문이란 스승을 믿고 따라 배워야 하며, 개념이나 법칙에 대해서는 반드시 이유를 물어야 하는 것이다.

☵는 음에 의해 양이 갇혀 있는 반면, 또한 음은 양에 의해 떠올려지고 있다. 이는 당연한 일이다. 음은 내리누르지만 양은 떠받들고 있다.

☳, 양은 위에 있어서 달아나려고 한다. 또한 아래 있는 음을 끌어당기고 있다. 반면 아래 있는 음은 위에 있는 양을 잡고서 움직이지 못하게 한다.

☳과 ☳을 비교해 보자. 두 괘상은 ⚎으로 위상이 같다. 즉, 위에 양이 있고 아래 음이 있는 것이다. 하지만 ☳은 음이 적고 양이 많기 때문에 움직이는 반면, ☷은 음이 많고 양이 적기 때문에 정지되어 있다.

☰와 ☷을 비교하자. ☰는 양이 많아서 팽창되어 있다. 그러나 ☷은 음이 많아서 압축되어 있는 상태이다. 음식을 삶으면 ☰가 되

고 구우면 ☵이 된다.

☳은 양이 음 속으로 파고들려고 입구에 다가가 있는 형상인데, 이 때 음은 자기 위치를 고수하려고 고집을 부리고 있다. 음이 양을 잡아당기지만 말을 안 듣고 달아나는 모습이다.

☶은 음이 양을 잡아당기고 있지만 양은 애써 버티고 있는 모습이다. 또한 양이 음을 끌고 올라가려고 하지만 음은 전혀 미동도 하지 않고 있다.

☵은 음이 높게 올라가 양을 내리누르고 양은 안간힘을 쓰며 버티고 있다.

무릇 양이 위에 있을 때는 아래에 있는 음을 이끌고 올라가려는 현상을 보이고, 음은 아래에 있을 때 위에 있는 양을 끌어당긴다. 반대로 양이 아래에 있을 때는 음을 떠올리고 음이 위에 있을 때는 양을 억누른다. 이러한 현상은 아주 단순하지만 괘상의 모든 성질을 만들어 낸다. 이를 그림으로 표현해 보자.

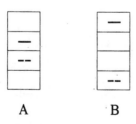

A   B

A는 B로 변하고 B도 A로 변한다. 단지 A → B의 현상이 B → A 의 현상보다 좀더 빈번하게 일어난다는 차이밖에 없다. B가 A로 갈 경우 대개는 양음이 아주 벌어져 괘상 자체가 붕괴되어 버린다. 다 음을 보자.

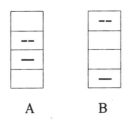

A   B

그림에서 A → B는 양이 음을 올려주고 또한 음이 양을 누르고 있다. 그러나 B는 다시 A의 형태가 된다. 다시 보자.

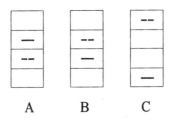

A   B   C

그림에서 B는 C로도 변화하지만 대개는 A로 변한다. 이는 B → C보다 B → A가 강하다는 뜻이다. C는 언제나 B로 돌아오기 때문 에 결국에는 B, C 모두 A로 돌아오게 된다. 다음 그림을 보자.

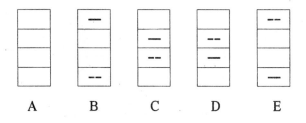

이 그림에서 C → D는 아주 드문 현상이다. 그러나 D → C는 빈번하게 일어난다. E는 무조건 D로 간다. 따라서 E → D → C는 일반적인 현상이다. 그리고 B → C는 드물고 B → A는 빈번한 현상이므로 B, C, D, E는 결국 충분한 시간이 지나면 A로 돌아가게 마련이다. 이는 괘상의 붕괴 또는 괘상의 죽음이라고 불리기도 하는데, 만물은 때가 되면 반드시 붕괴하여 죽음에 이르게 됨을 나타내는 것이다. 다음을 보자.

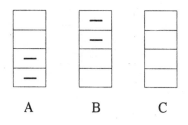

이 그림은 양이 위로 사라져 가는 모습이다. 이 때 아래에 음이 있다면 사라지는 속도가 조금 줄어든다. 음이 양을 잡아당기기 때문이다. 만일 위에 음이 있다면 양이 가장 효율적으로 갇히게 된다. 이러한 현상은 음의 경우에도 완전히 평등하게 적용된다. 다음 그림을 보자.

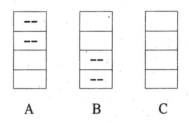

이 그림은 A → B → C의 과정을 나타내고 있다. 이 때 위에 양이 있으면 음의 하강 속도가 감소할 것이다. 물론 아래에 양이 있으면 음이 떠올려지기 때문에 하강 속도는 최소가 된다. 음양이 함께 존재하는 경우를 그려 보자.

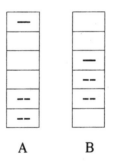

이 그림은 위에 양이 있고 아래에 음이 있는바, 이들은 서로를 당기고 있다. A → B는 그러한 과정을 보여 주는데, 이 현상은 매우 드문 과정이다. B → A는 흔히 나타나는 과정으로, 대개는 이와 같이 되지만 드물게는 B 상태가 유지될 수도 있다. 만약 그렇게 되면

또 다른 상태를 유발할 수 있다. 즉,

이 그림은 양이 아래로 파고든 경우인데, 위에 있던 양이 이런 현상을 일으킨다는 것은 아주 드문 현상이다. 이는 엔트로피 감소 현상, 즉 자연의 흐름에 역행하는 것으로서, 생명체 내에서는 빈번히 일어난다. 이로써 생명체의 정의를 내릴 수 있게 된다. 자기 복제를 하든 못 하든 자발적으로 역엔트로피 현상을 일으키는 물체가 있다면 이는 생명체인 것이다. 다시 그림을 보자.

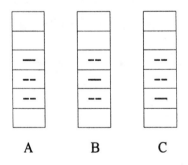

그림에서 B는 A에서 유래된 것인데, 이후에도 A로 되돌아가려는

작용은 계속된다. 그러나 극히 일부분은 B → C의 현상도 일어난다. B는 A로 돌아가고 극소수는 C가 되기도 한다. C는 또한 B로 돌아가려는 작용을 강하게 진행시킨다. 결국 B·C는 A로 돌아가고, A에 이르면 일부는 B로 돌아가지만 대개는 붕괴되어 버리고 만다.

자연계의 모든 사물은 붕괴로 향하는 도중에 일시적으로 존재할 뿐이다. 주역은 그러한 사물들에 대해 체계적으로 이해할 수 있는 방법을 제공해 주는 것이다. 음양의 기운이 상하로 움직일 때 그 과정을 수치로 나타낼 수 있는데, 이것은 상당히 어려운 내용이므로 다음으로 미루자. 여기서는 정성적(定性的) 과정만 살펴볼 것이다. 다음을 보자.

$$☵ \rightarrow ☷ \rightarrow ☳$$

이 과정은 자연스러운 현상을 보여 주는 것으로, 시간의 흐름이란 바로 이것을 뜻한다. 이를 자세히 살펴보자.

$$☳ \rightarrow ☷$$

하나의 양이 밖으로 빠져나간 모습이다. ☳는 아래에 양이 가득 차서 위로 치솟고 있는데, 음이 애써 막고 있다. 그러다가 양 하나가 돌파하게 되면 ☷가 된다. 이 과정은 다음과 같이 간단히 표시될 수 있다.

이 그림은 대성괘이다. 이것의 뜻은 ☲ → ☳이다. 얼마나 간단한 가! 주역의 괘상은 바로 이것이었다. 다시 보자.

갇혀 있던 양이 밖으로 분출하는 과정이다. 이는 시간 현상을 시각적으로 나타낸 것인데, 순서로 나타내보면 다음과 같다.

처음엔 양이 갇혀 있는데, 그것은 ☲로 나타낸다. 그리고 시간이 경과하자 양이 해방된다. 그것은 바로 ☳이다.

이러한 과정은 수월하게 일어난다. ☲ → ☳ 이 과정이 자연의 흐름과 같기 때문이다. 당겨진 화살이 날아가는 것과 같다. 또한 땅 아래에 갇혀 있던 태양이 떠오르는 현상과 같은 것이다.

䷧, 중앙에서 보면 ☲는 양을 가득 축적하고 있고, ☳는 양이 분출되어 있는 모습이다. 그렇게 되면 전체적으로 상향하여 아직 ☳로 변하지 못한 ☲에서 이탈하게 된다. 바깥에서 보면 진취적으로 보인다. 원전 주역에서는 ☳와 ☲가 함께 살 수 없다는 뜻으로 규(暌)라고 이름지었다.

☷, 처음부터 ☰와 ☷가 함께 있었던 것은 아니다. 처음에는 모두 ☷였다. 그러던 것이 차츰 ☷로 변했다. 물론 ☷로 변한 사물은 즉각 떠나게 된다. 이와 같은 전 과정을 그림으로 나타내자.

☷ → ☷ → ☷
A   B   C

이것은 A → C 과정으로, 그 중간에 B가 있다. 이는 A와 C의 공존 형태이다. A가 과거라면 C는 미래이다. 그리고 B는 현재인 것이다. 그러므로 괘상은 바로 현재를 그려놓은 것이다. 하지만 이 그림 속에는 과거와 미래가 함께 들어 있다.

현재의 정의란 미래와 과거가 만나는 순간이다. 현재 우리의 주변에 있는 무한한 사물들 속에는 과거가 깃들여 있고 또한 미래의 그림자가 드리우고 있다. 이것을 괘상으로 표현할 수 있는 것이다. 따라서 사물을 괘상화할 수 있다면 그것의 과거와 미래는 그 순간에 드러나게 된다.

현대 과학으로 말하면 괘상이란 바로 상태 함수(狀態函數)이다. 상태 함수란 현재의 조건을 모두 담고 있는 방정식으로, 이것을 풀면 미래가 드러난다. 괘상의 변화를 다시 보자.

이 과정은 자연스러운 흐름이 아니다. 왜냐 하면 양이 오히려 아

래로 파고들었기 때문이다. 아무튼 이러한 현상도 존재하는 것이
사실이다. 이 과정은 괘상으로 표현하면 다음과 같다.

이 괘상은 당초 ☷이던 사물이 양이 파고듦에 따라 점점 ☵로
변하는 과정을 순간적으로 표현하는 것이다. 전체적인 과정은 다음
과 같이 나타낼 수 있다.

☷ → ䷜ → ☵

이 과정은 ☷가 ☵와 공존하다가 끝내는 ☵로 변하는 과정을 나
타낸다. 원전 주역은 현재의 순간, 즉 ䷜에 대해 혁(革)이라 명명
하였다. 이는 양이 아래로 눌려 있기 때문에 현상에서 탈피하려는
압력이 작용하고, 장차는 양이 다시 밖으로 나오게 된다는 것을 표
현한다.

이 괘상은 ☷ → ☲으로 변하는데, 양기의 해방을 뜻한다. 이는
장작을 불에 지필 때의 모습으로, 나무에서 불길이 퍼져 오르는 형

상이다. 즉, 나무 속에 있는 에너지가 방출되는 것이다. 원전 주역에 가인(家人)이라 명명한 것은 불길이 장작에 붙어 있는 모습을 나타낸다. 즉, 근원이 고정되어 있다는 뜻이다. 남자들이 바람을 피울 때도 마음만은 투철하게 가정을 지켜야 한다.

☷ → ☴, 즉 ䷸ 은 순행 현상인데, 이 반대의 과정은 난행이다. 즉, ☴ → ☷는 일어나기 매우 어려운 현상이다. 이는 양이 파고들고 있기 때문이다. 괘상으로 표현하면 다음과 같다.

필자가 가장 좋아하는 괘상으로, 바람이 파고들어와 결실을 이루는 모습이다. 밖에 있는 공기나 영양분이 나무 안으로 들어와 꽃을 피우는 형상이다. 풍설(風雪)이 정신을 단련시킨다는 말이 있는데, 사람은 경험을 통해 굳센 틀을 갖추어 나가게 된다.

원전 괘명은 정(鼎)으로, 다소 생소하게 느껴질 수도 있다. 그러나 내용은 바람이 고정됨으로써 꽃이 피듯 열기가 곡식 속에 들어가 익힌다는 뜻이다. 흔히 교양을 많이 갖춘 사람을 익었다고 하는데, 이것은 속으로 결실을 이루었음을 표현하는 것이다.

☴은 음이 가장 아래에 있어서 외부로 나오지 못하고 있다. 이는 꽁생원의 모습이자 철없는 모습이기도 하다. 하지만 ☳는 어떤가?

음이 한 걸음 밖으로 올라와 양을 머금고 있다. 이 현상은 딱딱한 쌀이 열과 습기를 받아 부드러워진 모습을 보여 준다. 솥은 삶는 역할을 하는데, 이는 열과 불을 곡식에 주입시킨다는 뜻이다. 다른 말로 양기를 파고들게 한다는 뜻인 것이다.

그런데 만일 양기가 너무 많이 들어가서 밥이 불어터지기 직전이라면 괘상이 달라진다.

이 과정은 양기가 들어와서 가득 찬 모습을 나타내는데, 역자연 현상 중에 최고이다. 괘상은 다음과 같이 된다.

이 괘상은 ䷲보다 현상에서 탈피하려는 압력이 커서 폭발 직전에 있다. 풍선을 보라. 바람이 들어와 부풀어서 겨우 지탱하고 있는 모습이다. ☳은 양이 완전히 밖으로 나가 있는 반면, ☴는 완전히 다 들어온 것으로, ☳ → ☴는 무리라는 뜻이다. 원전의 괘명을 대과(大過)라고 한 것은 이것을 표현한 것이다.

그런데 ☳ → ☴으로 변하는 과정은 또 다른 내용을 함축하고 있다. 당초 ☳에서는 양기가 밖에 있는데, ☴에서 가득 찼다는 것은 비약이다. 이는 양기의 주입이 아주 **빠른** 속도로 진행한다는 뜻인데, 아무리 빨라도 그 중간 과정은 있게 마련이다. 중간 과정을 살펴보자.

이 과정은 역자연 현상인데, ☵ → ☷의 중간에 ☶가 있다. 따라서 ☶을 세분하면 다음과 같다.

☶에서 ☷로 가는 중간에 ☶가 등장한다. 이에 따라 우리는 모든 괘상을 단순하게 정리하는 방법을 얻는다. 예를 들어 ䷦는 다음과 같이 분해될 수 있다.

☷ → ☶ → ☷

이것은 매우 자연스러운 과정이다.

괘상으로는 위와 같이 되는데, 이는 ☷ → ☶의 중간 과정을 보여 준다. 이것은 원거리의 변화 과정을 근거리 변화의 연속 과정으

로 이해하는 방식을 제공해 준다. 다음을 보자.

이 괘상은 ☷ → ☶이지만 언뜻 봐서는 그 중간 과정을 이해할 수 없다. 이 변화는 앞에서와는 좀 다르다. ☷ → ☶는 양기가 주입되었지만 ☷ → ☶에서는 양기가 갑자기 등장했다. 그것도 두 개씩이나 등장한 것이다. 그러나 걱정할 필요 없다. 부분별로 나누어서 차근차근 그 과정을 밝혀 나가면 된다. 다음을 보자.

$$☷ → ☶$$

이 과정은 ☷의 상효가 하나 바뀐 것이다. 괘상으로는 ☶이 되는데, 이는 ☷이 약간 부풀고 있는 모습이다. 산은 땅이 약간 팽창한 모습이다. 하늘을 보라. 산이란 땅에 엎드려 있는 존재이다. 하지만 ☶은 땅이 드높이 일어난 것으로 비행기·독수리·지진·높은 산 등을 표현하고 있다.

땅에서 변한 어중간한 형태가 ☵이다. 이는 땅이 물렁물렁해진 것이고, 또한 땅을 적셔주는 물이다.

$$☷ → ☵$$

이 과정은 ☷으로 굳어 있는 땅이 부드러워지는 모습이다. 이제

☷에서 변화한 두 가지 과정을 보자.

☷ → ☳

땅 위에 하나의 양이 나타나 위로 이끌어주는 모습이다. 그 결과 땅은 위로 약간 부풀었는데, 여기에 양이 하나 더 내려오면 ☵이 된다. ☵은 위에 있는 양이 세력을 확장한 것이다. 이는 ☷ → ☳ → ☵으로 진행된 과정인데, 중간의 순서를 바꾸어도 상관없다. 즉, ☷ → ☵ → ☳으로 변하는 과정은 ☷에서 중효가 바뀌고 그 다음에 상효가 바뀐 것이다.

당초 ☷ → ☵은 중간 과정이 표현되지 않았지만, 가능한 경로는 두 가지이다. 즉,

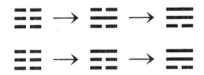

이것은 수학적으로 간단히 표현할 수 있다.

이것은 ☷ → ☵의 경로가 두 개임을 보여 준다. 괘상으로 나타내도 마찬가지이다.

☷ → ☳ 또는 ☷ → ☶

이 괘상들은 동시에 변화가 진행되어 결국 ☷ → ☵이 된다. 우리가 쉽게 이해할 수 있는 과정은 ☷ → ☶이다. 이것을 살펴보자.

☷ → ☶은 ☷이 처음으로 기척을 나타내 보인 것이다. ☷ → ☵은 앞에서 한 단계 진행된 모습으로, 원전 주역에 ䷴의 괘명을 점(漸)이라고 한 것은 ☷ → ☶의 과정이 순차적으로 일어났음을 설명해 주고 있다. ☷ → ☶은 마라톤 선수가 출발선에 집결한 모습이고, ☷ → ☵은 드디어 달리기 시작한 모습이다.

그러나 ☷ → ☶ → ☵을 잊어서는 안 된다. 땅이 물렁해지고 이어서 완전히 풀어진 모습은 매우 자연스러운 것이다. 밀가루를 물에 섞었을 때를 상상해 보라. 물을 부으면 밀가루는 ☷ → ☶으로 변하게 된다. 그리고 좀더 물을 부으면 잘 섞여 ☷ → ☵이 된다. ䷁ 은 흩어진다는 뜻으로, 한 곳에 모여 있던 물이 여러 곳으로 확산되는 모습이다.

이제 우리는 순음, 즉 ☷에서 제일 먼저 변화할 수 있는 괘상 3개를 추려낼 수 있다. 즉,

☷　　→　　☶

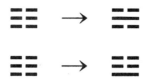

이 과정들은 어느 것이든 ☷에서 한 번 변화해서 이루어졌다. 위의 과정은 주역의 방식으로 간단하게 쓸 수 있다.

이 괘상들은 일목 요연하게 각자의 특징을 보여 준다. 즉, ☷은 약간 부풀고, ䷁는 부드러워졌으며, ䷁는 크게 일어난 것이다. ䷁은 주무르는 것이요, ䷁는 쿡쿡 쑤시는 것이다. 그러나 우리는 이들 현상이 어떤 순서에 의해서 일어난다고 생각해서는 안 된다. 그저 ☷에서 3가지 변화가 일어난다고 알면 된다. ䷁, ䷁, ䷁은 ☷에서 변화된 최초의 변화이다.

䷁, ䷁, ䷁ 등은 다음 단계에서 일어나는 변화이므로 출발점이 다르다.

이들을 보자.

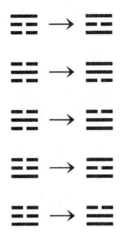

이 과정은 ☳, ☵, ☶ 등이 ☴, ☲, ☱ 등으로 변화한다는 것을 보여 준다. 괘상은 6개이다. 즉,

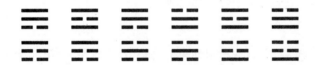

이들은 2세대 변화군이다. 우선 괘상을 음미하자.

☶은 부풀다가 터진 모습으로 점진적인 발전을 상징한다. 산에서 나무가 자라는 모습, 어린아이가 성장하여 제 발로 움직이는 모습이다.

☶은 ☷의 아래가 변해서 이루어진 것으로, 집에 있던 사람이

밖으로 떠나는 모습이고, 또한 어딘가에 단단히 붙어 있다가 떨어
져 나가는 모습이다.

☷ 은 부드럽던 것이 아예 흩어져 버린 모습이다. 밥이 죽이 되고
죽이 미음이 되어 버린 격이다. 또한 물이 끓어 증발하고 있는 모
습이다.

☵ 는 양기가 밖으로 발산하지 못하고 안으로 가라앉는 모습이다.
즉, 연못에 갇힌 모습인데, ☱ 과 다른 점은 물이 갇혀 있다는 것이
다. ☶ 은 물이 갇혀 있는 것이 아니라 보호되고 있는 모습이다. 겉
으로는 같아 보여도 그 뜻이 다르다. 감옥에 있는 것은 ☵ 이지만
병원에 있는 것은 ☶ 이다. 흔히 병원에 갇혀 있었다고 말하지만
사실은 보호되고 있었던 것이다.

☳ 은 ☷ 의 위쪽이 변화되어 이루어진 것으로, 전도가 막혀 있다
가 뚫린 모습이다. 군대가 장애를 극복하고 전진을 개시한 것이다.
☶ 은 전진이 이루어지지 않고 그 자리에 주저앉은 모습이다. 쉬
면서 기운을 축적하고 있다.

이상은 2세대 변화군으로, ☷ 에서 비약된 괘상, 즉 ☳ ☵ ☶ 등
은 1세대 → 2세대라는 형식으로 분해해서 생각하면 된다. 예를 들
어 ☷ → ☵, 즉 ☷☵은 ☷ → ☱ 과 ☷ → ☳ 을 동시에 변화시켰
다고 생각하면 된다. 이는 또한 ☷ → ☱ → ☵ 이나 ☷ → ☳ →

☵ 등으로 이해하면 된다는 뜻이다.

이와 같은 방식을 빌리면 주역 64괘는 몇 가지 괘상을 중첩시킨 것으로 단순히 이해될 수 있다. 제3세대를 보자.

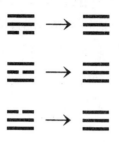

이처럼 제3세대는 매우 단순하여 오직 ☰에 도달하는 현상을 보여 줄 뿐이다. 우선 괘상을 음미하자.

䷫은 하나의 음이 5개의 양을 잡아끄는 형상으로 부당한 지배를 상징한다. 그러나 오래 견디지 못하고 양은 자유를 찾게 된다.

䷍, 불의 기운이 높은 하늘로 올라가 화합한다. 큰 섭리에 융화하는 것을 상징한다.

䷪, 걸어가는 모습, 뒷발이 앞으로 나가면서 앞발과 교대한다. 즉, 기다렸다가 나서는 모습으로 앞발을 따라간다.

이상은 ☷에서 출발한 변화가 끝내는 ☰에 도달한 모습을 보여

주고 있다. 반대로 우리는 ☰에서 ☷으로의 변화를 추적할 수 있으나 모든 변화를 조직적으로 따져보자.

주역의 괘상은 $\frac{b}{a}$ 로서, 이는 a → b의 변화라는 것을 살펴보았다. 그런데 주역의 원소는 8개이므로 8×8 → 64개의 괘상이 나오는바, 이것들을 분해해 보면 아주 간단한 변화가 나타난다.

먼저 8괘를 생각해 보자. 이는 3차원 구조로서 주사위의 모서리 8개에 8괘를 각각 배치시킬 수 있다. 그렇게 되면 서로 가장 먼 곳에 다음과 같이 괘상이 배치된다.

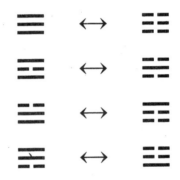

이와 같은 배치는 3차원 좌표의 특성이라고 할 수 있는데, 주사위의 8개 모서리는 모두 12개의 선으로 연결되어 있다. 독자들은 실제로 주사위를 보면서 생각하면 된다. 하나의 모서리, 즉 예를 들어 ☰에서 시작하면 이것으로부터 3개의 선이 뻗어나가는데, 각각의 선들은 ☷ ☵ ☲ 등에 도착한다. 반면 ☷에서 출발하면 선은 ☰ ☳ ☶ 등에 연결된다.

주사위의 모서리 8개는 8괘로 나타낼 수도 있는데 이는 어떤 곳에서 출발시켜도 3개의 선분이 방사된다. 그것을 모두 따져보자.

위의 표시들은 하나의 괘상에서 3개의 괘상으로 방사되는 모습을 나타낸다. 주사위를 직접 보면서 따져보면 쉽게 이해할 수 있다. 즉, 팔괘는 12개의 선으로 이루어지고 있다.

그리고 이들 선을 3번 통과하면 자신으로부터 가장 먼 곳에 도달할 수 있다. 이 뜻은 어떠한 변화라도 3단계면 충분하다는 것이다. 하지만 우리는 1단계의 변화만 생각하면 된다. 그 이상의 변화는 1단계씩 착착 진행시키면 되기 때문이다.

　이제 우리는 팔괘 서로간에 연결된 12개의 선으로 주역 64괘 모두를 연결시킬 수 있다. 이는 64괘가 12개의 상호 변화로 이해될 수 있다는 뜻이다. 우선 12개의 선을 만들어 보자.

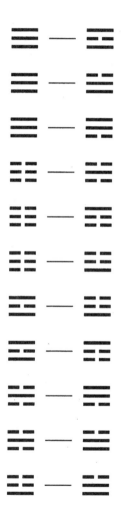

☷ ― ☰

이상의 선 외에 다른 선은 존재하지 않는다. 여기서 우리는 12개의 선들을 도로망이라고 생각할 수 있는데, 주역 64괘의 모든 변화는 이 도로를 통해 이루어진다. 예를 들어,

☳는 ☷ → ☳인바, ☷에서 ☳까지 이어지는 도로를 따라 가면 된다. 즉,

☷ → ☶ → ☳ → ☳

이것은 도로를 연결한 하나의 예이다. 도로는 모두 12개이지만 한 곳에서 가장 먼 곳까지 도달하는 방법은 6개가 있다. 왜 하필 6개인지는 각자가 살펴보자. 중요한 것은 팔괘가 12개의 선으로 연결을 할 수 있다는 점이다.

방금 예를 든,

☷ → ☶ → ☳ → ☳

은 ☳를 뜻하는데, 이는 ☷ → ☳의 과정 속에 2개의 괘상이 들어 있음을 보여 준다. 이들은 또한 하나의 괘상으로 표현할 수 있다. 즉,

이 과정은 괘상 ☷를 이해하는 데 필요하다. 괘상이 또다시 변화할 때는 좀더 이해가 쉽다. 몇 가지 예를 살펴보자.

☶은 ☷에서 하괘가 변화함으로써 위로 떠오르는 것을 나타낸다. 여행객의 모습이다.

☳은 ☷에서 상괘가 변화함으로써 전진하는 모습이다. 이는 위로 막혀 있는 것을 돌파한다는 뜻이다. 이빨 위에 음식이 있고 씹어서 부수는 모습이 아닌가!

☴은 ☷에서 양기가 위로 분출해서 흩어지는 모습이다.

☲은 ☷에서 양기가 아래로 가라앉는 것이다.

이상에서 알 수 있듯이 주역 64괘는 8괘의 변화 12개만으로 모두 이해될 수 있다. 다음을 보자.

이 괘상은 ☷ — ☵의 선으로 연결된 과정이다. 즉, ☷ → ☵, ☵ → ☷를 뜻한다. 괘상의 뜻을 보자.

☵ 이것은 어떻게 해석해야 할까? 먼저 생각할 것은 ☷이다. 이 성질은 단군 팔괘도에 잘 나타나 있다. 위의 괘상은 ☰ → ☷인바, ☰의 뜻과 ☷의 뜻을 알아야 한다.

☰는 양이 음을 감싸고 있어, 밀고 당기면서 하늘로 올라가는 성질이 있다. 그런데 ☰의 끌어주던 힘, 즉 상양이 갑자기 돌변한다고 생각해 보라. 양이 음으로 변한 것이다. 그것이 양일 때는 끌어당기며 전진을 주도하던 존재이다.

그러나 음으로 변하면서 이번에는 오히려 전진을 앞에서 가로막고 있다. 여러 대의 자동차가 줄지어 차분히 가다가 앞차가 갑자기 멈추어 선 것과 같은 상황이다. 이 때는 어떤 일이 일어날까? 뒤따라오던 차량이 줄줄이 멈추어 서게 되어 자동차들이 한 곳에 쌓이게 될 것이다. 이 때 쌓인 모습은 ☷이다. 처음에 자동차들이 잘 달릴 때는 ☰였다. 그러나 지금은 멈추어 있다. 그러한 현상이 바로 ☵이다.

이제 여기서 팔괘의 선 12개로 만들어지는 괘상 모두를 해석해 보자. 먼저 괘상을 나열하자.

(☰, ☷) → ䷯, ䷂

(☰, ☷) → ䷜, ䷜

(☰, ☷) → ䷀, ䷁
(☷, ☰) → ䷁, ䷀
(☶, ☱) → ䷁, ䷁
(☱, ☶) → ䷁, ䷁
(☳, ☴) → ䷁, ䷁
(☴, ☳) → ䷁, ䷁
(☲, ☵) → ䷁, ䷁
(☵, ☲) → ䷁, ䷁
(☰, ☷) → ䷁, ䷁
(☷, ☰) → ䷁, ䷁

괄호 속에 나타낸 것은 팔괘에 연결된 12개의 도로이다. 그 도로를 두 방향으로 지나가면 2개의 과정, 즉 2개의 괘가 발생한다. 이를 모두 합하면 24개의 괘상이 되는데, 이들을 이해한다면 모든 괘상을 이해할 수 있게 된다. 이들을 해석해 보자.

䷀ 은 ☷ → ☰ 을 뜻하며, ☷의 음이 결국에는 양으로 바뀌면서 ☰로 동화되는 모습이다. 동지가 되어서 함께 행동한다는 뜻이다.

䷁ 은 ☰ → ☷ 으로, 순양의 바다에 홀연히 음이 생긴 것이다. 이는 결정(結晶)의 씨앗처럼 양을 고정시킨다. 그 모습은 아름답고 웅장하다. 무한한 허공 속에 태양이 생겨난 것이다.

☶은 ☱ → ☳으로, 앞발을 뻗었으니 이제 뒷발이 나갈 차례이다. 즉, 임무 교대를 말한다. 멈추었다가 나아가는 것이니, 뒤따르는 모습이다.

☳은 ☰ → ☶로서 강력한 양을 갑자기 멈추려 하면 굉장한 압력이 발생하여 결국은 견디지 못할 것이다. 시속 200km로 달리던 차를 갑자기 멈추려 한다면 어떻게 되겠는가!

☳은 고집을 부리던 여자가 마침내 마음을 고쳐먹는 모습이다. 단단히 붙어 있다가 떨어지는 격이다.

☴은 ☰ → ☶으로, 달리는 말을 뒤에서 당기는 모습이다. 그러나 조금 후 멈추어 설 것이다. 앞에서 당기는 것은 위험하지만 뒤에서는 무리가 없다. 서서히 멈추게 한다는 뜻이기 때문이다.

☵은 ☷ → ☵으로 물이 지하로 잠긴다는 뜻이다. 보이지 않는 곳에 많이 모여드는 모습이다.

☵은 ☷ → ☵으로 굳어 있던 땅이 촉촉이 젖어오는 것이다. 또한 대지가 물을 쏟아놓는 모습이다.

☶은 ☷ → ☶이므로 산이 낮아지는 것이다. 몸을 숙이는 것이니, 겸손을 뜻한다. 겸손이란 무엇보다도 먼저 자신이 잘났다는 생

각을 버려야만 이루어진다. 산처럼 뽐내다가 땅처럼 숙이는 것이 겸손이다.

䷗ 은 ☷ → ☳인바, 누워 있던 땅이 고개를 쳐드는 것이다. 군중이 모여 자신들을 대표할 수 있는 기구를 만드는 모습이다.

䷗ 은 희망을 주는 괘상으로 알려져 있지만 실상은 그렇지 않다. 한 가닥 양의 기운이 생겼지만 힘이 너무나 약하여 장래가 보장되지 못한다. ☷ → ☷은 양의 기운이 후퇴하는 모습이다. 다만 기다림으로 양이 축적될 수 있을 뿐이다.

䷲ 은 ☷ → ☳이므로 잠자던 대지가 잠을 깨는 형상이다. 잠자코 있던 사물이 크게 일어나는 것이다.

䷗, 꽉 막혀 있던 전도가 뚫리는 모습이다. ☷ → ☳인바, ☷은 잔뜩 짐이 올려져 있는데, 그 중에서 가장 무거운 짐이 사라지는 격이다. 숨어 있던 비밀이 드디어 모습을 드러내고 있다.

䷏, 잘 풀리던 현상이 갑자기 막힌다. 왜냐 하면 무거운 짐이 나타났기 때문이다. ☷ → ☶은 앞에 정지함으로써 뒤를 완전히 막아선 모습이다.

䷗ 은 ☷ → ☳인바, ☳은 바닥에 붙어 있었는데, 그것이 갑자기

떨어져 나온 모습이다. 붙잡는 것이 없으므로 마음껏 날아갈 수 있다. 외로운 나그네의 모습이다.

☷☴ 은 떠돌아다니다가 마음이 끌리는 곳을 발견한 것이다. 멈추어서서 새로운 운명을 개척할 시기, 정착한 모습이 아름답다.

☷☴ 은 ☴ → ☶인데, ☴이 자유롭게 돌아다니다가 압축되고 정착되어 분출하는 모습이다. 나뭇잎 위에 이슬이 맺혀 있다. 수증기가 냉각되는 모습.

☵☴, 물은 막아 주어야 하는 법, 방벽이 얇으면 물이 범람하게 된다. 김이 무럭무럭, 모여 있던 것이 흩어지는 모습이다.

☴☵, 낮은 곳에 있으므로 물을 모아 놓을 수 있다. 집 안에 있어도 마음이 안정되지 못하면 집에 있는 것이 아니다. 이 괘상은 집 안에서도 삼가고 있다. ☵의 아래에 있는 양은 음으로 변해 안정되는 모습이다.

☵☵ 은 ☵ → ☶로서, 물이 아래에 갇혀서 활용되지 못하는 모습이다. 과보호는 독립심을 해친다.

☶☴ 은 지친 몸을 이끌고 집으로 돌아오는 모습이다. 군자는 머물 곳을 잘 선택해야 하는 법이고, 한 번 시집간 여자는 친정으로 돌

아와서는 안 된다. 높이 나는 새도 둥지로 돌아와 쉬어야 한다.

☷ 은 막혀 있는 곳에서 기운이 축적되는 법이다. 집에서 오래 쉬면 피로가 회복된다. 군대가 주둔하고 있는 모습, 집과 직장, 국가로부터 보호된다. 그러나 이와 같은 근거지가 없으면 편안히 생활할 수 없다.

☶ , 치마가 너무 짧다. 즉, 안으로 고민이 있는 모습. 전진이 불가능한 상태, 고독한 상태에서 소식마저 끊겨 있다.

☳ , 비행기가 이륙하는 모습. 정체되어 있던 것이 단계적으로 풀리고 있다. 군자는 움직이기 전에 목표를 분명히 해 둔다. 행동에는 무게가 있어야 하는 법, 때로 가볍게 움직여도 근원을 지켜야 한다. 산에서 자라는 나무는 오랫동안 클 수 있다.

이상으로 괘상 도로망을 구축하고 있는 모든 괘상을 살펴보았다. 괘상의 설명이 생활 용어로 되어 있어 쉽게 뜻을 알겠지만 이로써 깊게 이해하기는 불가능하다. 언어의 한계가 있기 때문이다. 그렇기 때문에 우리는 부득이 수리 논리를 등장시켜야 한다.

위에서 살펴본 괘상은 하괘에서 상괘로 바뀌는 것인바, 이를 수치화해 보자. 아래위가 독립되어 있으므로 단군 팔괘도의 수리 논리가 필요하다.

䷀	3	→	7
䷀	7	→	3
䷀	-1	→	7
䷀	7	→	-1
䷀	5	→	7
䷀	7	→	5
䷀	-3	→	-7
䷀	-7	→	-3
䷀	-5	→	-7
䷀	-7	→	-5
䷀	1	→	-7
䷀	-7	→	1
䷀	1	→	3
䷀	3	→	1
䷀	-5	→	3
䷀	3	→	-5
䷀	5	→	-3
䷀	-3	→	5
䷀	-1	→	-3
䷀	-3	→	-1
䷀	-1	→	1
䷀	1	→	-1
䷀	5	→	-5

☷ -5 → 5

이상은 단군 팔괘도의 값을 사용한 것인데, 이 수치만이 상하 괘의 작용을 이해할 수 있다. 전상도는 상하 괘의 상호 작용을 이해하기 위해 만들어진 것이 아니라 그러한 작용의 종류를 비교하기 위해 만들어진 것이다. 위의 수치를 정리하자. 수의 변화는 다음과 같이 되어 있다.

$(+) \rightarrow (+)$

$(-) \rightarrow (-)$

$(+) \rightarrow (-)$

$(-) \rightarrow (+)$

이 변화는 4상의 형상 그 자체이다. 즉, ⚏ ⚌ ⚎ ⚍인 것이다. 수치를 4상으로 분류해 놓자.

(⚌)

	7, 5	5, 7	
7, 3			3, 7
	3, 1	1, 3	

그림은 수치와 괘상을 함께 나타냈는데, 수치를 어떻게 배치했는지 알 수 있는가? 에너지와 엔트로피, 즉 해결 값과 고저 값을 사용하여 배치한 것이다. 우측으로 갈수록 해결 값이 적어지고 위로 갈수록 고저 값이 높아지고 있다. 해결 값이 높은 괘상은 맺혀 있다는 뜻이고, 해결 값이 낮으면 해소된다는 뜻이다.

예를 들어 ䷿은 정체된 것이라면 ䷾는 뚫린 것이다. 해결 값은 하괘−상괘이고, 고저 값은 하괘+상괘이다. 이것은 앞에서 이미 공부한 내용인데, 절대로 잊지 말자. 나머지도 도표로 그려 보자.

(☵)

	-1, -3	-3, -1	
-3, -7			-7, -3
	-5, -7	-7, -5	

(☷)

	☷	
	☷	
☷		☷
	☷	
	☷	

	7, -1	
	5, -3	
5, -5		1, -1
	3, -5	
	1, -7	

이 그림은 다소 기묘한데, 앞의 그림과 비슷하지 않아서 무척 아쉽다. 그러나 완벽한 수리 논리로 그려진 것이기 때문에 문제될 것이 없다. 모양이 다르다는 것은 그만한 이유가 감추어져 있기 때문일 것이다.

(☷)

	-1, 7	
	-3, 5	
-1, 1		-5, 5
	-5, 3	
	-7, 1	

4상에 해당되는 그림을 따로 그려 봤는데, 이를 동시에 그려 보자.

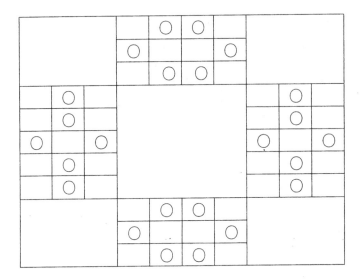

그림이 아름다운가? 독자들은 단군 64괘 평면도에 표시해 보라. 주역 64괘를 모두 이해시킬 수 있는 이들 괘상의 분포가 어떻게 되어 있는지 확인해 볼 필요가 있다. 근접 변화괘 24개를 모두 조사했는데, 8괘의 도로망에 대해 다시 한 번 그려보자.

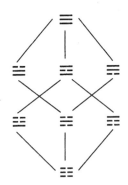

그림이 단순 명료하다. 팔괘에 서로 연결된 선이 바로 괘상 도로
인데, 이 도로를 통해 움직이는 변화가 바로 64괘이다. 그림에서 알
수 있듯이 가장 먼 곳은 3단계를 거친다. 이는 필연적인 통로인 것
이다. 따라서 우리가 이해할 것은 인접해 있는 괘상의 관계이다. 이
로써 주역 64괘를 모두 이해할 수 있기 때문이다.

이 장에서는 원전 주역의 구성 원리를 밝혀 놓았다. 64괘를 거듭
음미해 보면 이 장에서 공부한 내용을 더욱 깊게 깨달을 수 있을
것이다.

玉虛眞經 (4)

道者萬物之奧 善人之寶 不善人之所保

도라는 것은 만물의 깊숙한 곳이니, 착한 자의 보배요,
착하지 못한 사람이 보호받는 곳이다.

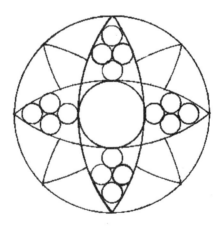

주역의 문

이 책은 주역 원론 6권을 읽은 독자를 위해서 쓰고 있다. 주역 원론은 주역에 수리 논리를 도입하여 괘상을 과학적으로 해석하기 위해 시도한 책이다. 이에 대해 어떤 독자들은 화를 내거나 번거로움을 느꼈을 수도 있다. 왜냐 하면 주역이 전혀 신비하지도 않고 한문이 사용되지 않았기 때문이다. 아닌게 아니라 어떤 주역학자는 필자에게 개인적으로 불평을 늘어놓은 바 있다. 주역이 이래서야 과학인지 수학인지 모르겠다고. 주역을 공부하는 데 있어 기존 방식을 벗어나지 못하는 사람에게는 당연한 불평인지 모르겠다.

그렇다면 주역은 어떤 것이어야 하는가? 괘상의 완전한 이해는 필요 없고 오로지 옛 성인의 글을 그대로 읽고 외워야만 하는가? 필자는 이에 대해 단호히 반대한다. 어려서 주역을 처음 공부할 때 필자도 주역 원전을 수백 번 읽었고 관련 서적도 상당히 많이 읽었다. 그러나 그 결과 주역의 괘상에 대해서는 알게 된 것이 별로 없었다. 그래서 새로운 방식을 택했던 것이다. 그것은 바로 과학적 방식이었다.

흔히 과학적 또는 과학이라 하면 옛 성인의 생각과 아주 동떨어진 것이라 보는 사람이 있다. 물론 이는 천부당 만부당한 생각이다. 과학적이란 말은 바로 사실적이란 말이기 때문이다. 인간은 사물에 대해 아직 정체를 파악할 수 없을 때 가설이나 추측 또는 신비 개념을 사용한다. 그러나 그것을 확연히 알 수 있을 때는 과학적 방식으로 앎을 철저히 하는 법이다.

우리는 주역에 대해 어떻게 해야 하는가? 주역 원전은 괘상 64개에 대한 해설서이다. 성인이 백 번 다시 태어나도 주역은 괘상 64개밖에 없다. 이에 대한 해석은 오로지 신비 영역으로 남겨 두어야 하느냐? 옛날 사람들은 달에 대해 '음'이라고 이름 붙여 놓고 갖가지 신비한 개념을 만들어 냈다. 오늘날에 있어서는 인간이 직접 달에 가보는가 하면 달의 작용에 대해 낱낱이 밝혀내고 있는 것이다. 물론 과학적 방법에 의해서이다.

이런 방법이 아니고 이태백의 시라든가, 주역학자들이 말하는 음원(陰源) 등으로는 달의 실체를 영원히 밝혀낼 수가 없다.

진리를 두려워해서는 안 된다. 또한 너무 주역을 숭배한 나머지 과학적으로 파헤치는 것을 불경(不敬)죄를 짓는 것으로 생각해서도 안 될 것이다. 신비란 모를 때 신비일 뿐이다. 그리고 신비란 반드시 풀어져야 하는 것이다.

먼 옛날, 인간의 지혜가 아직 모자랄 때에는 성인의 글에 의지하여 간접적으로 주역을 이해할 수밖에 없었다. 하지만 오늘날의 인류는 그와 같이 태만하게 주역을 바라볼 수는 없는 일이다. 괘상 64개가 뭐 그리 어렵단 말인가! 사실 오늘날 인류의 과학이나 수학은 너무나 깊고 정밀하게 발달되어 있다. 그들이 만일 주역에 눈을 돌린다면 괘상 64개를 해석하는 일은 그리 어렵지 않을 것이다.

필자는《주역 원론》6권 속에 다소간의 논리를 사용했지만, 오늘날 과학적 수준으로 본다면 미미하기 그지없는 것이다. 다만 주역은 논리의 구성보다 특별한 분야를 이루고 있다는 것이 소중하다. 주역은 별로 어렵지 않은 논리적 체계로 이루어져 있지만, 그 용도는 실로 무한하다고 할 수 있다. 주역은 유한한 체계로써 무한한 사물을 이해할 수 있는 것이다. 그렇기 때문에 주역 자체는 과학적으로 이해되어야만 한다.

주역은 이미 괘상 8개로써 그 개념을 완전히 드러내고 있다. 우리가 8개 또는 8개의 중복으로 만들어진 64개의 괘상에 대해 감동적인 글을 쓰고자 한다면 천 권이나 만 권을 써도 부족하다. 그러나 주역의 내용을 바로 이해하자면 조직적인 접근이 필요한 법이다. 그리고 그것의 종점은 64개의 괘상이나 8개의 괘상일 수밖에 없다.

주역이 다른 학문과 다른 점은 바로 이것이다. 종교의 경전이나 인격 수양서는 사연에 따라 무한히 씌어질 수 있다. 수학이나 과학 서적도 그렇다. 자연과학은 끊임없이 발달하기 때문에 그럴 수밖에 없다. 하지만 주역이란 학문은 더 발달할 것이 없다. 처음에 만들어질 때 이미 종말이 포함되어 있기 때문이다. 주역은 완결된 학문인 것이다. 이처럼 쉬운 일은 없다. 다만 인간이 주역을 이해하면 그뿐인 것이다.

물론 주역을 다 이해하고 나서 그것을 실천하는 문제는 또 다른 영역이다. 주역이란 인간에게 최상의 지혜를 주지만, 또한 그로 인해 인간의 영혼이 바뀌기 때문에 성인이 될지, 신령한 인물이 될지는 알 수 없다. 우리는 그저 최상의 지혜를 향해 올라갈 뿐이다. 한 가지 기뻐할 일은 무한의 지혜를 주는 그 봉우리는 유한한 높이에 존재한다는 것이다.

필자는 앞서 주역 원론에서 과학으로서의 주역을 강조한 바 있다. 지금 이 책에 접하는 독자들은 과학적 주역의 세계에 이미 발을 들여놓은 학자들일 것이다. 다시 만나 너무나 반갑다.

이제 고등 주역이라고 이름한 강좌를 시작하자. 이 책에서는 주역 원론에 이어 강론하겠지만, 논리의 수준을 한층 높일 것이다.

그러나 걱정할 필요는 없다. 오히려 전편보다 읽기에 수월한 면도 있을 것이다. 논리란 원래 그런 것이다. 논리적인 내용을 비논리적으로 설명하자면 어렵기 그지없는 법이다. 하지만 제 방식대로 차근히 풀어나가면 어려운 논리는 존재하지 않는다. 어렵다면 전개 논리가 잘못된 것이다.

그럼 우선 8괘의 개념을 정리하는 것으로 강의를 시작하자.

☰은 무엇인가? 건(乾)이라는 괘상으로, 천(天)의 성질을 설명하는 개념이다. 우리는 그저 ☰이라고 이해하자. 이를 설명하는 언어로서 양극(陽極)이 있다. 이는 양의 극한, 또는 순양(純陽)이다. ☰

이 함축하고 있는 내용은 실로 무한대라서 모든 것을 나열할 수는 없다. 간단히 설명하고 넘어가자.

여기 한 사물이 있다고 하자. 이는 너무나 빨라서 우주 모든 곳을 동시에 도달할 수 있는 사물이다. 이는 무한대이고 영원하다. 이것에 의해 우주의 모든 것은 하나로 연결되어 있다. 그래서 통(通)이라는 의미도 갖고 있는데, 이것에 의해 자연 법칙에 평등성도 부여된다. 예를 들어 주사위의 법칙인 대수의 법칙도 보장되는 것이다. 대수의 법칙은 평등에 기인한다.

우주에는 태어나지도 않고 죽지도 않는 영원한 존재가 있다. 그것을 하느님이라고 하거나 신이라 해도 좋다. 또는 영원이라고 하거나 불사(不死)라고 해도 된다. 그것은 정신일 수도 있고, 물질일 수도 있고, 그냥 개념일 수도 있다. 또한 생명 그 자체일 수도 있다.

이것은 활발한 에너지라는 것으로 자연 현상에 출현하기도 한다. 세상의 모든 도인은 이 기운을 수용하고 발전시키는 것으로 그 수련 목표를 삼는다. 우주는 이로써 시작되었으나 그 자체는 일찍이 시작된 바가 없다. 태어난 것이 아니고 그저 살아 있는 것이기 때문이다.

말로 해서는 끝이 없다. 그래서 기호로 표시하는 것이 편리하다. 그것이 바로 ☰이다. ─은 양이라는 뜻인데, 3획으로 표현한 것은 성질과 함께 양(量)을 나타낸 것이다. 3이란 완전을 상징하는 숫자로서 무한이라는 뜻을 함유하고 있다. 1이라는 숫자는 시작 또는 아주 작다라는 뜻이다. 2는 중간 숫자, 3이라는 숫자는 종말 또는 아주 많다라는 뜻이다. 결국 3이라는 숫자는 전부(全部)라는 것을 표현한다.

그런데 1이 아니면 이미 차별이 존재하는 법이어서 ☰은 상중하의 자리가 있는 것이다. 이 괘상을 아래에서 위로 향해 보면, 양기가 해방되어 활동하는 모습이고, 위에서 아래로 향해 보면 양기가 구속되어 축적되는 모습이다. 하지만 현재 ☰은 활동이 최대이고 또한 축적도 최대여서 활동과 축적이 구분이 없어진 모습이다. 천지라는 그릇 속에 축적된 것이고, 천지라는 무대 속에 활동하는 것이다. 그야말로 일통(一通)이다. 선인들은 이 기운을 머리로 받아들여 뱃속 신장 아래에 축적한다. 만물은 ☰의 기운을 수용했을 때만 작용을 일으킬 수 있다. 도인들은 마음을 ☰에 맡김으로써 깨끗해지고 자유로워질 수 있다. 머무른 바 없이 모든 것을 포용하는 것이 ☰의 덕이다.

이러한 양의 작용을 수치로 표시하면 7이 되는데, 이는 2진법 체계로써 위로부터 1, 2, 4로 내려오면 축적값이 되고, 아래로부터 1, 2, 4로 올라가면 활동값이 된다.

☵는 양의 바다 한가운데에 음이 발생하여 양의 기운을 수용한 모양이다. 위쪽의 양은 활동하며 붙어 있고, 아래쪽의 양은 구속되며 축적되어 있다. 이는 위에서 보면 내려가고 아래에서 보면 올라가는 것으로, 그저 천중(天中)에 있는 것이다.

자연 현상으로는 허공의 별이다. 막막한 허공 속에 한 점의 물질 덩어리가 발생함으로써 중력장을 형성하고 있다. 또한 사물에 있어서는 결실(結實)을 의미한다. 속담에 '구슬이 서 말이라도 꿰어야 보배'라는 말이 있는데, ☵는 바로 그 상태를 의미한다. 상하에 있는 양은 중간의 음에 의해 고정되어 있다.

이는 조화, 아름다움의 뜻이 있는바, 조화나 아름다움이라는 것은 구심점이 있어야 하기 때문이다. 저마다 각각인 군중도 하나의 이유로 결집이 이루어지면 ☰의 상태가 된다. 질서·통일·조화·화합·결합·결실·발견·문화·아름다움 등이 모두 이에 속한다. 수리로써는 다음과 같이 근본을 표현할 수 있다.

$$5 \leftarrow \begin{bmatrix} 1 - 4 \\ (-2) -- (-2) \\ 4 - 1 \end{bmatrix} \rightarrow 5$$

양 축적값   양 활동값

( )로 표시한 것은 음값인데, 이것이 갖는 의미는 생략했다. 그리고 위의 수리표에서 알 수 있는 것이 하나 있는데, 축적값×활동값이 일정하다는 것이다. 즉, 4×1=1×4=4이다. 중간의 음값 (-2)는 (-2)×(-2)=4로서 역시 마찬가지이다. 앞서 보인 ☰도 되짚어 보자.

1 — 4
2 — 2
4 — 1
축적   활동

여기서도 어김없이 4×1=2×2=1×4=4인 관계가 성립한다. 8괘에 있어서 모든 활동과 축적을 곱하면 언제나 불변값인 4가 유지되는 것이다. 64괘의 경우에는 다른 값을 갖게 되는데, 이는 뒤에 다루기로 하자.

☵은 아래에 발생한 음이 양을 잡아당기고 있다. 또한 양이 음에 붙어 있다고 해도 된다. 이것의 수리를 보자.

  1 ─ 4
  2 ─ 2
 (-4) ── (-1)
 축적   활동

그림에서 보듯이 이 괘상은 축적이 3이고 활동이 6이다. 요컨대 ☵이라는 괘상은 활동성이 더 많은 것이다. 그 차이는 6-3=3이다. 앞의 괘상을 다시 보면 다음과 같다.

☰은 활동 7, 축적 7로서 차이가 0이다.

☷ 역시 활동 5, 축적 5로서 차이가 0이다.

활동값 = 축적값인 괘상은 전통적인 표현으로 부동괘라고 부른다.

☷은 음이 확장되어 양을 크게 수용하고 있다. 아래에 있는 두 개의 양은 구속되어 있고, 또한 축적되어 있는 것이다. 사물의 입장에서 보면, 양을 가둬 놓았으니 축복받은 셈이다. 왜냐 하면 이를 사용하여 작용을 이룩할 수 있기 때문이다. 원전에서 ☷을 기쁨이라고 표현한 것은 양기의 축적을 기뻐한다는 뜻이다. 이 괘상의 수리는 다음과 같다.

    (-1) -- (-4)

     2 —   2

     4 —   1

    축적   활동

이 괘상은 축적값이 6이고 활동값이 3이다. 즉, ☷는 정적(靜的)인 괘상인 것이다. 그리고 활동값과 축적값의 차이가 3이므로 동괘(動卦)라고 부른다.

괘상 ☷ ☶ ☵ 등은 순양의 상태에서 음이 수용됨으로써 맺어지는 3가지 상태이다. 이는 4상의 ⚏에 속하는 사물이다. 원전에서는 8이라는 숫자로 표현되는데, 이것의 뜻을 살펴보자. 원전에 천3 지2라는 말이 있다. 이는 현대 위상 수학에서 이어졌다, 끊어졌다는 뜻과 같은 표현인바, 3이란 연결 즉 양이고, 2란 분리 즉 음이다. 이 것은 주역 원론에 누차 논의한 바 있으나 간단히 다시 설명하자.

끊어진 모습 → 강남, 강북 → 2개

연결된 모습 → 강남, 다리, 강북 → 3개

이해가 되는가? 이것이 현대 수학의 위대한 개념이다. 예로부터 논쟁이 많았던 천3 지2의 뜻은 바로 이와 같은 뜻이다. 이는 현대 수학의 개념을 사용하지 않아도 성인이 이미 천은 3이요, 지는 2라고 가르쳐 주었으니 결과는 알고 있었다. 하지만 성인의 말씀이라도 그 이유는 알고 받아들여야 한다.

어쨌든 천3 지2로써 괘상을 따져 보자.

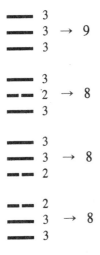

위에서 나온 수치는 괘상의 뜻을 이해하는 데 크게 도움이 되지 않는다. 다만 ☵ ☶ ☳ 등이 한 족속이라는 것을 알려줄 뿐이다. 그 이유는 8이라는 공통값을 갖고 있기 때문이다.

방금 우리는 ☰에서 ☵ ☶ ☳ 등으로 변화하는 과정을 살펴보았는데, 이것을 수학적으로 표현하면 아주 편리하다.

$(3, 0) \rightarrow (2, 1)$

이 표현은 처음에 양이 3개, 음이 0개였다가 음이 하나 생겨 양이 두 개로 되었다는 것을 나타낸다. 우리는 이것을 다음과 같이 연장시킬 수 있다.

$(3, 0) \rightarrow (2, 1) \rightarrow (1, 2) \rightarrow (0, 3)$

이 과정은 두 가지 원소로 되어 있는 사물이 점차 변해 가는 과정을 보여 주고 있다. 이는 ☰ → ☷을 보여주는 것이다. ☷ → ☰의 과정도 마찬가지이다. 수학적 표현의 중요한 내용은 원소가 2개이고, 이것이 섞여 3중으로 되어 있는 사물은 반드시 아래의 4가지 뿐이라는 것을 밝힌다는 것이다

$(3, 0)$ $(2, 1)$ $(1, 2)$ $(0, 3)$

옛 사람도 이미 노양·소양·소음·노음 등으로 4가지를 밝혀 놓았지만, 그것은 단순히 결과론적이었다. 과학적 방식은 결과를 따져 보지 않고도 미리 '4가지 종류가 존재한다'라고 단언할 수 있는 것이다. 이는 왜 하필 4가지 종류이냐 하는 질문을 아예 없애 버린다.

우리는 $(3, 0)$과 $(2, 1)$을 살펴보았는데, 이제는 $(1, 2)$와 $(0, 3)$을

살펴볼 차례이다.

(0, 3)으로부터 시작하자.

☳은 음극으로서 양이라는 원소는 0이고, 음이라는 원소는 3개로 이루어져 있다. 3은 충만의 뜻이 있다는 것을 이미 앞에서 밝혔는데, 음의 성질은 죽어 있고 막혀 있는 것이다. 앞서 ☰은 무한 속도의 존재였는데, 여기의 ☷은 부동의 존재, 즉 속도 0인 사물이다.

오늘날 우주는 정지해 있는 것은 아무것도 없는바, 속도 0인 사물은 무엇일까? 그것은 빅뱅 이전의 사물이다. 그것은 우주 부동점으로서 우주의 모든 운동은 그것에 대한 상대 운동이다. 이는 뜻이 미묘하다. 그것은 절대 부동점에 대한 상대 운동이란 바로 절대 운동이기 때문이다. 이것은 아인슈타인에 의해 고찰되었다. 아인슈타인은 물질과 에너지의 등가 원리를 발견하고 그것을 방정식으로 표현했는바, 다음과 같다.

$$E = MC^2$$

여기서 E는 에너지, M은 질량, C는 광속도이다. 광속도는 자연계에서 유일하게 절대 운동에 속한다. 이것은 즉 ☷에 대한 운동인 것이다. ☷은 원래부터 죽어 있는 '존재'로서, 만들어진 것이 아니다. ☰과 마찬가지로 원초적 존재인 것이다.

☰과 ☷은 서로 상대적이며 상보적인데, 이들의 존재를 상호 보증하는 이론이 바로 태극 이론이다. ☷은 죽음·재료·물질·치우침·정지·유순·실질·막힘 등을 의미하는데, 수치로 따지면 -7

이 된다. 여기서 -7은 활동값, 또는 비축값이다. 두 값이 같다는 것은 부동괘라는 뜻도 된다.

　노음인 ☷에 양의 기운이 도입되게 되면 세 종류의 사물이 만들어질 수 있는데, 그것이 바로 (1, 2)이다. (1, 2)는 양 1개, 음 2개인 사물을 뜻하는바, 그것은 다음과 같다.

활동 -5
축적 -5

활동 -3
축적 -6

활동 -6
축적 -3

　이상은 음값에 한정된 것인데, ☷는 활동값과 축적값이 같으므로 부동괘이다. 이제 음양의 모든 괘상을 정리해 보자.

　이 그림은 양을 위쪽에, 음을 아래쪽에 배치했는데, 다음과 같은 수리 내용으로 표현할 수 있다.

$(3, 0) \rightarrow 9$

$(2, 1) \rightarrow 8$

$(1, 2) \rightarrow 7$

$(0, 3) \rightarrow 6$

　이상은 8괘가 4단계의 구조를 이루고 있다는 것을 보여 준다. 그러나 좌우로는 3단계이다. 이것은 중요한 뜻이 포함되어 있으므로 다시 정리하자.

	☰	
☱	☲	☳
☶	☵	☴
	☷	

　이상의 그림은 8괘의 성질을 잘 표현하고 있는바, 각 부분을 음미하자. 먼저 우측을 보자. 괘상은 ☳과 ☴인바, 두 괘상은 공통 성질이 있다. 위에 양이 있고 아래에 음이 있는 것이다. 이는 음과 양이 만났으나 서로 깊게 파고들지 못한 모습이다. 그저 바라본다고 해도 되고, 약간 접촉했다고 해도 된다.

　이제 좌측을 보자. 괘상은 ☱과 ☶인바, 이들은 음이 위에, 양이

아래에 있다. 즉, 서로가 상대방 영역에 깊게 파고든 것이다. 이는
최대치의 교류를 의미한다. 구체적으로 표현해 보자.

☰ 이는 음이 '높게' 파고든 까닭에 양이 많이 '축적'된 것이다.
☷ 이는 양이 '깊게' 파고든 까닭에 음이 많이 '축적'된 것이다.
☳ 이는 음이 '낮게' 파고든 까닭에 양이 조금 '축적'된 것이다.
☶ 이는 양이 '얕게' 파고든 까닭에 음이 조금 '축적'된 것이다.

이상의 표현으로 괘상의 의미를 충분히 알 수 있지만, 아래와 같
이 또 다른 방식으로 표현할 수 있다.

☰ 이는 양이 많이 쌓여서 음을 높게 가두어 놓은 것이다.
☷ 이는 음이 많이 쌓여서 양을 깊게 가두어 놓은 것이다.
☳ 이는 양이 많이 흩어짐으로써 음을 낮게 가두어 놓은 것이다.
☶ 이는 음이 많이 흩어짐으로써 양을 높게 가두어 놓은 것이다.

이상은 또 다른 표현이지만 유사한 표현을 많이 등장시킬 수 있
다. 그러나 수리적으로 표현하면 아주 단순할 뿐이다. 좌측 괘상,
즉 ☷과 ☳는 음양이 서로 파고든 것이고, 우측 괘상, 즉 ☶과 ☷
은 음양이 서로 해방된 모습이다. 이제 이것은 위상 수학적 표현
으로 단순화할 수 있다. 이는 주역 원론에서 이미 다루었던 것으로,
☰ → ⚊, 또는 ☷ → ⚏, ☳ → ⚏ 등의 표현 방식이다. 8괘 모두
에 대해 이것을 사용해 보자.

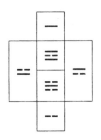

여기서 ⚊은 ☰, ⚋은 ☷이고, ⚍은 ☳과 ☵, ⚏은 ☶과 ☴이다. 모양이 한결 단순해졌다. 좌측을 보면 음양이 교차되어 있고, 우측은 음양이 서로 바라보고 있다. ⚍는 양 한가운데에 음이 침투한 것이고, ⚏는 음 한가운데에 양이 침투한 것이다. ⚍는 한없이 유동하는 것을 음이 와서 고착시키고, 음이 양을 바라보며, 일부는 포획하고 있다. ⚏는 한없이 고요한 것을 양이 와서 생기를 공급하고, 양이 음을 포획하고, 또한 바라보고 있다.

그림의 좌측 ⚍에서 보면 양이 위로 탈출하면 ⚍ → ☳가 되고, 음이 아래로 탈출하면 ⚍ → ☵이 된다. 또한 ☳에서 양이 다 탈출하면 ☳ → ☷이 되고, ☵에서 음이 다 탈출하면 ☵ → ☰이 된다. 따라서 그림으로 표현하면 다음과 같다.

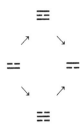

이는 8괘의 시간 변화 과정인바, ☳과 ☷는 자연과학에서 말하는
엔트로피 최소의 사물을 보여 주고 있는 것이다. 다음 그림을 보자.

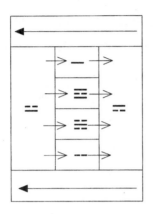

그림에서 화살표의 방향에 유의하자. 시간에 따른 괘상의 변화를
뜻하거니와, 이 중에서 특히 →의 방향은 자연계에서의 변화 과정
이다. 이것을 엔트로피 증대의 법칙이라고 한다는 것은 누누이 설
명한 바 있었다. 이는 한마디로 맺혔던 것이 풀리는 과정이다. 이
과정 속에는 '섞임'이라는 것도 포함되지만, 결국은 아래와 같이
'풀림'이라는 결과에 도달한다.

맺힘 → 섞임 → 풀림

이 과정에서 맺힘 → 섞임의 과정은 계가 닫혔을 경우인데, 현대
과학에서는 이 부분만 유의해서 엔트로피 개념을 확립하고 있다.

그러나 시간 과정이란 갈 데까지 가면 풀림에 이르게 된다.

그런데 그림에서 보면 상하에 긴 화살표가 있다. 이것은 자연계의 작용이 아니다. 이는 신의 태엽 감기에 해당되는 것으로, 생기의 축적이다. 우주에 있어서는 무의 요동에 의해 이와 같은 현상이 발생한다. 이러한 현상은 우주가 어떻게 무로부터 발생하는가를 보여주는데, 휠체어를 타고 다니는 것으로 유명한 호킹 박사가 제창한 이론이다. 그러나 호킹의 이론은 불확정성 원리가 바탕이 되어 있는데, 시간 에너지 불확정 관계에 의해 유도된 것이다.

괘상에 대해 엔트로피를 질량화해 보자. 먼저 ☵을 보면 ☷와 ☰인데, 이것은 다음과 같이 그릴 수 있다.

이 그림에서 ( ) 속에는 ― 또는 ―― 이지만 생략했다. 왜냐 하면 ( ) 속은 관측 지점이기 때문이다. 이 지점에서 보면 위에 있는 음이 내리누르고, 아래에 있는 양이 떠받들고 있다. 따라서 값이 2이다. 이는 중앙을 향해 들어오는 값을 취한 것인데, 수학적으로는 아랫값에서 윗값을 뺐다는 뜻이다.

$$(1) - (-1) = 2$$

이와 같이 해서 ☵의 값이 2가 된다는 것을 알았다. ☵의 값을 보자. ☳과 ☶은 다음과 같이 표현될 수 있다.

이 그림에서 ( ) 안에 무엇이 들어가든 상관없다. 이 곳은 나 자신이 있는 곳이기 때문이다. 문제는 나 있는 곳으로 들어오거나 나가는 기운이다. ☷을 보라. 위에 있는 양은 위로 나가고 아래에 있는 음은 아래로 나간다. 즉, -2인 것이다. 수학적으로는 다음과 같이 표현 할 수 있다.

$$(-1) \quad - \quad (1) \; = \; -2$$
아랫값 　 윗값 　 해결값

여기서 해결값을 위치 에너지로 생각해도 좋다. 만물은 위치 에너지 값을 작게 하는 방향으로 움직이는 성질이 있다. 이 또한 엔트로피 법칙의 다른 표현이다.

이제 ☰ ☷ ☳ ☶에 대해 생각해 보자. 먼저 ☰과 ☷를 보면 다음과 같다.

이 그림에서 위의 양은 중간으로부터 나가고, 아래의 양은 중간으로부터 들어온다. 들어오고 나가는 값이 같은 것이다. 그러므로 합계는 0이다.

   (1)   –   (1)   =   0
  아랫값   윗값   해결값

  마찬가지로, ☲와 ☵의 값을 정할 수 있다. 그 값은 0이다.

  이상으로 8괘 모두에 대해 해결값을 정했다. 값의 분포는 3종류로서, 2, 0, -2이다. 이로써 8괘를 세 종류의 사물로 나눌 수 있게 되었고, 8괘의 성질을 보다 분명히 알게 된 것이다.

  그러나 이것만으로 8괘의 성질이 다 밝혀진 것은 아니다. 8개인 8괘는 3종류의 성질로 완전히 다 파악할 수 없기 때문이다.

  그럼 여기서 8괘의 또 다른 성질을 따져 보자. 지금 논의할 내용은 괘상의 에너지량인데, 이에 대한 고전의 수치는 9, 8, 7, 6이었다. 하지만 이것으로는 괘상의 에너지량을 아는 데 미흡하므로 현대 과학적 손질이 필요하다. 우선 양 에너지를 살펴보자. 양이란 본시 위에 있는 것으로서 아래로 내려올수록 위치 에너지가 커지게 되어 있다. 그림을 보자.

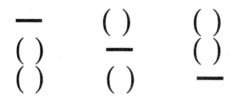

그림은 양이 한 단계씩 내려오는 것을 보여 주는데, 좌로부터 1, 2, 3의 값을 정할 수 있다. 여기서 1, 2, 3의 숫자는 양의 위치 에너지를 의미한다. 이것으로 ☰의 위치 에너지 값을 정하면 다음과 같이 된다.

━━ 1
━━ 2 → 6
━━ 3

반면 ☷은 다음과 같은 모습이 된다.

━ ━ -3
━ ━ -2 → -6
━ ━ -1

그림에서 값을 아래로부터 위로 향해 정한 것은 음값이기 때문이다. 음이란 본시 아래에 위치하는 존재로서 위로 올라갈수록 위치 에너지가 커지게 마련이다. 두 괘상을 함께 써 보자.

```
━━  3            ━ ━  -3
━━  2            ━ ━  -2
━━  1            ━ ━  -1
```

이제 두 그림의 수 값을 가지고 다음과 같이 모든 괘의 값을 정
할 수 있다.

```
━ ━  -3
━━   2  →  2
━━   3
```

```
━━   1
━ ━  -2  →  2
━━   3
```

```
━━   1
━━   2  →  2
━ ━  -1
```

```
━ ━  -3
━ ━  -2  →  -2
━━   3
```

```
━ ━  -3
━━   2  →  -2
━ ━  -1
```

```
━━   1
━ ━  -2  →  -2
━ ━  -1
```

이제 모든 것을 함께 써 보자.

☰　　　→　6

☷ ☷ ☷　→　2

☷ ☷ ☷　→　-2

☷　　　→　-6

이상의 값을 고전의 값과 비교해 보자.

(3, 0)	6	9
(2, 1)	2	8
(1, 2)	-2	7
(0, 3)	-6	6
집합	현대	고전

6		☰	
2	☳	☵	☶
-2	☴	☲	☱
-6		☷	
	2	0	-2

도표를 보면 현대적 방법은 간격이 4이고, 중앙 좌표식 표현으로 상하 대칭이다. 고전은 간격이 1씩인데, 중앙 좌표식으로 되어 있지 않아 숫자의 뜻이 애매하다. 현대적 방법은 $\equiv$ → 6, $\equiv\equiv$ → -6으로 음양이 분명하게 나누어져 있어서 값과 성질을 연계할 수 있지만 고전의 방식은 그것이 불가능하다. 부득불 현대 과학적 방법을 쓸 수밖에 없다. 지금까지 밝혀진 성분을 함께 써 보자.

이상으로 8괘의 성질은 더욱 자세히 밝혀지고 있는 중이다. 여기에다 한 가지 성분을 추가하자. 그것은 괘의 중앙 성분이다. 이것을 선택하는 이유는 해결값을 정할 때 자신의 성분은 제외되었기 때문이다. 자기 자체의 성분은 무엇보다도 중요하지 않은가,

성분은 양음 두 가지뿐이므로 이것을 1과 -1로 하기로 하자. 물론 1000과 -1000으로 해도 된다. 간단히 하기 위해 1을 사용했을 뿐이다.

그림으로 그려 보자. 그런데 문제가 생겼다. 방금 우리는 평면에다 두 가지 성분을 표시했는데, 성분이 하나 더 늘어나자 쓸 곳이 없어진 것이다. 왜일까? 2차원에다 3차원을 집어넣을 수 없기 때문이다. 그러므로 이것은 마음 속에다 그려 넣기로 하고 평면에서는 편법을 사용하자.

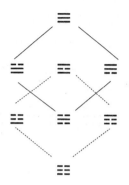

  그림에서 점선은 아래에 있는 것이고 실선은 위에 있다. 그림은
결국 3차원 사영도이고, 팔괘는 6면체의 모서리에 위치한다. 그러나
단순한 모서리가 아니다. 그림에서 보듯이 위치가 질서 정연하다.
이를 수학적으로 표현해 보자.

☰ → (6,   1,   0)

☱ → (2,   1,   2)

☲ → (2, -1,   0)

☳ → (2,   1, -2)

☴ → (-2, -1,   2)

☵ → (-2,   1,   0)

☶ → (-2, -1, -2)

☷ → (-6, -1,   0)

  이상의 표현은 A → (x, y, z)와 같은 표현인데, 우리는 이것을 가지고 8괘의 숨겨진 의미를 더욱 철저히 파헤칠 수 있다. 우선 한 가지 예를 들어 보자. 집합 성분 중 가운데 항에 속하는 것은 1과 -1이다. 이 중에서 1인 성분을 취하면 다음과 같다.

$$\equiv\equiv \quad \equiv\equiv \quad \equiv\equiv \quad \equiv\equiv$$

이들은 어떠한 성질이 있는가? ☰은 더 말할 나위 없이 자유 자재한 순양의 성질이다.

☵은 어떤가? 이 괘상은 물로서 대표되는 성질인데, 물이란 아주 유연한 존재이다. 일정한 틀이 없이 내면의 성질이 살아 움직인다. 그래서 혼돈을 상징하는 괘상이거니와, 사물이 모여서 군거하며 숨쉬고 있는 모습이다. 광장에 모여 있는 군중, 종잡을 수 없는 자연 현상, 어린아이의 혼란스러운 행동, 앞이 안 보이는 안개, 범인의 난동, 무질서한 사회, 수렁, 잡다한 사물 등, 이 모든 것이 ☵인바, 파고들수록 더욱 난해한 모습을 갖고 있는 것이 ☵이다.

이것은 정지하기도 하고 이동하기도 한다. 이 때 한 곳에 정착하여 안정한 상태가 바로 ☶이다. 속에서야 혼돈스러울지언정 밖으로의 범람이 막아진 상태인 것이다. 즉, ☵의 정지가 ☶이다.

반면, ☳은 ☵이 움직이고 있는 모습이다. 흐르는 냇물, 바람, 이동하는 군중, 사건의 파급 등이 ☳인 것이다. ☶과 ☳는 ☵의 두 가지 모습일 뿐이다.

당초 ☵은 ☷으로부터 중심에 양을 받음으로써 유연한 존재가

되었다. 따라서 ☰ ☷ ☲ ☵ 등은 공통의 성질이 있다. 세속의
사물로 보면 유연한 재료이다. 물·크림·잡동사니·어린아이의 몸,
또는 마음, 시장판의 행인, 지도자 없는 군중, 질서 없는 행동 등은
모두 중효(中爻)가 양이기 때문에 생기는 성질이다. 소인과 여인의
굳건하지 못한 마음도 바로 이와 같은 모습이다.

이처럼 우리는 괘상의 중효를 따져 봄으로써 사물의 중요한 속성
을 판가름할 수 있다.

괘상의 다른 속성으로서 집합의 첫번째 요소를 들 수 있는데, 그
것은 6, 2, -2, -6 등으로 되어 있다. 이 중에서 2인 괘상을 추려
보자. 즉, ☷ ☲ ☵ 등이다.

☰는 양기가 가득 찬 모양이다.
☷은 양기가 모두 나가 있는 상태이다.
☲는 양기가 안팎으로 걸려 있는 형상이다.

이들은 ☰ → ☲ → ☵의 과정으로 연결되는 선형적 시간 현상이
다. 요컨대 ☷ ☲ ☵ 등은 한통속인 것이다.

괘상의 또 다른 속성을 살펴보자. 남은 것은 세 번째 항목, 메뉴
는 2, 0, -2 등인바, 이 중에서 -2를 선택해 보자. 즉, 괘상은 ☷
과 ☷이다.

☷은 양기가 모두 빠져나간 상태

☳은 음기가 모두 빠져나간 상태

또한 ☱은 양이 최대한 활동하는 모습이고

☵은 음이 최대한 활동하는 모습이다.

이상으로 8괘의 성분 집합의 속성들을 살펴보았다. 하나의 괘상은 세 개의 속성이 있는바, 8괘란 그 이상도 이하도 아닌 바로 여기에 속해 있다.

이로써 우리는 8괘의 개별적 성질을 완벽하게 파악한 것이다. 문장으로 백 권의 책을 쓴다 하더라도 8괘의 성질은 이를 넘어설 수 없다. 8괘란 당초 세 가지 성질로 만들어진 사물인바, 세 가지 성질을 다 얘기하면 8괘에 대해 더 이상 얘기할 것이 없는 것이다.

여기서 다시 한 번 집합 구조를 보자.

$$A \rightarrow (x, y, z)$$

8괘의 성분 집합은 이상과 같이 되어 있는바, 수학에 견문이 넓은 사람은 위의 집합이 바로 단순 행렬임을 알 것이다. 그런데 여기서 한 가지 의문이 있다. x, y, z의 원소 개수를 보자.

$$x \rightarrow (6, 2, -2, -6) \rightarrow 4개$$
$$y \rightarrow (1, -1) \qquad \rightarrow 2개$$
$$z \rightarrow (2, 0, -2) \qquad \rightarrow 3개$$

 따라서 A의 종류는 2×3×4 → 24개가 된다. 하지만 A의 종류는 8개, 즉 8괘밖에 없다. 이는 어찌된 일일까? (x)×(y)×(z) → A는 필연적 법칙이다. 이유는 간단하다. x, y, z가 각각 독립되어 있지 않기 때문이다. 독립되어 있는 것은 y뿐이다. x의 경우, 6이면 y는 오직 한 가지 상태, 즉 1밖에 없다. 6이면서 -1인 경우는 없다는 뜻이다. 또한 x가 6이면 z는 반드시 0이다. x가 6이면서 z가 2, 또는 -2 등은 없다는 뜻이다.

 이처럼 x, y, z가 서로 연계되어 있기 때문에 2×3×4 → 24가 나오지 않는 것이다. 우리는 x, y, z가 독립되기를 희망한다. 그러나 8괘의 성질이 그렇지 않기 때문에 어쩔 수 없다.

 만일 8괘의 성질이 단순히 상중하의 효로써 나누어진다면, 2×2×2 → 8로써 쉽게 이해될 수 있을 것이다. 예를 들어 하효가 같은 괘상 4개를 생각해 보자.

 이들 4개의 괘상에서 공통성은 무엇인가? 굳이 따지자면 못 찾아내지는 않겠지만, 괘상의 성질을 이해하는 데 중요한 요소는 발견되지 않을 것이다. 다만 중효가 같으면 괘상의 중요 성질이 나타날 수 있을 뿐이다.

 우리는 괘상의 첫째 요소로서 상하 효를 함께 보고, 둘째 요소로서 중효를 보고, 셋째 요소로서 상중하 삼효를 동시에 보는 것이다. 이는 차원 구조상 깔끔하지 않지만 어쩔 수 없다. 괘상은 분명 다음과 같이 3차원 구조로 되어 있다.

$$
\begin{bmatrix} c \\ b \\ a \end{bmatrix}
$$

하지만 이해하는 방식은 $a \times b \times c \rightarrow 8$이 아니다. 우리는 앞서 살펴본 바와 같이 다음과 같은 다소 기묘한 사항을 따질 수밖에 없다. 즉,

$x \rightarrow a - c$의 값 3가지
$y \rightarrow b$의 값 2가지
$z \rightarrow a + b + c$의 값 4가지

그리고

$(x, y, z) \rightarrow A$

여기서 A는 $2 \times 3 \times 4$가 아니라는 것은 이미 밝힌 대로이다. 또한 $a - c$, b, $a + b + c$ 등에 쓰인 a, b, c의 값도 일률적이지 않다. 예를 들어 $a - c$에서 a는 1 또는 -1이다. 하지만 $a + b + c$에서 a는 -1 또는 3이다.

이와 같이 잡다한 이유로 인해 8패는 단순히 $2 \times 2 \times 2 \rightarrow 8$로 이

해될 수 없는 것이다. 하지만 우리는 3가지 요소로써 8괘를 완벽하게 이해할 수 있게 되었다. 8괘는 다를 것이 없다. 단지 총체적 성질을 말할 때 활동·축적값 등이 논의될 뿐이다. 물론 이 때에도 3가지 성분으로 분해하여 이해할 수 있는 것이다.

여기서 예를 들어 보자. ☷은 무엇인가?

☷은 음 축적 -6, 양 축적 4, 음 활동 -3, 양 활동 1인바, 이를 토대로 세분하면 (-2, -1, 2) → A가 된다. A가 바로 ☷인 것이다.

이로써 8괘에 대한 극의를 모두 말한 것이다. 이는 물 = H_2O라고 말한 것과 같다.

이상으로 장을 마치자. 새로 시작하는 강좌의 첫장이 너무 길어진 것 같다. 하지만 투철하게 공부하겠다는 의지로 생각하면 좋을 것이다.

쉬어 가기(1)

기(氣)라는 말은 요즘 전세계적인 유행어인 것 같다. 기는 이미 수천 년 전에 등장한 아주 중요한 개념이고, 또한 실제 현상이지만 오늘날에 와서 크게 대두되고 있는 중이다. 기는 오늘날 초자연적이라는 모든 현상을 자연적으로 설명해 주고 있는 개념인데, 정작 기가 과연 무엇인가는 그리 정확히 알려져 있지 않다.

그렇기 때문에 막연히 기라는 단어를 사용하면서 애매 모호하거나 신비적 경향을 띠고 있는 것이다. 예를 들어 산의 기운, 강의 기운, 집의 기운, 치료의 기운, 땅의 기운 등 뭐가 뭔지 알 수 없는 단어가 있고, 심지어는 약을 먹어 보지 않아도 병 속에 넣은 상태에서 기운이 나와 환자를 치료하는 기운도 있는 것이다.

원래 기라는 말은 실제 현상을 유도하는 물리적 실체를 뜻하는 것이었다. 예를 들어 자석이 서로 끌거나 미는 현상들은 양극간에 구체적인 입자가 교환되고 있는 것이다. 전기적 힘을 중계하는 것은 광자라는 것이고, 만유 인력을 중계하는 기 입자는 중력자라고 이름 붙어 있다. 그런 것들은 공간상에 실제 존재하는 것들이다.

치료의 기운에 있어 사람의 손에서 실제로 생명 방사선이라 일컬어지는 물질 파장이 방출되는데, 기라고 하는 것은 이토록 실제를 바탕으로 이야기되어야 하는 것이다.

약병에 들어 있는 약이 기운을 발산해서 환자와 서로 감응한다는 식은 기를 너무나 신비화한 나머지 '쥐뿔'이나 '거북이털'처럼 말만 있고 실체는 없는 공허한 개념이 되는 것이다.

오늘날 진공에도 기가 있고, 특히 생명의 기운은 상당히 연구되고 관찰되고 있는 중이다. 이러한 기운들은 모두 물리적으로 존재하는 관측 가능한 기운인 것이다.

물론 기라는 단어는 반드시 물리적 실체만을 얘기하는 것은 아니다. 예를 들어 '기죽지 않는다', '용기를 잃지 마라' 등에 사용되는 기는 정신적 기운으로서, 물리적 실체와는 다소 거리가 있다.

또한 관상법에 있어서 사람의 형상이나 색깔을 살피기 전에 정신적 기운을 감지하는데, 정신의 기운은 결코 물리적 실체가 아닌 것이다.

대개 영웅들은 남다른 기운을 가지고 태어났는데, 이러한 기운은 결코 육체적 기운이 아니다. 예를 들어 중국의 영웅 등소평 같은 사람은 키도 작고 힘도 별로 세지 않다. 그러나 그 사람은 많은 사람을 압도하는 보이지 않는 힘이 있는 것이다.

기라는 것, 정확히 말해 정신적 기운이라는 것은 실제적 효과를 나타내는데, 운동 경기에 있어서도 정신력, 즉 기는 아주 중요한 역할을 하는 것이다.

확실히 기라는 것은 존재한다. 하지만 종류는 두 가지가 있다고 할 수 있다. 하나는 관측 가능한 물리적 실체로서의 기운이고, 또 하나는 정신적 기운이라고 할 수 있다.

사람의 경우, 정신적 기운은 실제로 육체의 기운을 발생시키는 역할도 하는데, 이에 대해서도 옛 성인이 잘 설명해 놓은 바 있다. 오늘날 기라는 단어를 너무 혼용하기 때문에 우리는 이를 잠시 가다듬을 필요가 있을 것이다.

주역이란 모든 것을 분명하게 해 줘야 한다. 특히 단어의 사용은 실제와 맞아 떨어져야만 의미가 있는 것이다. 원래 기라는 용어는 생명 현상과 함께 나타난 개념이었다. 우리의 몸 속에는 구체적으로 기가 흐르고 또한 중요한 개념으로 신(神)이란 단어가 있다.

신은 기와 정(精)과 더불어 생명의 3대 요소인데, 그저 편하게 기와 신을 합쳐 기라고 부르고 있는 실정이다. 맹자는 호연지기라는 것을 설명하면서, 의지는 기를 움직이고, 기는 신체를 움직인다고 밝혔는데, 이 때 의지란 신을 의미하고, 또한 호연지기를 의미하는 것이다.

맹자에 의하면, 호연지기는 천지간에 가득 찬 것으로, 이것은 또한 정신과 감응하여 우리의 몸에도 유입될 수 있다는 것이다. 맹자는 평생 호연지기를 기르는 것을 목표로 삼는다고 하였다. 필자 역시 호연지기를 기르는 것을 일생의 주요 과제로 삼는데, 호연의 기운은 인격을 통해서 발전될 수 있음을 맹자는 가르치고 있다.

　세상에는 악하고, 선하고, 강하고, 약한 4가지 종류의 사람이 있지만, 실로 가장 강한 사람은 선한 사람인 것이다. 옛 성인의 가르침에 의하면, 진정 선한 사람은 강하고, 약한 사람은 악해질 수밖에 없다는 것이다. 물론 여기서 강하다는 것은 육체를 의미하는 것은 아니다. 호연지기 또는 신(神)을 의미하는 것이다.

　이러한 정신의 기운은 점차 자라나는 것이지만, 선하면 강해지고 총명하면 강해지는 것이다. 주역은 원래 성인의 지혜를 얻기 위해 필요한 학문이지만, 최고의 지혜는 최고의 선을 일으키는 법이다. 주역을 통해 정신력이 강해지는 것은 또 하나의 소득이다.

玉虛眞經 (5)

吾言 甚易知 甚易行 天下 莫能知 莫能行

내 말은 매우 알기 쉽고 몹시 행하기 쉬운데도 천하에 능히 아는 사람이 없고, 능히 행하는 사람이 없다.

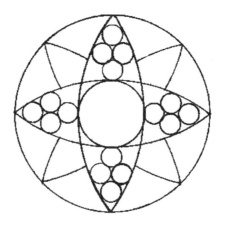

초순환

미적분학의 창시자인 라이프니츠는 보편학을 생각했다고 한다. 보편학이란 최고 이론, 일반적 지혜, 또는 최고 지혜, 우주 일반 이론 등으로 번역할 수 있는데, 수학자인 그가 그런 생각을 했다면 필시 수학과 연관된 내용을 떠올렸을지도 모른다.

지혜란 인간의 큰 덕목 가운데 하나이거니와, 인간이라면 누구나 지혜롭기를 바랄 것이다. 문제는 어떻게 하면 지혜가 생기느냐이다. 물론 공부를 해야 한다는 것은 당연한 일이다. 라이프니츠는 당시 최고의 지성 또는 지혜를 가졌음에도 그것을 더욱 높이기 위해 보편학이라는 것을 생각했던 것 같다.

오늘날 모든 사람이 학교에 다니는 것은 우선 최소한의 지혜라도 얻기 위해서겠지만, 나아가서는 더 높은 지혜를 추구하기 위해서일 것이다. 대학이란 곳도 바로 그런 곳이다. 물론 대학이란 곳이 최고 지혜를 가르쳐 주는 곳은 아니지만, 사람들은 뒤떨어지지 않기 위해 열심히 대학에 다니고 있는 것이다.

그러나 대개의 사람은 최고의 지혜를 얻을 생각도 하지 않는다. 그런 것이 있느냐조차 의구심을 갖는 것이다.

필자는 어느 날 차 안에서 우연히 남의 얘기를 엿듣게 되었다. 남녀가 나란히 앉아 대화를 나누고 있었는데, 남자가 말했다.

"야, 너 내가 머리 좋은 거 알지?"

"……."

여자는 재빨리 고개를 끄덕였다. 바로 그렇다는 뜻이다.

남자가 말을 이었다.

"그 문제 말이야, 내가 30분이나 생각했지."

"……."

"그런데도 답이 안 나왔어. 나처럼 머리 좋은 사람이 30분이나 생각했는데도 말야. 그렇다면 말이야, 그 문제는 답이 없는 거야. 알겠지?"

"……."

여자는 열심히 고개를 끄덕이고 있었다. 그 남자의 나이는 30대 초반으로서 잘생겼는데, 말하는 내용으로 봐서 우물 안 개구리임에 틀림없다. 그는 자기 자신을 세상에서 가장 총명한 사람인 줄 착각하고 있는 것이다. 필자는 그 사람이 아주 바보인 것을 당장에 파악할 수 있었다. 총명한 사람의 목소리가 아니고, 또한 내용 자체가 어리석기 때문이다. 여자 또한 어리석은 것이 분명했다. 남자가 그토록 바보 짓을 하는 데도 옳다고 고개만 끄덕이니 말이다.

세상에는 자기 자신을 지혜롭다고 생각하는 사람이 아주 많다. 필자도 옛날에는 누구보다도 강하게 그런 생각을 하며 지냈다. 그만큼 어리석었다는 뜻이다. 대개 총명한 사람은 더 높은 곳을 바라보기 때문에 자신의 어리석음을 실감하고 겸허한 마음으로 향상에 힘쓰고 있는 것이다. 수학자 라이프니츠도 총명한 사람이었기에 보편학이라는 것을 생각할 수 있었던 것이리라.

필자는 아주 어려서 제법 똑똑했었다. 물론 먼 훗날 지나고 보니 필자는 같은 또래보다 아주 어리석었다는 것이 판명되었지만 말이다. 지금도 어느 면에서는 확실히 어리석다. 단지 지혜를 추구하기 위해 주역을 공부하는 등 최선의 노력을 하고 있는 중이다.

좀더 개인적인 얘기를 한다면, 필자는 어려서 지혜라는 개념도 몰랐고, 이것을 추구하기 위한 노력은 더더욱 생각할 수 없었다. 그저 호기심이 많았기 때문에 이것저것 열심히 궁리했던 것 같다.

그 중에서도 자연 자체의 신비에 깊게 몰두했는데, 그 결과 일찍부터 자연과학을 공부하게 되었고, 상대성 원리나 일반 물리학·생물학·화학·수학 등을 섭렵할 수 있었다. 그리고 이로 인해 인간의 최고 지혜란 자연과학적 지혜라고 생각하게 되었던 것이다.

물론 이는 틀린 생각이었다. 오히려 자연과학의 지혜란 인간의 지성 중의 극히 일부일 뿐이다. 어쨌건 필자는 어느 날인가부터 최고 지혜란 무엇이며, 어떻게 얻어야 하는가를 궁리하기 시작했다. 자연과학이 최상의 지혜가 아니라는 것은 분명해졌다. 필자가 얻고자 했던 것은 자연과 정신, 사회와 인간 등 모든 것에 통할 수 있는 보편학이었던 것이다.

이와 같은 약간의 깨달음을 얻자, 필자는 여러 분야에 견문을 크게 넓히기 시작했다. 유불선(儒佛仙)의 경전과 자연과학·수학·병법·논리학·바둑·장기·심리학·운명학 등을 공부하였으며, 이런 과정에서 각 분야의 공통적 원리를 차츰 발견하게 되었다. 그리고 이로 인해 보편학의 존재에 더욱 확신을 갖고 그 내용을 탐구했던 것이다.

지금 생각하면 어린 날의 아름다운 추억이었다. 하지만 그 추억은 현실로 이어지고 있었다. 필자는 수십 년 이래 오직 보편학을 위해 한 길을 걸었던 것이다. 그것은 두말 할 나위도 없이 바로 주역이었다.

주역에는 모든 것이 다 들어 있다. 필자는 다시 태어나도 주역을 공부할 것이다. 물론 이번 생을 다하여 주역의 수준을 높일 것이다. 성인인 공자도 이러한 길을 걸어갔다. 우리는 지금 옛 성인의 길을 더듬고 있는 중이다.

그럼 다시 공부를 시작하자.

주어진 괘열은 무엇인가? 괘열은 시간의 흐름을 보여 주고 있다. 과학적으로 얘기하면, 위치 에너지가 낮아지는 과정을 보여 주고 있다. 괘상에 함유되어 있는 값을 살펴보자.

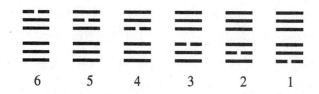

6	5	4	3	2	1

표시된 값은 음의 높이를 나타내는데, 이것은 바로 위치 에너지를 의미한다. 괘열은 위치 에너지가 감소하고 있는 모습이다. 이것이 바로 시간 현상이다. 양에 대해서도 위치 에너지를 써 보자.

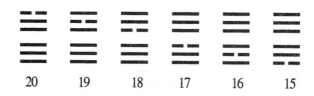

20	19	18	17	16	15

나열된 수치는 양효의 위치 에너지 값을 합산한 것이다. 양은 상향성이 있으므로 아래에 있을수록 위치 에너지가 크다. 음양의 위치에너지 값을 함께 써보자. 즉,

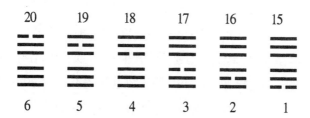

20	19	18	17	16	15
6	5	4	3	2	1

패열에서 위쪽에 표시한 것은 양값, 아래쪽에 표시한 것은 음값이다. 음양값의 차이는 어느 것이든 14로서 일정하다. 이는 시간의 흐름에 의해 음양의 에너지가 평등하게 줄어든다는 것을 의미한다. 옛 사람이 시간이란 음양이라고 한 것은 바로 이 대목을 지적한 것이다. 괘상을 잠깐 음미해 보자.

이 괘상은 양기를 가득 함유하고 있는 음의 위태로움을 보여 주고 있다.

이 괘상은 양기가 하나 방출하여 극한의 압력을 일부 해소한 상태이다. 음의 입장에서 보면 천중(天中)의 자리를 얻어 존귀한 모습이다. 그리고 최상의 자리를 회피해 있기 때문에 안전하다.

세상사는 원래 이래야 한다. 여유가 있어야 하는 것이다. 적을 추격할 때도 조금은 도망갈 길을 터 줘야 하는 것이다. 남의 잘못을 추궁할 때도 사정을 좀 봐 줘야 하고 약간의 칭찬도 곁들여야 한다. 외상값을 받을 때도 너무 심하게 몰아붙여서는 안 된다.

이 괘상은 음이 낮은 곳에 위치하여 양을 마음놓고 활개치도록
한다. 큰 허물은 없다. 단지 낭비가 심한 모습이다.

이 괘상은 음이 밖으로 나가지 않고 바라보고 있다. 그러나 아래
입장에서 보면 음이 가장 높은 곳에 서 있기 때문에 자칫하면 범람
할 우려가 있는 것이다.

이 괘상은 아래에 갇혀 있던 양이 최초로 전진하는 모습이다. 넓
은 곳으로 나아가기 위함이다. 초야에 묻혀 있던 선비가 한양으로
향하는 형상이다.

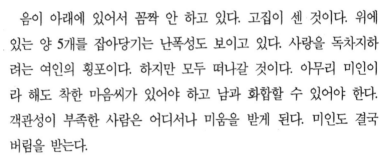

음이 아래에 있어서 꼼짝 안 하고 있다. 고집이 센 것이다. 위에 있는 양 5개를 잡아당기는 난폭성도 보이고 있다. 사랑을 독차지하려는 여인의 횡포이다. 하지만 모두 떠나갈 것이다. 아무리 미인이라 해도 착한 마음씨가 있어야 하고 남과 화합할 수 있어야 한다. 객관성이 부족한 사람은 어디서나 미움을 받게 된다. 미인도 결국 버림을 받는다.

이상이 (5, 1) 괘상을 대강 설명한 것인데, 에 이르러 흐름이 정지하고 있다. 양은 모두 나아가고 음은 모두 떨어져 있기 때문이다. 여기서 보자.

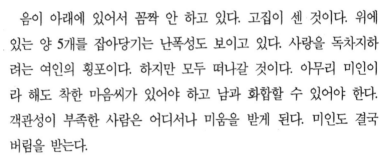

이 괘상은 주어진 폐쇄계에 있어서는 시간 에너지를 다 사용한 죽은 괘상이다. 즉, (5, 1) 괘상 중 엔트로피가 가장 큰 괘상인 것이다. 이는 안정된 괘상으로서 변화가 정지되어 있는 모습이다.

그러나 여기서 한 단계의 변화를 더 생각해 보자. 즉, 현상계를 개방시켜 보자는 것이다. 그렇게 되면 아래의 아래에 또 다른 세계가 있다는 뜻이 된다. 물론 위쪽으로 개방시켜도 마찬가지이다. 여기서 주어진 계가 우주 자체라면 개방계라는 것은 초우주 또는 우주 이전, 우주 밖 등이 될 수 있다.

한 단위로 볼 때 주어진 계는 그 자체로 위상 우주가 된다. 하지만 우주를 개방시켜 아래위로 현상계를 연장하면 시간 에너지가 다시 존재하는 결과를 준다. 이 때에 있어서 괘상 ☲ 은 아래 음이 더 아래로 이동할 수 있는 것이다. 다음을 보자.

이러한 과정이 발생할 수 있지만 계를 위로 확장해서 보면 다음과 같은 과정도 발생할 수 있다.

이 과정은 위에 있는 양 5개가 모두 날아가 버린 모습이다. 이 과정 역시 개방계에서 일어나는 현상이다. 이 모든 과정을 단순하게 정리해 보자.

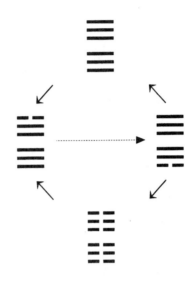

위 그림에서 점선으로 표시한 것은 각 단계를 생략한 것이고, 또한 폐쇄계 내에서의 시간 흐름 현상이다. 그러나 아래위에 있는 실선 과정은 개방계를 통한 역행 현상으로서, 주어진 단위 공간의 밖을 통해서만 이루어진다.

이는 시간 에너지가. 다시 충전되는 현상으로, 초순환이라고 말한다. 만물은 초순환을 통해 영원히 존재할 수 있다. 이러한 초순환은 다른 계층에도 같은 방식으로 존재하는바, 이것을 그려 보자.

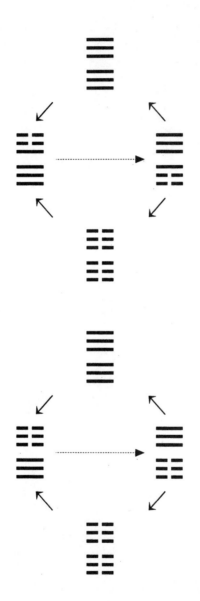

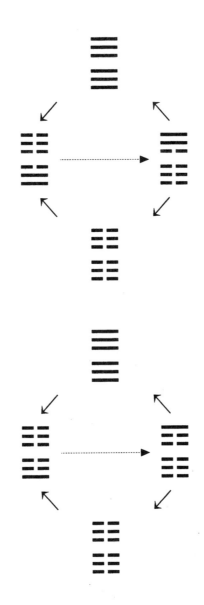

이상은 주역 64괘를 모두 망라하는 초순환도이다. 초순환도가 5개 종류인 것을 주목하자. 모든 순환도에는 ▆▆와 ▆▆이 공통적으로 들어 있다. 따라서 다음과 같은 형식으로 모두를 함께 그릴 수 있다.

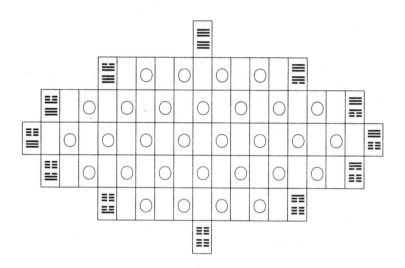

그림에서 ○표를 한 곳은 괘상이 들어가는 곳이다. 각 층의 길이가 다른 것은 시간 대륙의 길이가 다르기 때문이고, 괘상이 들어가는 곳이 정해진 원리는 각 시간 대륙의 길이를 최소 공배수 비율로 배분한 것이다. 이러한 구조는 주역 원론에서 상세히 다루었지만, 여기서는 좀더 깊게 다루기 위해 다시 한 번 등장시켰다.

그림을 보면 구체적으로 표시된 괘상이 군주괘임을 알 수 있다. 전체적 위상은 다음과 같다.

이는 4상도인데, 일반적으로 이 모양은 순환을 다루는 것이지만, 여기서는 순환의 모양이 아주 다르다. 시간의 흐름과 초순환을 나타내기 때문이다. 이것을 그려 보자.

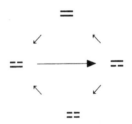

중앙의 화살표는 시간의 흐름이다. 그 외의 화살표는 초순환을 나타내는데, 그림에서 알 수 있듯이 초순환은 시간을 역행하고 있다. 이는 자연 현상이 시간에 따라 엔트로피를 증가시키면서 증가하는 중에 돌연 나타나는 저(低)엔트로피 현상이다.

인생에 있어서는 운명적으로 출현하는 시간 간섭 현상에 해당된다. 갑자기 행운을 만난다거나, 애인을 만나거나 사고를 당하는 등 예정 외의 출현이다. 우주의 운행에 있어서는 빅뱅처럼 인과율을 초월해서 나타나는 역시간 작용이다.

그림을 자세히 보면 중앙의 화살표는 우주가 시간 방향으로 진행하는 모습이고, 그 주위의 화살표는 마치 비행 중 바람이 스쳐가듯 뒤로 흘러가고 있다. 다만 바람은 자체에서 발생하고 있는데, 이는 과거로 도약하는 현상이다.

일찍이 디렉이라는 물리학자는 물질이 때로는 과거로 향할 수 있다는 이론을 제창했는데, 그에 따라 반전자의 존재도 자연스럽게 유도해 내었다. 반전자란 시간을 역행하는 입자인 것이다. 디렉은 이 공로로 노벨 물리학상을 받은 바 있다.

물질 내지 사물에 있어서 시간 역행 현상은 주역에서 말하는 초순환 현상인데, 이로 인해 우주 태엽이 다시 감기는 것이다. 우리의 우주도 먼 미래에는 종말에 이르게 되겠지만, 그 이후에는 시간 역행, 즉 초순환을 통해 다시 탄생할 수도 있다. 거대 우주 말고 단위 공간, 즉 부분 우주에서는 이러한 현상이 아주 빈번하게 일어나고 있다.

초순환은 앞으로 심도 있게 다룰 것이다. 여기서는 초순환도에 나타난 괘상을 음미해 보자.

이 괘상은 하늘과 땅이 마주 보고 있을 뿐 서로 작용이 없다.

이 괘상은 땅이 위축되고 하늘의 작용이 확산된 모습이다.

이 괘상은 땅의 작용이 확산되고 있는 모습인데, 바람을 잡아들일 수 없어 안타깝다. 괘상을 함께 써 보자.

그림은 괘상의 성질을 계층적으로 보여 주고 있다. 땅에서 볼 때 지나가는 바람을 잡을 수 없듯이 하늘에서 보면 산을 일으켜 세울 수가 없는 것이다. 올라가지 못할 나무를 바라보고 있는 것이 바로 ☶☰이다. 또한 TV나 신문·잡지 등에 나오는 미인을 하릴없이 바라보는 모습도 바로 이 괘상이다. 반면 ☰은 전세계가 북한을 개방시키려고 애쓰는데, 꼼짝않고 있는 김정일의 모습이다. 아무리 꼬드겨도 안 넘어가는 여인의 태도도 이와 같다.

그런데 ☷☷, ☰ 등의 괘상은 음 또는 양이 상대 영역으로 들어가려고 노력하고 있는 모습이다. 이에 비해 ☳는 음양이 둘 다 꼼짝 안 하는 모습이다. ☷는 죽어 있는 중앙이다. 사물은 치우침이 있어야 작용이 생기는 법이다. 사회도 그렇다. 모두 부자이면 누가 일할 것이며, 모두가 가난하면 누가 일을 시킬 수 있겠는가.

☳과 ☶은 치우침이 있어서 그나마 작용이 존재한다. 아직 죽은 존재는 아니다.

다른 괘상을 보자.

이 괘상은 양의 작용이 더욱 확산되어 땅에 바싹 내려와 있다. ☳과 비교해 보자. 양이 한 발 더 내려와 땅을 달래고 있다. 그러나 음은 여전히 강하게 나가는 상황이다. 이런 여자라면 일찌감치 버리고 다른 곳을 찾아봐야 한다. 별 볼일 없는 여자가 뚝심도 세다. 미인은 오히려 말을 잘 듣는다. 어쨌건 괘상 ☳는 양이 고생하는 모습이다. 어떻게 해서든 음을 정화시키려는데, 음은 꼼짝을 않는다.

이 괘상은 음의 기운이 올라가 양에 매달리고 있다. 지도자를 갈구하는 모습이다. 남을 지도하는 입장에 있는 사람은 몸과 마음을 낮춰 아랫사람과 화합해야 한다. 《손자 병법》에 '윗사람과 아랫사람이 뜻하는 바가 같으면 승리한다'는 말이 있다. 모름지기 음과 양은 서로 섞여야 하는 것이다. 괘상을 모두 써 보자.

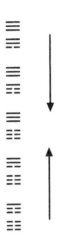

그림에서 유의할 것은 계층이다. 위로 올라갈수록 양에 치우치고, 아래로 갈수록 음에 치우친다. 화살표는 치우침을 해소하려는 자연의 작용이다. 괘상은 결국 ☷로 귀착하게 된다. 이는 어트랙터라고 하는데, 주역 64괘 전체의 어트랙터는 바로 ☷인 것이다. 우주에 있어서 인간의 사업은 ☷로부터 멀어지려는 노력을 의미한다.

다시 괘상을 보자.

이 그림은 언제 보아도 든든하다. 충분한 에너지, 은행에 모아 놓은 돈이 아주 많다. 실력 있는 선수, 풍만한 여인의 몸매, 주역 공부를 많이 한 독자, 실력 있는 필자, 화력이 충분한 군대 등, 축복받은 괘상이다. 사물의 시발점이 바로 이 괘상으로, 빅뱅도 여기에 해당된다.

이 괘상은 양기가 더욱 팽창한 상태이다. 따라서 음기는 떠받들려 진동하고 있다. 거대한 양의 기운을 축적하기 위해서는 큰 힘이 필요하다. 무력으로 국가를 장악하고 있는 모습이다.

음기가 기세를 올려 양기를 깊게 가두어 놓고 있다. 바다가 깊은 것은 땅이 높기 때문이다.

이는 양기의 팽창이 한계를 넘어선 모습이다. 폭발 직전이다. 백성의 지지를 잃은 정부는 오래 견딜 수 없다.

음이 너무 두터워 전도가 험난하다. 한 가닥 밝은 기운을 잘 길러야 할 것이다. 충분히 힘을 기를 때까지는 자중해야 한다.

괘상을 비교해 보자. ☷는 균형이 무너지기 쉬운 괘상으로, ☶와는 대조적이다. ☶는 사물을 끌어당기는 어트렉터인데, ☷는 그 반대로서 사물은 ☷로부터 멀어지는 현상이 있다. 이것을 그림으로 나타내면 다음과 같다.

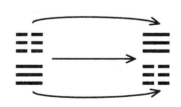

이 그림은 사물이 ☷에서 나와 ☷에 귀결하는 모습을 보여주는데, 인생도 바로 이런 과정을 겪는다. ☷는 출생이고 ☷는 죽음이다. ☰은 정신을 뜻하고 ☷은 육체를 뜻하는바, ☷는 정신과 육체가 화합하고 있는 모습이다.

선도 수련은 바로 이런 상태가 되기 위함이다. 선인들은 배 아래 단전이란 곳에 정신을 몰입시키는 수련을 하는바, 이렇게 함으로써 정신은 안정되고 육체는 활력을 갖게 된다. ☷는 정신이 들뜨고 육체는 가라앉는 모습이다. 수련의 요점은 몸은 가볍게, 마음은 안정되게 하는 것이다. 노자의 《도덕경》에 이르기를, 마음은 죽은 재처럼, 몸은 마른 나뭇가지처럼 하라고 했는데, 이는 마음의 안정과 몸의 가벼움을 얘기한 것이다. 바로 ☷의 뜻이 있다.

이제 여기서 각 괘상의 수치를 점검해 보자.

그림은 음양의 위치 에너지 값을 써 넣은 것이다. 우측으로 갈수록 그 값은 작아지고 있다. 위치 에너지 값을 합하여 써 보자.

30	29	26	21	16	13	12

이 수열은 대칭 구조를 가지고 있다. 중앙으로부터 커지거나 작아지는 값이 대칭인 것이다.

(-1) (-3) (-5) (-5) (-3) (-1)

값에 마이너스를 표시한 것은 우측으로 갈수록 작아진다는 뜻이

다. 수치의 뜻을 자세히 논하는 것은 다음으로 미루자. 여기서는 초
·순환의 구조를 이해하는 것으로 족하다. 초순환을 다시 한 번 음미
해 보자.

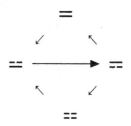

위의 그림에서 중앙을 가로지르는 것은 시간의 흐름으로, 이것은
지름길임을 알 수 있다. 반면, 원래 상태로 순환되는 과정은 먼 거
리를 돌아가는 모습이다. 이 점은 아주 중요하다. 시간의 흐름이란
바로 인접한 '최단거리 이동' 현상인 것이다.

그리고 재충전을 하려면 멀리 돌아야만 한다. 따라서 시간이 한참
흐른 후에 제자리로 돌아오려면 그만큼 먼 거리를 돌아서 와야만
한다. 모든 괘상에 대한 정밀한 재충전 모습은 다음 장으로 넘기자.

이 장에서는 초순환을 공부했고, 그 과정에서 모든 괘상의 정밀한
재충전 모습이 제기되었다. 또한 군주괘의 위치 에너지의 변화를
관측했는데, 이 값들의 변화가 무엇을 뜻하는지 문제로 제기된 것
이다. 주역은 이미 있는 모든 문제를 해결해 감으로써 괘상에 대한
깨달음이 점점 깊어지게 된다.

玉虛眞經 (6)

知不知 上 不知知 病

알면서도 알지 못함이 최상이고, 알지 못하면서도 아는 것은 병이다.

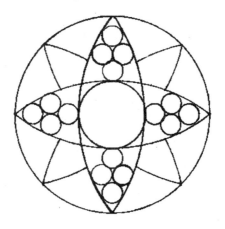

순환군 정렬

도인들에 대해 잠시 생각해 보자. 실제로 도인을 만난 사람도 있겠지만, 대개는 책에서 보거나 막연히 생각해 볼 정도에 지나지 않을 것이다. 물론 도인의 정의조차 분명치 않다. 그러나 이 문제는 쉽게 생각해도 좋을 것이다. 도인이란 그저 비세속적(非世俗的) 가치를 구해 전심 전력을 다하는 사람 정도로 이해하자.

도인들은 흔히 도심을 피해 깊은 산중에서 기거하는데, 그것은 가급적 세속과 섞이지 않겠다는 뜻일 것이다. 그래야만 목표에 충실할 수 있기 때문이다. 쉬운 예로써, 선승(禪僧)들은 세상과의 거래를 완전히 단절하고 평생을 골방 같은 곳에 들어가 공부에 몰두한다. 그리고 또 신선의 경우는 아예 사람의 발이 미치지 않는 높은 산 비밀 동굴에서 수도에 전념하는 것이다.

이들은 숨어서 대체 무엇을 하고 있는 것일까? 우리의 관심사가 바로 그것이다. 물론 그 내용을 단순히 얘기할 수는 없다. 다만 우리는 보고 들은 도인들의 행적을 통해 겉모습을 잘 알고 있다. 도인들에게는 대개 특별한 능력이 있다. 그것들 중에 가장 흔한 것이 무술 실력이다.

도인은 산중에 숨어 살다가 우연히 위험에 처한 사람을 구해 주기도 한다. 산적이나 강간범, 또는 폭력배들에게 당하는 순간에 도인이 나타나는 것이다. 도인은 무술에 아주 능하기 때문에 죄인들을 쉽게 물리친다.

또한 도인들은 세속에 나와서 다닐 때에도 남을 구하거나 또는 자신을 보호한다. 가까운 옛날 임진란 당시에는 서산대사라는 도인이 나와 군중을 모으고 무술을 가르쳐 왜적과 싸웠다.

이처럼 도인은 무술에 능한 것이다. 그러나 무술에 능한 사람을 곧 도인이라고 말할 수 있는가? 그렇지 않다. 도인들 중에도 무술을 못 하는 사람이 많지만, 무술인 중에는 도인 아닌 사람이 더욱 많다. 여기서 알 수 있는 것은 무술이 즉 도는 아니라는 것이다. 물론 도인들은 대개 무술을 수련하고, 또한 그것을 남에게 가르치기도 한다. 하지만 무술 자체가 도가 아님은 분명하다.

도인의 또 다른 면모를 보자. 도인은 신통한 의술을 갖고 있다. 세상에서 고치지 못한 환자가 도인을 만나 고쳤다는 말을 종종 듣는다. 특히 신선들은 의술에 아주 능한데, 신선이 와도 못 고친다는 말은 병의 위중함을 뜻한다. 오늘날 암이나 에이즈 등은 난치병인데, 신선들은 이러한 병을 쉽게 고칠 수 있을까? 또한 그에 준하는 도인들은 그러한 난치병들을 쉽게 고칠 수 있을까?

그럴 듯한 질문이다. 실제로 도인들은 비방을 알고 있어서 많은
병을 치료할 수 있는 것이다. 도인들은 흔히 무술을 배우는 것처럼
의술도 배우고 있기 때문이다.

그렇다면 여기서 다시 물을 수 있다. 의술이 곧 도인가? 그렇지
않다. 도인 중에는 의술을 못 하는 사람이 많지만, 오늘날 의사 중
에 도인이 아닌 사람은 훨씬 더 많은 것이다. 도인이 무술이나 의
술을 익힌 것은 사람에게 도움을 주기 위한 것일 뿐 도 자체는 아
니다. 도인이란 자기 자신의 완성을 목표로 수도를 하지만, 그 못지
않게 중요한 것은 창생을 구하는 일이다. 굳이 무술이나 의술일 필
요는 없다. 사람을 구하는 일이면 족한 것이다.

특히 사람을 구하는 데 있어 무술이나 의술처럼 한 번에 소수의
사람밖에 구할 수 없는 그런 능력보다는 오히려 정치나 전쟁 능력
등 대량으로 인간을 유익케 하는 능력이 더 유용할 것이다. 옛 성
인은 정치를 군자의 직업이라고 했거니와, 그로써 많은 사람을 이
익케 할 수 있기 때문이다.

먼 옛날 황석공이란 도인은 장량에게 전략을 가르쳐 천하를 통일
하는 데 기여했다. 제갈공명도 병법에 능통하여 지대한 공을 세웠
거니와, 이처럼 도인의 능력은 육체의 능력으로부터 정신의 능력에
이르기까지 다양한 것이다.

그런데 도인들에게서 빼놓을 수 없는 능력이 또 하나 있다. 대개
도인은 무술과 의술 등을 익히지만, 이보다 먼저 관심을 두는 기술
이 있는 것이다. 그것은 바로 점술이다. 사주를 풀어 운명을 밝히거
나 기도 등을 통해 점을 친다. 어떤 특이한 도인들의 경우에는 국

가 운명 등에 관해 광대한 예언 능력을 갖고 있다.

이러한 점 능력은 당연히 주역으로부터 비롯되는데, 주역이 바로 도인들이 추구하는 도 그 자체인가? 그렇지 않다. 주역은 음양으로 써 천지의 모든 작용을 설명하고 있다. 도인은 주역을 공부하여 신통력을 높이고 있으나 도 자체와는 거리가 있다.

그렇다면 도인들이 추구하는 도란 대체 무엇인가?

그것은 지식이나 능력에 속하는 것이 아니다. 단지 마음의 향상으로 이루어지는 것으로, 생명 자체에 일어나는 초현상인 것이다. 그 것은 태극과의 합일을 뜻한다. 옛 성인은 도가 즉 태극이라는 것을 밝혀 놓은 바 있지만, 태극이란 것은 너무나 미묘하여 지식 속에 포함되는 사물이 아니다. 태극은 생명의 근저와 합일되는 것으로, 모든 언어와 생각을 떠나서 존재한다. 이는 오직 마음이 그것과 합일할 때만 느껴지는 존재이다.

도인들은 세속을 떠나 은밀한 환경에서 태극과의 합일을 추구하고 있는 것이다. 만일 그것이 완성되면 바로 성인이라고 할 수 있으려니와, 이 때가 되어도 여타의 공부는 따로 이루어야 하는 것이다. 공자는 50세 근방에서 성인이 되고, 또한 주역 공부를 시작했다. 주역 공부와 성인이 되는 문제는 별개의 문제이다.

주역은 천지간에 가장 높은 지혜를 제공하지만, 태극과 합일하여 성인이 되는 일은 달리 힘써야 한다. 주역의 지혜란 성인이 되기 전, 또는 성인이 된 후에라도 반드시 얻어야 하는 것이다. 도가 왕 이라고 한다면 주역은 왕의 군대라 할 수 있다. 태극과 합일하여 성인이 되고, 음양 즉 주역을 터득하여 최고의 지혜를 얻는다면 인생에 이보다 더한 경사가 없을 것이다.

　괘상을 보자.

위의 괘열은 D군이다. D군의 구성 원리는 여기서 다시 논할 필요가 없으려니와, 이들은 일정한 법칙에 의거하여 전개되고 있다. 이들의 위치 에너지를 살펴보기로 하자.

14	16	11	7	4	2	7	5	10	14	17	19
7	2	4	7	11	16	14	19	17	14	10	5

　괘상의 위쪽에는 양의 위치 에너지를 표시하였고, 아래쪽에는 음의 위치 에너지를 표시하였다. 숫자들은 아주 불규칙해 보인다. 그러나 자세히 살펴보면 규칙을 찾을 수 있다. 주역을 공부하는 사람은 모름지기 질서를 잘 찾아야 한다. 사물이란 질서를 발견하고 그것의 성질을 규명했을 때 비로소 실체를 드러내는 것이다.

　우리는 D군의 괘열에 대해 그 구성 방법을 알고 있기 때문에 하나의 질서는 이미 알고 있는 상황이다. 그러나 또 다른 질서를 발견함으로써 주어진 사물의 성질을 보다 철저히 밝힐 수 있는 것이다. 이제 D군의 괘열에서 상하의 값을 더하고 그것을 가지런히 배열해 보자.

	27	24	21	18	15	
28						14
	27	24	21	18	15	

패열의 아래 숫자는 음양의 위치 에너지 값을 합친 것이다. 이들은 대칭을 이루고 있다. 이들은 다음과 같이 다시 정리할 수 있다.

그림에서 28은 가장 크고 14는 가장 작다. 숫자는 좌측에서 우측으로 가면서 작아지는데, 상하의 값이 같다. 여기서 잠시 괘상을 음미하자. 양 끝의 괘상만을 선택하여 보자.

이 괘상은 28의 값을 갖고 있는데, 귀환(歸還)의 뜻을 보여준다. ☷는 집인데, 손님을 맞이하는 집이다. 손님이 떠나가는 집은 ☰로 표시되지 않는다. 이것은 아주 중요한 대목인데, 주역의 괘상은 상대적 의미를 표상하기 때문에 집이라도 그것을 바라보고 있을 때와 등지고 있을 때의 괘상이 다른 것이다.

필자는 초학 시절 뇌택귀매(雷澤歸妹)의 괘상을 해석하는 데 상당히 애먹은 적이 있다. ☱ 위에 있는 ☳은 귀환자의 모습인데, 당시 떠나가는 것인지, 돌아오는 것인지 알 수가 없었다. 괘상은 단지 집 밖에서 움직이는 모습을 보여 주고 있는데, 이것만으로는 나가는 것인지 들어오는 것인지 알 수가 없었던 것이다.

그러나 집을 향해 찾아 들어갈 때 집의 모습은 ☳이고, 집을 등지고 떠나갈 때의 모습은 ☴이다. 귀환이란 것은 새가 둥지로 돌아온다거나, 직장에 나갔던 남편이 집으로 돌아오는 것 등을 의미한다. 부대가 출동했다가 돌아오는 것도 이 모습이다. 고향에 돌아온 것이다. 멀리 나갔던 새는 돌아와 휴식을 취한다. 이는 일상의 모습이다. 돌아오는 것은 좋은 일이다.

그러나 돌아와서 나쁜 것이 하나 있다. 그것은 시집 간 여인이 집으로 돌아오는 것이다. 이는 상서롭지 못한 모습이다. 여자는 행동에 후회가 없어야 한다. 여자에게는 한 번의 기회가 있을 뿐이다. 신중히 선택하여, 되돌아옴이 없어야 한다.

다음 괘상을 보자.

이는 새가 둥지를 떠나는 모습이다. 비행기가 이륙하고, 군대가 출동하고, 사람이 서울로 떠나가는 것이다. 여기서 주목할 곳은 ☴

이다. 이는 집이지만 떠나가는 집이기 때문에 ☷으로 표현한다. ☰
은 희망찬 출발을 보여 준다. 두 괘상을 비교하자.

두 괘상은 서로 정반대의 구조를 갖고 있다. 수학적으로는 x(- 1)
의 관계인 것이다. 물론 언어학적 뜻도 반대가 된다. 두 괘상에서
☰와 ☷은 집이다. ☷와 ☰은 움직이는 존재인데, 하나는 들어오는
것이고 하나는 나아가는 것이다. 괘상의 문법은 상대적 의미를 미
묘하게 표현하고 있다. 두 괘상의 뜻을 더욱 분명하게 하기 위해
다른 괘상과 비교해 보자.

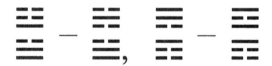

무엇을 알 수 있는가?

이 괘상은 물이 연못에 '담겨 있는' 것이다.

이 괘상은 나그네가 집을 떠나 있는 모습이다. ☲와 ☶의 차이를
극명하게 보여 주고 있다. 다시 괘열로 돌아가자.

위의 괘열은 C군인데, 이들을 위치 에너지 크기로 정렬시킬 수
있다.

	☵	☲	☲	☲	☲	
☵						☵
	☷	☷	☷	☷	☷	

그림은 각 괘상의 위치 에너지 값에 따라 상대적 위치로 배치했
는데, 값은 다음과 같다.

	23	22	21	20	19	
24						18
	23	22	21	20	19	

숫자들은 대칭일 뿐만 아니라 일정한 차이로 진행하고 있다. C군은 참으로 단정한 괘라는 느낌이 든다. 물론 이는 인간의 감정일 뿐이다. 중요한 것은 위치 에너지 값이 점점 줄어들다가 다시 늘어나면서 완전한 순환을 이룬다는 것이다. 순환군이란 당초 독립된 원칙에 의해 구성되었는데, 그것이 위치 에너지라는 것에 의해 또 한 번 질서를 갖게 된 셈이다.

중복된 질서, 이는 각각의 존재가 서로에 의해 보증되는 것으로, 옳게 만들어진 질서는 또 다른 질서와 화합하는 법이다. 만일 하나의 체계가 또 다른 체계와 전혀 연관성이 없다면 그 체계는 고립된 것이기 때문에 자연계에서 차지할 위상이 없게 된다.

이렇게 되면 체계 자체가 붕괴되거나 아주 약한 의미만 갖게 되는 것이다. 그러나 여러 개의 독립된 체계가 서로 모여 또 다른 질서를 이룬다면, 당초 만들어진 체계가 활동하고 있다는 뜻이다. 체계가 활동하면 사물은 곧바로 이해할 수 있게 된다.

또다시 괘열을 보자. 이제껏 우리는 E, D, C군을 살펴보면서 그것들이 위치 에너지에 의해 완전한 순환을 이룬다는 것을 알았다. 나머지 괘열들은 어떻게 될까? 마찬가지로, 완전한 순환을 이루게 될까? 아니면 위치 에너지 순환은 파괴될 것인가? 이러한 일들은 언제나 미리 궁금한 것이다. 인간의 예측은 질서에 의해 이루어지는 것으로, 어떠한 체계가 예측된 대로 되어 있다는 것은 그만큼 훌륭한 질서를 갖고 있다는 것을 의미한다.

우리는 지금 억지로 위치 에너지 순환 체계를 도입한 것이 아니다. 단지 기존된 6개 순환군 체계를 살펴보는 중이다. 당초 위치 에너지 개념은 독립된 것이었다. 그런데 이것을 우연히 순환군에 도입한 결과 질서가 나타났을 뿐이다. 결국 이는 순환군에 위치 에너지 체계를 도입하기를 잘했다는 의미이다. 이로써 순환군의 성질을 더 잘 이해할 수 있기 때문이다. 물론 우리가 기대하는 것은 모든 순환군이 일정한 성질을 가졌으면 하는 것이다. 이는 진리에 대한 단순성을 기대하는 것으로, 자연의 질서는 단순한 것이 특징이다. 다음을 보자.

이것은 F군인바, 위치 에너지 크기로 정렬될 수 있다.

26	25	22	19	18	17	16	17	20	23	24	25

위의 수열은 26에서부터 작아지다가 16에 이르러 커지면서 전체적으로는 완전한 순환을 이루고 있다. 다만 숫자들이 커지거나 작아지는 것이 대칭을 이루고 있지 않다. 대칭과 순환은 별개의 존재이다. 원의 경우, 이는 순환이면서 대칭이지만, 방금 살펴본 F군은 순환일 뿐 대칭은 아니다. 그래도 상관없다. 우리는 지금 순환성을 검토하고 있을 뿐이다.

물론, 이왕이면 순환이면서 대칭마저 이루고 있다면 더욱 좋다. 하지만 크게 염려할 것은 없다. 사물이란 어떤 부분에서 비대칭이

발생하면 그것을 보충하기 위해 무엇인가 나타나게 되어 있는 법이
다. 즉, 비대칭은 또 다른 비대칭을 불러와서 종래는 총체적인 대칭
을 완성하게 된다.

우선 F군의 비대칭 모양을 보자.

	25			22		19	18	17	
26									16
	25	24	23		20			17	

그림에서 숫자들은 상대적 크기에 따라 순서대로 배치했는데, 확
실히 비대칭이다. 숫자들의 절대 위치는 나중에 정밀하게 그려질
것이다. 지금은 비대칭의 큰 모양에만 유의하자. 비대칭은 모양이
그리 아름답지 못하다. 사람들은 비대칭이 나타나면 당황하게 마련
이다. 그것을 해석하는 데 애를 먹기 때문이다. 세상에 원처럼 편한
것은 없다. 그저 평등할 뿐이니 많이 생각할 필요가 없기 때문이다.

이제 비대칭을 해석하거나 없앨 궁리를 해보자. 기대할 수 있는
것은 L군뿐이다.

25	26	25	24	23	20	17	16	17	18	19	22

이상은 L군인데, 위치 에너지를 함께 적어 놓은 것이다. 이들을

크기 순서대로 정렬하자.

25	24	23		20			17
26							16
25			22		19	18	17

그림이 어떤가? 재미없다. 비대칭이다. 엉망이라고 해도 좋을 것
이다. 하지만 대책이 있다. L군을 F군과 함께 써 보자. 이미 눈치채
고 있겠지만, 비대칭인 L군과 F군을 나란히 쓰면 다음과 같이 상호
보완적인 모양이 이루어질 것이다.

25	24	23		20			17
26							16
25			22		19	18	17

25			22		19	18	17
26							16
25	24	23		20			17

두 그림은 경면(鏡面)대칭으로서, 서로 포개어질 수 있다. 이들의

의미는 뒤에 가서 상세히 고찰할 것이다. 지금은 F군과 L군이 서로 상호 보완성을 갖고 있다는 것을 이해하면 된다.

나머지 괘열을 보자. 남은 것은 H군뿐이다.

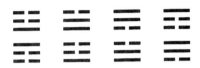

이 괘열은 다음과 같이 단순히 정리된다.

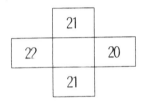

이 그림은 순환이고 대칭이다.

이상으로 6개 순환군을 다 살펴보았는데, 이들은 예외 없이 모두 순환을 이루고 있다. 이 사실은 자체로써 순환군의 성질을 또 한 번 밝힌 것이다. 그러나 우리는 지금 더욱 고도화된 체계를 찾고 있는 중이다. 이제 6개 순환군 모두를 의미 있게 정렬해 보자.

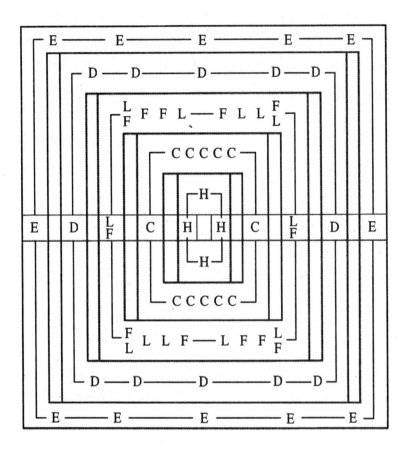

　그림은 가로 축을 위주로 구성한 것인데, 이는 6개 순환군의 위치 에너지 값을 그대로 사용했다. 세로 층의 순서는 의미가 없다. 모든 패상은 가로 축의 값, 즉 위치 에너지만 선택하여 배치한 것이다. 전체적으로 나이테 모양을 이루고 있는데, 이것은 중앙 가로 축을 대표값으로 해서 환을 두른 것이다.

.그림의 내용을 살펴보면, 우선 중앙 가로 축의 배치이다. 첫째, 모든 군들이 일정한 간격으로 배치되어 있고, 둘째, 가로 축의 전장은 19이다. 이는 바둑판의 길이이거니와, 위치 에너지를 합한 최대치는 30이고 최소치는 12인바, 이로써 19라는 간격이 자연스럽게 등장한 것이다.

이전 글에서는 또 다른 원리에 의해 19라는 숫자가 발생했는데, 그것은 위치 에너지에 의해 필연적으로 발생된 것이다. 질서의 재출현이거니와, 이는 처음에 상정한 19라는 체계가 옳았다는 것이 증명된 셈이다.

그림의 세 번째 내용을 보자. 그것은 중앙 가로 축에 나타나 있다. 각 군의 구성을 자세히 살펴보자.

$$E \ D \ \left(\frac{L}{F}\right) \ C \ H \ \text{.......} \ H \ C \ \left(\frac{F}{L}\right) \ D \ E$$

이 그림을 본 적이 있는가? 아주 익숙한 그림이다. 앞에서 중요하게 논의했던 그림이다. 처음에 상정했던 6환군 위상도가 다시 한 번 보증되는 순간이다. 그런데 지금 나타난 그림은 위상도 대칭적으로 중복되어 있는바, 이는 다음과 같은 형태로 요점을 간추릴 수 있다.

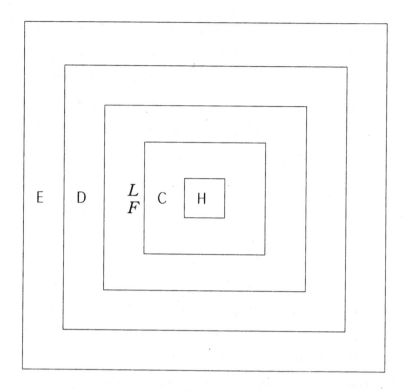

그림은 H가 중앙을 차지하고 E가 둘레에 배치되어 있다. 당초 E 군은 태극을 표상하고 있거니와, H군은 소극(小極)이라고 해도 무방하다. 우리는 그 동안 H군이 원소가 4개밖에 되지 않아 불평등을 느껴 왔다. 이제 그것이 그럴 수밖에 없다는 이유가 드러난 것이다. H군은 중앙이라는 특수한 곳에 위치하고 있기 때문이다.

이제 이것을 가지고 또 다른 세계를 열 수 있다. 논리 체계는 근거가 마련되면 될 수 있는 한 확장이 이루어지게 마련이다. 중요한 체계 확장을 시도해 보자.

그 동안 이 책을 통해 과학적으로 주역을 공부해 온 사람은 지금 쯤 위상 개념을 충분히 습득했으리라 믿는다. 위상 개념은 오늘날 첨단 수학인 위상 수학이라는 것에 잘 나타나 있는데, 여기서 한 가지 요점을 얘기하자.

밀가루 반죽은 유연성이 있어 평평하거나 공 모양으로 뭉치거나 컵 모양 등으로 만들 수 있다. 이렇게 만들어진 모든 모양을 위상 동형이라고 하는데, 여기에는 한 가지 규칙이 있다. 즉, 반죽을 늘이거나 줄이거나 구부리거나 등은 자유인데, 단지 구멍을 뚫어서는 안 된다는 것이다.

위상 개념에서는 맥주 컵이나 밥그릇·공·막대기·럭비공·구두·손수건 등이 모두 동형이다. 하지만 도넛의 경우는 다른 것이다. 도넛은 파이프와 동형이다. 도넛이 구멍이 뚫린 것이기 때문에 위상적 구별이 생기는 것이다. 구멍이 두 개이면 또 다른 위상물이 생긴다. 위상 개념에서는 끊어졌느냐 이어졌느냐가 중요하다. 우리는 앞서 원과 선의 차이를 위상적으로 따져 본 적이 있다. 원은 선의 양 끝이 붙어서 이루어진 것이고, 선이란 원이 끊어진 것이다.

이제 6환군 평면을 가지고 위상 변환을 시도하자. 중앙에 구멍을 뚫어 보자는 것이다. 이왕 구멍을 뚫을 바엔 뭉턱 뜯어내자. 그리고 잘 조준하여 H군만을 도려내자는 것이다. 이렇게 하는 이유는 원반보다 한 차원 높은 대칭 도형을 만들자는 것이다.

원래 원반이란 대칭인 듯하지만, 중앙과 둘레가 불평등하다. 그래서 중앙을 도려내고 엽전 모양을 만든 것이다. 그런데 엽전이란 도넛과 위상 동형이고 또한 파이프와도 동형이다. 파이프는 대칭률이

원보다 한 차원 높다.

이제 이렇게 만들어진 원기둥은 H군이 소거된 5개 군뿐이다. 5개 군은 모두 원소가 12개씩 균형이 잘 이루어져 있는바, 이것을 그려 보자.

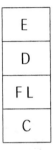

그림은 원기둥의 표면에 5개 군을 표시한 것이다. 상하로 구멍이 뚫려 있는데, 이것을 축으로 해서 회전시켜도 위상 관계는 변치 않는다. 위의 그림에서 보면 E군과 C군이 대칭이고, F군과 L군이 또한 대칭이다. 그리고 D군과 (F, L)군이 대칭인데, 문제는 (F, L)군이다. 이것은 두 개가 함께 참여하는 것인바, F군과 L군은 자체 대칭이므로 위의 그림은 다음과 같이 그릴 수 있다. 즉,

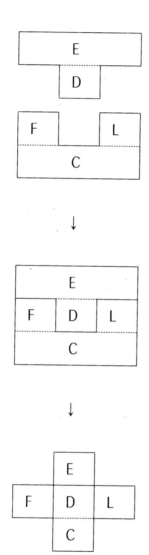

그림은 요철을 끼워 맞춘 모양인데, 최종적으로는 십자 모양이 이

루어진다. 유의할 것은 C군과 D군이 붙어서는 안 된다는 것이고, 또한 E군과 (F, L)군은 떨어져 있고, C군과 (F, L)군은 붙어 있다는 것이다. D군과 C군 사이를 점선으로 한 것은 떨어져 있다는 뜻이다.

그런데 위상 동형의 성질에 따라 우리는 (F, L)군과 C군의 접촉을 무한히 작게 할 수 있고, 또한 D군과 C군의 접촉도 무한히 작은 간격으로 만들 수 있다. 따라서 최종적으로 만들어진 십자 도형은 외견상 훌륭한 오행(五行) 관계를 보여 주고 있다. 이것이 이전에 제기되었던 순환군의 오행도이다. 다시 한 번 그려 보자.

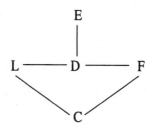

이 그림은 면으로 이루어져 있는 위상 관계를 선으로 변환시킨 것이다. 이것도 위상 동형인 변환에 속한다. 그러나 한 가지 주의할 것이 있다. 우리가 당초 위상도를 얻게 된 이유는 6개 순환군을 위치 에너지 값으로 정리했기 때문이다. 그렇기 때문에 위상도는 순서를 고정시킨 것으로 만들어져야 한다. 순서는 어디까지나 다음과 같은 것이어야 한다.

$$E - D - (L) - C - H - H - C - (F) - D - E$$
$$\qquad\quad F \qquad\qquad\qquad L$$

이 그림은 위상적으로 오행도를 만들어내지만 그것은 정확히 오행도 자체가 아니라 유사한 근접도일 뿐이다. 6환군은 결국 오행과 일치시킬 수 없다는 뜻이다. 오행은 기본적으로 비선형이다. 그리고 6환군은 동심원을 이루는 순환체이다. 6환군이 비록 H군을 제외해서 오행도와 유사하게 접근하지만, 완전히 일치하는 것은 아니다. 물론 H군을 제외한 5환군을 오행도의 모양으로 변환시키면 범주로써 사용할 수 있다. 범주라는 것이 원래 유사 접근 분석 방법이기 때문이다.

우리는 완전한 오행도를 찾기 위해 6환군을 정렬시킨 것이 아니다. 단지 오행과 6환군이 연관이 있기를 바랐을 뿐이다. 그러나 진실은 지어 낼 수 없는 법이다. 우리가 정렬시킨 6환군은 오행이 아니라는 것이 분명하게 드러났다. 이제 오행도와 6환군을 일치시키려는 의도는 포기해야 한다. 두 체계는 근사적으로만 일치할 뿐이다. 완전한 오행도는 다른 방식으로 구해질 수 있는데, 그것은 나중에 논의하기로 하자.

이 장에서는 H군의 성질, 즉 원소가 4개뿐이라는 이상한 성질의 이유를 규명했다는 것이 자랑스럽다. 원에 있어서 특이점은 바로 중심점이다. H군은 중심점에 존재하기 때문에 그토록 이상했던 것이다. 이제 우리는 H군이 이상한 이유를 완전히 이해했기 때문에 6환군 전체를 속시원히 해석한 것이다.

그럼 각 군의 성질을 간명하게 얘기해 보자.

1. H군은 중심에 위치하기 때문에 원소 개수가 작다.

2. E군은 원 둘레에 있기 때문에 가장 광대하고 특이한 순환체이다.

3. D군은 원의 바깥쪽 E군에 가까운 순환체이다.

4. C군은 원의 중심, 즉 H군에 가까운 순환체이다.

5. L군과 F군은 H, E, C, D군의 중앙에 위치한 동심원인바, 회전의 방향이 두 개이기 때문에 L군과 F군이 있는 것이다.

이상으로 순환군 6개에 대한 완전한 해석이 이루어졌다. 이상에서 얻어진 내용이 괘상을 해석하는 데 어떻게 쓰이는가를 살펴보자.

가장 유명한 괘, 천지의 시작을 표현하는 괘, 음과 양이 최대치로 결합한 모습이다. 괘상 평면에서 외곽을 둘러싸고 있는 근원적인 괘상이다.

군주괘로서 주역 64괘 모두의 귀결점이다. 천지의 종말을 표현하는 괘, 음양이 완전히 풀어진 상태, 천지의 모든 사물은 지천태(地

天泰)와 천지부(天地否) 사이에 존재한다.

이상의 두 괘상은 괘상 나이테의 껍질에 해당되는 것으로, 시작
과 종말을 보여 주고 있다.

이 괘상은 가득 쌓인 음양의 기운이 최초로 작용을 시작한 것이
다. 따라서 작용이 아직 미미하다. 위에는 아직 음기가 많이 쌓여
있고, 아래에는 양기가 쌓여 있다. 특히 유의할 것은 제3효와 4효가
교환되어 작용을 나타내고 있다는 것이다. 3 + 4 → 7이라는 숫자를
주시해야 한다. 7이라는 숫자는 주역의 괘상에 있어 효의 진근을
나타내는 결합 단위이다. 뇌택귀매(雷澤歸妹)괘는 위가 아직 날아가
지 못하고 아래가 놓아 주질 않는다.

이 괘상은 음양이 겨우 결합하여 한 가닥 고리에 의존하고 있다.
모든 것이 풀어져 가는 모습이다. 출동하는 모습으로, 진취적이긴
하지만 사물이란 모든 작용이 끝난 상태는 좋다고 할 수 없다.

이상의 두 괘상은 D군으로서, E군의 바로 내부에 존재한다. 따라
서 극한적인 작용에서는 벗어났지만 아직도 강한 작용을 나타내는

모습이다.

이 괘상은 최소한의 결합을 보여 준다. 괘상 나이테의 중앙을 차지하고 있는데, 제1효와 6효가 교환되어 있는 것이 눈에 띈다. 1 + 6 → 7이라는 숫자이거니와 사물에 있어서는 겨우 한 테두리 안에 있는 모습이다.

붕괴하고 있는 모습으로, 음양의 결합이 무너지고 있다. 상하 괘는 이미 분리되고 있는 것이다. 붕괴의 초기 상태를 보여 준다.

이상의 두 괘는 H군으로서, 작용이 미미한 모습이다. 제1효와 제6효가 짝을 이루어 나타내는 작용으로서, 가장 멀리 있기 때문에 작용이 미미한 것이다. 그러나 괘상의 효는 7이라는 숫자로 결합하는 원리를 갖고 있다.

이 괘상은 음양이 그 중앙을 교환함으로써 이루어지는 가장 적절한 결합을 나타내고 있다. 지나치게 많이 결합하지도 않고 지나치게 많이 풀어진 것도 아니다. 음과 양이 교대로 나타남으로써 가장 활발한 작용을 이루고 있다. 제2효와 5효의 교환 작용으로써 역시 7이라는 작용 단위를 보여 준다.

이 괘상은 제3, 4효와 제1, 6효가 풀어져 있다. 다만 제2효, 5효가 결합되어 있어 아직은 작용이 활발하다. 그러나 작용의 위치가 나빠 오래 갈 수가 없다. 음이 떨어지고 양이 올라간다.

이상의 두 괘상은 C군으로서 나이테 중앙의 바로 인접한 곳에 있다. 따라서 작용 자체가 풍부하다. 안으로나 밖으로나 뻗어갈 수 있기 때문이다. 특히 제2효와 5효의 상호 작용은 괘상의 내부 작용 중 가장 중요하다. 제1효와 3효의 중앙이 2효이고, 제4효와 6효의 중앙이 5효인바, 두 중앙끼리 작용한다는 것은 상하 각각의 대표가 활동하는 것이다.

이 괘상은 위쪽의 작용만 중앙을 차지하고 있다. 즉, 위로 편중된

것이다. 상괘에 있어서 중앙에 양이 들어가서 활동하고 있다. 그러
나 하괘는 양이 갇혀만 있을 뿐이다.

이 괘상은 아래쪽의 작용만 중앙을 차지하고 있다. 즉, 아래로 편
중된 것이다. 이상의 두 괘상은 위쪽 또는 아래쪽으로 편중되어 있
다. 두 괘상의 장점만 취하면 수화기제(水火既濟)가 되는데, 괘상
나이테에 있어 F군과 L군은 나무의 옹이와 같은 존재이다.

이 괘상은 위쪽이 다 흩어진 모습이다. 단지 아래쪽은 아직 결합
이 되어 있다. 음의 중앙에 양이 들어가 박혀 있기 때문이다. 물론
하괘는 전체적으로는 음괘이기 때문에 하향이다. 따라서 상하는 괴
리되고 있다.

이 괘상은 아래쪽이 다 가라앉은 모습이다. 위쪽은 아직 음기가

남아 있지만 상괘가 전체적으로 상향이기 때문에 상하는 괴리되고 있다.

이상으로 6환군 모두에 대해 대표적인 괘상을 둘씩 살펴보았다. 특별히 유의할 점은 각 군의 위치와 괘상 내부의 작용이다. 괘상 내부의 작용은 7이라는 숫자를 이루는 쪽으로 이루어져 있다. 즉, 1 – 6, 2 – 5, 3 – 4가 짝인 것이다. 전래의 주역학자들은 1 – 4, 2 – 5, 3 – 6으로 짝짓기를 좋아하는데, 이는 인위적이고 치우친 것이다.

사물의 작용은 만나는 순서로 이루어지기 때문에 상하 괘는 먼저 3 – 4가 작용을 시작하고 다음으로 2 – 5가 작용을 나타내고, 마지막으로 1 – 6이 작용을 이루는 것이다. 주사위는 이러한 방식으로 이루어져 있거니와, 필자가 수십 년 전 계룡산에서 만난 신선도 그 점을 지적하고 있었다. 7이라는 숫자로 이루어진 상하 작용 원리는 추후에 더욱 정밀하게 고찰할 것이다.

이 장의 주요 논점은 6환군의 정렬이다. 그로써 H군의 성질이 완벽하게 드러나게 되었다. 또한 각 군의 대표 괘상이 7 숫자 원리로 나열되고 있는 것이다.

玉虛眞經 (7)

君子樂得其志 小人樂得其事

군자는 뜻을 얻는 것을 즐기고, 소인은 일을 얻는 것을 즐긴다.

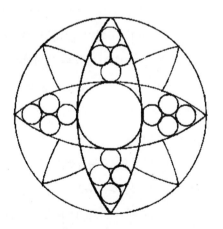

진리의 도형

이 장에서도 순환군의 모양을 좀더 살펴보기로 하겠다. 이에 대해 어떤 독자들은 다소 지루해할 수도 있을 것이고, 또 어떤 독자들은 불안을 품을 수도 있을 것이다. 이래 가지고 과연 주역의 괘상을 완전히 깨달을 수 있을까 말이다. 어째서 괘상 자체에 대해 직접 뛰어들지 않고 주변 괘상과의 관계에 그토록 집착하는 것일까?

그것은 그럴 수밖에 없기 때문이다. 동물학에 비유해 보자. 동물이란 것은 생물 중의 한 종류인데, 이에 대해 알기 위해서는 방대한 동물 종의 분류부터 시작해야 할 것이다. 예를 들어 표범이나 치타·호랑이·사자·살쾡이 등은 모두 고양이과에 속하는 동물로서, 개나 늑대하고는 분류가 다르다. 우리는 주어진 어떠한 동물에 대해 먼저 계통적으로 분류를 해야 그에 대해 알 수 있는 법이다.

괘상이란 것도 막연히 파고들어서는 알 수 없다. 당연히 계통적

분류가 이루어져야만 한다. 왜냐 하면 주역의 괘상 자체가 사물의
분류이기 때문이다.

한편, 괘상은 사물의 구조를 표현하고 있기 때문에 괘상과 괘상
간의 관계가 확실히 정의되어야만 한다. 사물이란 원래 그 자체의
구조보다는 다른 사물과의 관계가 정의됨에 따라 성질이 더욱 분명
해진다.

예를 들어 수학에 있어서 허수 i라는 것은 그 자체로써 정의하기
가 아주 애매하다. 그래서 $i \times i = -1$이라는 관계식으로 정의하
고, 또한 이를 다음과 같이 그림으로 표현하기도 한다.

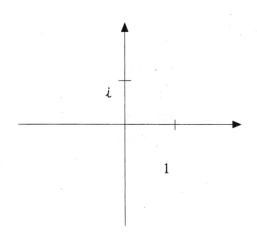

이렇듯 사물이란 내적 구조를 분석하기보다는 외적 분류가 선행
되어야 한다. 자연과학에 있어서 물질 원소가 발견되어 가는 중에
도 이런 일이 있었는데, 학자들은 원소의 주기율표를 만듦으로써

아직 발견되지 않은 원소에 대해서도 그 성질을 예측할 수 있었던 것이다.

주역의 괘상은 64인바, 이는 낱낱이 이해하기가 그리 쉽지 않다. 더구나 괘상의 구성을 실제로 살펴보면, 각자가 자유로이 존재하는 것이 아니라 계통적으로 발생되어 있다는 것을 알 수 있다. 주역의 괘상은 원래부터 뿌리를 가지고 존재했던 것인바, 64개라는 것은 결과에 불과하다. 이는 단순하게 음양 6계층으로 만들어진 경우의 수가 아니다.

실은 주역 64개 괘상이란 4차원 초입체 6개의 단면에 지나지 않는다. 초입체는 6개인데, 순환군이라고 명명한 것은 바로 그것이다. 우리는 괘상 64개를 알기보다 6개의 초입체를 이해하면 더욱 근원적으로 사물을 이해할 수 있게 되는 것이다.

이는 손가락을 이해하기 위해 손을 먼저 알아야 하는 것과 같고, 손을 이해하기 위해 팔을 이해해야 하는 것과 같다. 우리의 몸에 있어서 팔다리는 각각 2개, 즉 합계 4개로서, 가락 수는 모두 20개이다. 4에서 20개가 발생한 것이다. 주역은 초입체가 6개이고 그것에서 나온 줄기가 64개이다. 6개에서 64개가 발생한 것이다. 손가락에는 마디가 3개이고, 주역에서는 효가 6개이다. 손가락의 신경은 손 → 팔 → 어깨 → 척추 → 뇌까지 이어진다. 괘상은 64괘 → 6개 순환군 → 음양 → 태극으로 이어지는 것이다.

괘상에 대해 낱개로 설명하려면 끝이 없다. 그에 대해 필자는 능력이 무한하고 자유 자재하다고 할 수 있다. 이는 우리의 언어처럼 무제한 사용할 수 있다는 의미에 지나지 않는다. 물론 이렇게 할 수 있는 것은 주역의 괘상을 뿌리에서부터 송두리째 이해했기 때문에 가능한 것이다.

괘상을 일일이 설명하다가는 길을 잃기 십상이다. 더구나 제주도의 어느 마을을 깊게 연구하다 보면 제주도의 위치마저 잊어버리게 되는 것이다. 이러한 논리는 앞서 누차 밝힌 바 있지만, 다시 한 번 주지시키는 바이다. 하지만 염려할 것은 없다. 실제로 이렇게 함으로써 주역의 괘상에 대한 완벽한 이해에 도달하기 때문이다.

전장에서 괘상 12개를 잠깐 해석한 바 있는데, 단순한 해석이 아니라 내면에 순환군이라는 뿌리를 둔 해석이었다. 그로써 괘상의 뜻이 상대적으로 더욱 확연해졌을 것이다. 12개의 괘상은 적은 것이 아니다. 이를 정확히 알면 다른 괘상에도 적용할 수 있다.

필자가 괘상의 뜻에 직접 접근하는 것을 자제하는 데는 깊은 뜻이 있다. 괘상을 함부로 해석하다가는 임의적인 의미로 빠질 것을 우려하기 때문이다. 그래서 외적인 연관성을 완벽히 해 둔 다음에 꼼짝없이 유일한 해석이 내려질 수밖에 없을 때 접근하려는 것이다.

다수의 건물을 지을 때 측량이 제대로 이루어지지 않고 공사를 시작한다면 건물의 간격이나 넓이 등이 엉망이 될 것이다. 먼저 큰 질서를 잡자는 것이다. 고기를 잡는 데 있어 그물 속에 먼저 몰아넣고, 그것을 떠내는 일은 천천히 할 수도 있다는 뜻이다. 인류가 수천 년 동안 주역책을 읽어 왔는데, 해석이 구구각각인 것은 틀이 안 잡혀 있었기 때문이다.

옛 사람은 이렇게 말한다. 지렁이가 천 년 지나면 용이 되는데, 악한 것과 선한 것이 있다. 선한 것은 신룡이 되어 세상을 보호한다. 악한 것은 이무기가 되는데, 이무기가 벼락 맞아서 된 것이 철이다 운운…….

과연 이게 맞는 말인가? 철이라는 물질 원소가 이무기 시체란 말인가? 턱도 없는 소리이다. 괘상을 해석함에 있어 이미 주어진 음양 6계층 구조 외에 더 요구할 것이 무엇인가? 우리는 과학적으로 구조물을 해석해야 하는 것이다. 그러기 위해서는 순수 과학으로 밝힐 수 있는 순수 진리에 따라야 한다.

주역의 진리는 만물 공통의 진리이다. 진리란 올바르게 논리를 전개해 나아가면, 보지 않아도 알 수 있다. 계통을 따지는 공부는 물론 영원히 계속되는 것이 아니다. 기초가 충분히 쌓이면 괘상의 각개 격파가 시도될 것이다. 지금은 기본 측량이 더욱 필요하다.

자, 그럼 계속해서 공부를 시작하자.

15	11	6	0	15	10	6	3	1	21	20	18
15	18	20	21	1	3	6	10	15	0	6	11

괘열은 군주괘인바, 상하로 위치 에너지 값을 표시하였다. 앞장에서는 위치 에너지의 합에 대해서만 고찰했는데, 여기서는 음양의 높낮이 값을 추가해 보자. 높낮이 값은 음양값을 순수하게 더한 값이다. 예를 들어 지천태(地天泰)괘의 값은 0이 된다. 물론 위치 에너지는 음양의 절대값을 취하기 때문에 30이 된다. 천지부(天地否)괘 역시 고저값은 0인데, 위치 에너지의 합은 12가 된다.

위치 에너지 값은 좌우로 배치할 수 있거니와, 고저값은 상하로
정해지는 것이다. 우리는 이미 시간 대륙을 살펴본 바 있고, 거기서
상하값은 다음과 같이 7개 층으로 나뉘었다.

$$(6, 0) \rightarrow 21$$
$$(5, 1) \rightarrow 14$$
$$(4, 2) \rightarrow 7$$
$$(3, 3) \rightarrow 0$$
$$(2, 4) \rightarrow -7$$
$$(1, 5) \rightarrow -14$$
$$(0, 6) \rightarrow -21$$

위의 값은 7개층 각각의 집단 값인바, 이것을 사용하여 6환군의
모양을 정돈할 수 있다. 바로 앞에서 군주괘의 위치 에너지 값을
나열했는데, 고저값도 나열해 보자.

0	7	14	21	14	7	0	-7	-14	-21	-14	-7

이제 우리는 두 값을 종합하여 가로 세로를 함께 그릴 수 있다.
즉,

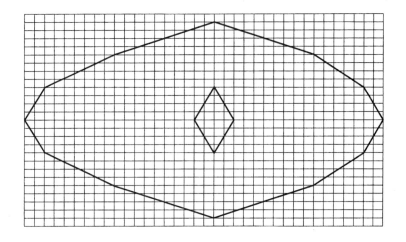

그림에서 중앙은 H군이고, 둘레는 E군이다. E군은 모든 괘상 바깥에 존재하는 것으로, 우주의 크기를 상징한다. 반면, H군은 우주의 중심으로서 모든 괘상의 안에 존재한다. 각자의 군은 자기 모양을 이루고 있는바, 그것은 닫혀 있다.

우리는 지금 각각의 순환군을 모양으로 확인하고 있는 중인데, 사물을 모양으로 그려내면 개념이 더욱 확실해진다. 플라톤에 의하면, 진리란 원래 모양으로 나타냈을 때 가장 알기 쉽다고 한다.

당초 순환군은 모두 순환을 이루었던 것이지만, 이것들이 각각 상호 다른 모양으로 대비되었기 때문에 이제 그 실체가 더욱 확연해졌다.

또 다른 순환군을 그려 보자.

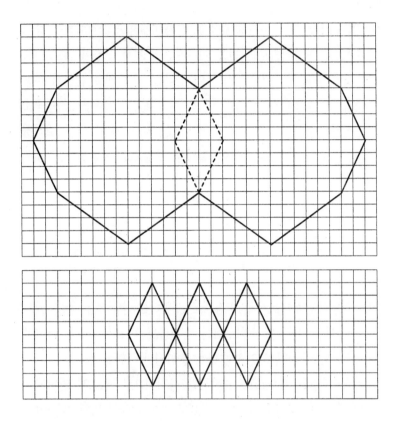

첫번째 그림은 D군이다. 중앙에 점선으로 표시한 것은 H군인데, 서로 크기를 비교하기 위해 그려 넣은 것이다. 두 번째 그림은 C군인바, H군의 3배이다. 어떤 그림이 더 아름답다고 단적으로 말할 수 없으나, D군에 비해 C군은 기복이 심하다는 것을 알 수 있다. 이것의 뜻은 그만큼 음양이 잘 섞여 있다는 것이다. 도형의 굴곡은 깊은 뜻이 있는데, 지금 당장 일부러 탐구하지는 말자. 진리는 자연스럽게 등장하는 것이 더욱 알기 쉽다.

지금 우리는 주역 64괘의 뿌리인 순환 6개군을 시각화하는 중이다. 각 군은 위상적으로는 원을 이루지만 구체적 모양이 서로 다르다는 것이 중요하다. 위상학적 뜻이 같다는 것은 바로 순환성 자체를 얘기하고 있거니와, 굴곡이 있고 그 모양이 다르다는 것은 구조를 암시하고 있는 것이다. 구조가 무엇인지는 자연스럽게 밝혀질 것이다. 여기서는 각 순환군이 일정한 모양으로 구분된다는 것을 음미하면 그만이다.

다음을 보자.

☷ ☷ ☳ ☷ ☶ ☰ ☴ ☶ ☵ ☷

이 괘열은 군주괘로서 출발점으로 귀환하는 순환성을 갖고 있는바, 둥글게 배치할 수 있다. 다른 순환군도 마찬가지이다. 이처럼 음양으로 괘상을 표현하면 단순하게 순환성만이 눈에 띈다.

그러나 이것을 도형으로 표현하면 즉각적으로 구조가 암시되는 것이다. 특히 F군과 L군을 보면 각각의 뜻이 더욱 분명해진다. 이것을 그려보자.

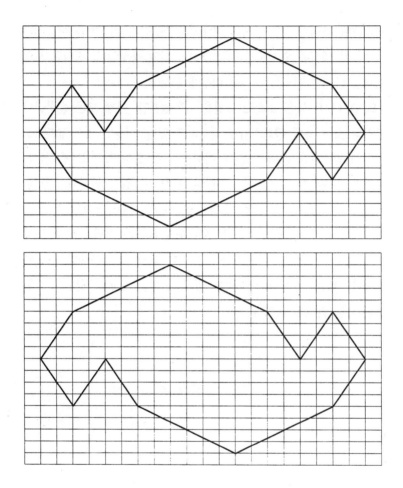

  첫번째 그림이 L군이고 다음이 F군이다. 서로 선대칭이거니와, 두
군의 관계가 극명하게 드러나 있다. L군과 F군은 처음부터 은근히
애를 먹였던 순환군이었다. 이제 두 군이 서로 보완을 이루면서 또
한 대칭을 이룬다는 것이 판명된 것이다. L군과 F군은 따로 떼어서

생각하면 비대칭이다. 그러나 비대칭은 또 다른 비대칭을 이끌어내어 더 큰 대칭을 완성시킨다. 이것이 진리의 특성인바, 진리란 도형으로 나타내면 반드시 대칭을 이루게 된다.

E, D, C, H 등은 스스로 대칭을 이루었지만, 이제 모든 순환군이 진리의 도형 속에 평화스럽게 정착하고 있다. 이상한 것은 없다. 모두가 자연스러울 뿐이다. 단지 아쉬운 점이 있다면, 이들 순환군은 오행과 일치시킬 수 없다는 것이다. 어쩔 수 없는 일이다. 진리란 억지로 지어 낼 수 없는 법, 오행은 6순환군과 다른 체계인 것이다.

여기서 신비스럽게 느껴지는 것은 주역 64괘가 하필 기묘한 도형인 6순환군에 뿌리를 두는가이다. 그러나 그저 그럴 뿐이다. 진리의 도형이 그러하니 순응할 수밖에 없다. 순환군 도형이 갖는 심오한 뜻은 차츰 밝혀질 것이다.

玉虛眞經 (8)

源深而水流 水流而魚生之

근원이 깊으면 물이 흐르고, 물이 흐르면 고기가 생긴다.

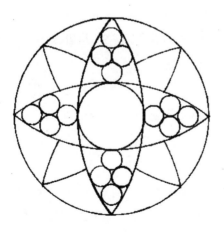

신비의 숫자 19

우스운 얘기부터 시작하겠다. 필자는 거의 잠이 없는 편인데, 어느 때 꼭 밤을 새워야 할 때 한 가지 방법을 사용한다. 일은 많고 유난히 잠이 올 때 말이다. 어떤 사람은 커피를 마시기도 하는데, 필자에게는 더 좋은 방법이 있다. 이 방법은 제법 효과가이 있어 남에게 소개하고 싶다.

방법은 두 가지인데, 첫째는 근사하게 생긴 여인의 나체 그림을 보는 것이다. 그림은 큼직할수록 좋은데, 확실히 잠을 몰아내는 데 효과가 있다. 졸릴 만하면 그림을 한참 감상하고 다시 글을 쓴다. 생각도 잘되고 글씨도 잘 써진다.

둘째는 만 원권 지폐를 책상에 듬뿍 뿌려 놓는 것이다. 이 방법은 첫번째 방법 못지않은데, 두 가지 방법을 함께 사용하면 효과는 배가 된다.

문제는 좋은 그림과 많은 현찰인데, 닳아 없어지는 게 아니니 한 번 준비해 두면 영구적으로 쓸 수 있다.

그런데 그러한 효과는 어떻게 해서 발생하는가? 그것이 알고 싶은 것이다. 먼저 돈이라는 것을 생각해 보자. 인간이 가장 좋아하는 것 중이 하나가 바로 돈이다. 돈이란 물건을 살 수 있는 만능의 존재이다. 이것으로 식량을 마련할 수 있기 때문에 돈만 있으면 농사를 짓지 않아도 살 수 있다.

돈은 심지어는 사람의 목숨조차도 살 수 있는 강력한 존재이지만, 가장 근저에 자리잡고 있는 용도는 먹고 사는 데 있다. 먼 옛날 돈이라는 것이 없었던 시대에는 창고에 식량이 쌓여 있지 않으면 곤란했다. 하지만 오늘날에 와서는 창고에 식량을 쌓아 둘 필요가 없다. 돈만 있으면 되는 것이다.

북한에서는 여행을 갈 때 식량을 싸 가지고 다닌다고 한다. 그 곳은 돈을 쓸 수 없는 곳이기 때문이다. 그러나 우리는 여행을 다닐 때 식량을 가지고 다니지 않는다. 간편하게 돈을 가지고 다니면 그만이다. 인생이란 것도 어떻게 보면 여행이라고 할 수 있는데, 만일 돈이 없다면 어떻게 될까? 불안하기 그지없을 것이다. 이는 먹고 살 수 없기 때문이다.

돈이란 동물의 세계에서 보면 바로 식량에 해당된다. 인간에게 있어서는 생활의 편리를 위해서 돈이 사용되지만, 근본을 캐고 보면 식량이 우선이 아닐 수 없다. 동물은 식량을 그때 그때 구하거나 또는 비축을 하는데, 인간은 돈을 벌고 비축한다. 위상적으로 보면 '돈 → 식량'인 것이다. 이것이 너무 직접적이면 '돈 → 생활 → 식량'이라고 해도 좋다. 생존에 있어서 식량은 절대적이기 때문에 돈의 용도는 최종적으로 식량에 귀결되는 것이다.

동물에게는 항상 식량에 대한 불안이 있는데, 인간도 마찬가지이다. 단지 인간은 사회적 체제가 있기 때문에 식량 대신 돈에 대한 불안이 있는 것뿐이다. 만일 산 속이나 무인도에 갇혔을 때라면 돈이 필요 없고 오로지 직접적인 식량이 필요할 것이다.

요컨대 돈이란 식량의 연장 선상에서 만들어진 것으로, 생존 물건을 뜻한다. 생존 물건이란 최우선적으로 식량이 틀림없다. 쌀과 연탄만 있으면 살 수 있다는 말이 있는데, 둘 중에 무엇이 더 중요한가? 쌀은 그냥도 먹을 수 있지만 연탄은 그게 아니다.

결론은 이렇다. '돈 → 식량'인 것이다. 우리는 주역을 공부하는 사람으로서 위와 같은 결론을 쉽게 도출할 수 있다. 주머니·서랍·연못·자루 등은 모두 그릇이라는 것으로 환원시킬 수 있고, 또한 그릇은 ☵라는 더욱 고도의 개념으로 귀착시킬 수 있는 것이다.

돈도 마찬가지이다. 돈이란 바로 먹이감이고, 먹이감은 생명체의 필수 불가결한 물건이기 때문에 인간은 돈을 필요로 하는 것이다. 그리고 실제로 돈을 보면 잠재 의식 속에서 자극을 받게 되는데, 이는 호랑이가 사슴을 발견했을 때와 마찬가지이다. 물론 은행에 쌓여 있는 돈에 대해 무감각한 것은 아예 체념(?)했기 때문이다. 하지만 내 눈앞, 내 방 책상 위에 쌓여 있는 돈을 보면 어찌 자극을 받지 않겠는가! 잠이 달아나는 것은 당연한 이치이다.

그 다음, 나체 그림에 대해 생각해 보자. 여체의 그림은 즐거운 상상을 불러일으켜 잠 기운을 달아나게 하는데, 그 근원은 생식과 관련이 있다. 물론 인간이 반드시 생식을 위해 성교를 한다는 것은 아니다. 오히려 생식은 인간의 성교에 있어서 달갑지 않은 부수적 사건일 수도 있다.

하지만 자연의 섭리는 그게 아니다. 생명이란 최우선적으로 생존 그 자체에 목적이 있지만, 그 다음으로는 그것을 이어 나갈 번식에 목표가 있는 것이다. 생존은 식량을 조건으로 하는데, 번식은 성교가 조건이다.

성교는 궁극적으로 번식을 유도하지만 그것을 위한 대가(?)로서 쾌감이 먼저 주어지는 것이다. 말하자면 쾌감이란 유혹이고 그로 인해 발생하는 번식은 자연의 섭리라는 뜻이다. 동물의 경우, 인간의 경우처럼 쾌감을 미리 기대하고 성교를 행하는지는 알려져 있지 않다. 어쩌면 맹목적인 번식욕 때문에 성교가 이루어질지도 모른다는 것이다.

어쨌건 인간은 여체를 보면 자극을 받는데, 그것은 '성교 → 쾌감 → 번식'이라는 섭리가 잠재되어 있다. 동물은 먹이와 암컷만 있으면 행복하게 살 수 있는데, 인간도 이와 비슷하다.

먹이 → 돈
암컷 → 여자

이상에서 알 수 있듯이, 돈과 여자는 인간에 있어서 가장 자극적인 존재가 아닐 수 없다. 우리는 여기서 돈과 여자의 성질을 주역의 입장에서 살펴볼 필요가 있다. 먼저 돈이란 먹이라는 것에 귀결하는 존재로서, 성질은 음에 해당된다. 먹이란 몸에 집어넣고, 또한 몸을 보충하는 요소이기 때문이다. 그러나 성교란 몸에서 기운을 방출하며, 또한 몸을 소모하는 요소이기 때문에 양에 해당된다.

그리고 또 먹이는 내 몸을 위해 먹는 것으로, 나에게 향하는 요소이므로 음이지만, 성교는 번식, 즉 남을 태어나게 하는 것으로 양인 것이다. 그 외에 먹이는 현재를 위하는 것으로 음이고, 성교는 번식, 즉 미래를 위한 것으로 양이 된다. 그리고 또 음식은 몸의 실질을 위한 것이지만, 성교는 기분을 위한 것으로, 각각 음양의 성질이 배분되는 것이다.

위와 같이 돈과 여자는 인간에게 있어 음과 양인 두 가지 본능에 해당된다. 이 외에 또 다른 본능으로 무엇이 있을까? 현대 과학은 동물에게 많은 본능이 있다는 것을 발견하고 있다. 그러나 그 모든 것은 단순히 음의 본능과 양의 본능으로 나눌 수 있다. 예를 들어 수면 본능은 음의 본능이고, 활동의 본능은 양의 본능이다. 물질욕은 음의 본능이고, 명예욕은 양의 본능이다. 지식욕은 음의 본능이고, 권력욕은 양의 본능이다. 혼자 있고 싶은 마음은 음의 본능이고, 함께 있고 싶은 마음은 양의 본능인 것이다.

이러한 본능은 아주 많이 열거할 수 있다. 그러나 성질은 음과 양으로 나누어질 뿐이다. 인간의 모든 행동은 음 본능, 양 본능으로 나눌 수 있는 것이다. 주역을 공부하게 되면 인간의 모든 행동에 대해 깊은 의미를 부여할 수 있게 되는데, 근본은 음양이고, 그것을 확대하면 팔괘가 되는 것이다.

그럼 주역 공부를 시작하자. 이 장에서 다룰 문제는 숫자 19에 관한 것이다.

다음 그림을 보자.

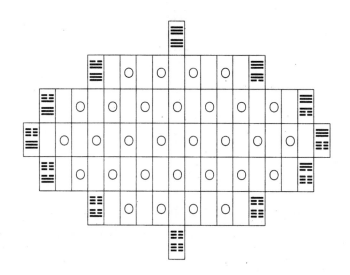

이 그림은 앞에서도 나온 바 있는데, 인위적인 것이 아니다. 내용은 위로부터 (6, 0), (5, 1), (4, 2), (3, 3), (2, 4), (1, 5), (0, 6)인 시간 대륙이다. 각 대륙의 길이는 독립된 원리에 의해 도출된 것인데, 서로 최소한의 길이로 화합하고 있다. 즉, 이와 같은 그림이 아니고서는 각 대륙을 망라할 방법이 없는 것이다.

예를 들어 (3, 3)은 10단계이고, (4, 2)는 9단계인바, 두 그룹의 원소를 '일정한 간격으로 배치'하되 모든 원소가 탈락되지 않도록 한다면 위의 그림처럼 될 수밖에 없다. 그림의 칸수는 최대 길이 19이다. 19라는 숫자는 주역의 시간 대륙에 자연스럽게 등장한다. 그러나 더욱 직접적으로 19가 등장하는 원리가 있다.
　다음을 보자.

　이 괘상의 음양 위치 에너지의 합은 30이다. 또한

　이 괘상의 음양 위치 에너지의 합은 12이다. 이제 두 괘상의 음양 위치 에너지의 합의 차이를 보면 30 - 12 → 18이 된다. 이것을 그림으로 나타내자.

(○)	○	(○)	○	(○)	○	(○)	○	(○)	○	(○)	○	(○)	○	(○)	○	(○)	○	(○)
30		28		26		24		22		20		18		16		14		12

　그림에서 간격은 18이다. (○)로 표시한 것은 (3, 3) 대륙의 10단계를 나타내는데, 숫자는 실제로 모든 단계의 위치 에너지 값이다.
　예를 들어 보자.

위에서  는 에너지 값이 28인 것이다. (3, 3) 대륙의 시간 단계
는 30에서 시작해서 2씩 감소하다가 최종적으로 12에 도달한다. 이
때 모든 위치 에너지 값을 써 넣으면 19단계가 되는 것이다. 또 다
른 예를 보자. 즉,

이 괘열은 (4, 2) 대륙인데, 각 단계의 위치 에너지 값은 다음과
같다.

29 → 27 → 25

이 수열은 9단계까지 이어진다. 모든 시간 대륙의 시간 변화는 2
씩 감소하는 것으로 이루어지는데, 주역 64괘 모두에 있어서 가능
한 위치 에너지 값의 종류는 19인 것이다. 이래저래 19는 주역에 있
어서 필연적으로 등장하게 된다. 이러한 숫자 19를 버린다면 주역
64괘의 위상 배치가 불가능하다.

위상 배치가 불가능하다는 뜻은 괘상의 상호 비교가 불가능하다

는 뜻이다. 이 말은 한 괘상의 뜻과 또 다른 괘상의 뜻 사이에 차이를 발견할 수 없다는 의미가 된다. 세상에! 사과와 자동차의 차이를 말할 수 없다면 우주에서 의식이라는 것도 사라질 것이다.

19라는 숫자는 우주 자연의 범주이다. 우주에 음양이 있는 한 19가 있다. 19는 주역 64괘를 이해하는 데 절대 필요한 범주 숫자이거니와, 이는 먼 옛날 이미 등장해 있었다. 그것은 바둑판이다. 바둑은 인류가 만든 가장 심오한 게임인데, 여기에는 음양이 있고, 또한 19라는 숫자가 있다.

바둑은 누가 만들었을까? 필경 어떤 성인이려니와, 그분은 반드시 주역을 터득했을 것이다. 그렇지 않다면 바둑판은 19줄이 될 수가 없다. 필자는 초학 시절, 주역을 공부할 때 19라는 숫자를 진작에 발견하여 아예 바둑판을 그려 놓은 기보 용지로 주역 공부를 한 적이 있다. 19는 괘상의 척도인바, 이것을 사용하면 모든 괘상을 동시에 이해하는 데 크게 도움이 된다.

```
A           B           C           D
|  ·  ·  ·  ·  |  ·  ·  ·  ·  |  ·  ·  ·  ·  |
```

위의 그림은 19개 지점을 3개의 영역으로 나누어 놓은 것이다. A와 D는 양 끝에 있거니와, B와 C에 의해 도형은 3개의 영역으로 구분되고 있다. 여기서 주목할 것은 A, B, C, D의 괘상이다. A는 ䷁이고 D는 ䷀인데, 관심을 끄는 지점은 B와 C가 아닐 수 없다.

19개 지점을 3등분하는 중요한 지점에 있기 때문이다. 과연 그것
은 어떤 괘상일까? A와 D는 양 극단에 있어 서로의 성질을 극명하
게 보여 주는바, 중간에 있는 B와 C도 대비해서 알 수 있는 것이
다. 위의 그림의 의미를 더욱 분명히 하기 위해 다른 형태로 그려
보자.

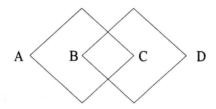

그림은 B와 C의 의미를 더욱 분명하게 나타내고 있다. A는 ☰로
서 맺힘의 극한이고, D는 ☷로서 풀어짐의 극한이다. B와 C는 양
중앙에 위치하는 괘상으로서, 특별한 위치에 있는 것이다. 독자들은
B와 C를 미리 짐작해 보는 것도 좋을 것이다. B와 C가 특별하다
는 것은 그림의 위치에서 이미 드러나고 있지만, 주역 64개 괘상
중 과연 어떤 것이 특별할까?

필자가 예전에 19 지점에 존재하는 괘상을 처음 연구했을 때 바
로 이 점이 궁금했었다. 그래서 막연히 추측해 보고 괘상을 지정한
바, 그것은 ☷와 ☶였다. 그리고 실제로 계산해 본 결과, 추측과
계산은 일치했던 것이다. B는 ☷이고 C는 ☶이다. 주역의 괘상
64개는 3개 영역으로 나뉘는바, 그들의 경계 지점은 ☷와 ☶인 것
이다. 그림을 다시 보자.

그림은 3개 영역을 나타내는바, 좌측으로부터 우측으로 가면서 풀려 나가고 있다. ䷁는 우주 최초의 괘상으로서 극한적인 결집 상태를 보이고, ䷀는 우주의 종말로서 극한적인 해산 상태를 보이고 있는 것이다. ䷾와 ䷿는 그 과정에서 중요한 단계를 점하고 있다.

䷾는 에너지가 세세한 부분으로 보급되어 충만한 활동을 준비하고 있는 것이다. 비유하자면 ䷁는 돈이 회사 경리부에 모여 있는 상태라면, ䷾는 각 가정으로 월급이 나뉘어져 쓰이기 직전의 모습인 것이다. 주역 원전에서 ䷾는 기제(既濟)라는 상서로운 이름이 붙어 있는데, 이는 사물이 모두 제자리에 있어 활력을 머금고 있다는 뜻이다.

반면, ䷿는 월급을 거의 다 써 버린 상태로서, 새로운 에너지 보충을 갈망하고 있는 상태이다. 이는 미완성을 뜻하지만, 새로 충전하면 다시 작용을 일으킬 수 있는 모습이다. 주역 원전에서 이 괘상을 맨 나중에 배치한 것은 새로운 시작을 암시하기 위함이다.

천지는 ䷀에서 시작하여 ䷁에서 끝나지만, 그 안에 살고 있는 모든 사물은 ䷾에서 시작하여 ䷿에 이른 연후 다시 보충하여 ䷾로 되돌아와야 하는 것이다. 큰 주기와 작은 주기의 모습은 다음과 같이 그릴 수 있다.

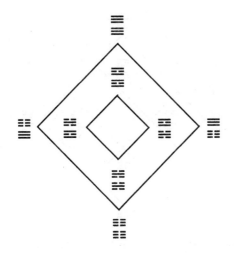

　그림은 내친 김에 수직 관계도 그려 넣었는데, 밖에 있는 괘상들은 거대 순환이고 안에 있는 괘상들은 소순환이다. 거대 순환의 원소 개수는 28이지만 그림에서는 생략되어 있다. 그리고 소순환의 원소 개수는 12로서, 황금 순환이라는 이름이 붙어 있다. 이는 이전 글에서 설명한 적이 있는데, 순환 주기에 포함되어 있는 괘상들의 성질이 풍부하기 때문이다.

　거대 순환에 속한 괘상들은 성질이 단순하고 극단적이다. 이런 성질은 천지의 둘레에 있다면 모를까 인간 사회에서는 적합하지 않다. 여기서 두 순환을 연결하는 고리를 형성시켜 보자.

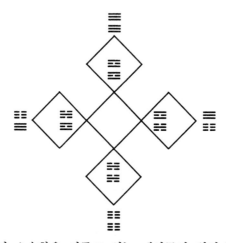

  그림을 보면 소순환을 이루고 있는 괘상들의 위치가 중요하다는
것을 알 수 있다. 그림은 5개 영역으로 되어 있는바, 정확히 오행
범주와 일치한다. 중앙의 소순환 고리는 바로 토에 해당되는 것이
다. 나머지 고리의 범주를 보면 위쪽은 화(火), 아래쪽은 수(水), 왼
쪽은 목(木), 그리고 오른쪽은 금(金)인데, 이들은 오행 범주의 성
질을 그대로 갖고 있다. 화는 양의 성질이며 水는 음의 성질이다.
木은 음양의 결합이며, 金은 음양의 해산이다. 土는 이들 모두의
중간적 성질을 띠고 있는 것이다.

  그림은 정확한 비율로 오행의 영역을 나타내고 있는데, 괘상들의
상대적 위치는 절대적 의미가 있다. 즉, 천지가 정해지면 좌우 외각
에 태(泰)와 부(否)가 자리잡게 되며, 태쪽에는 반드시 ☰가 오고
부쪽에는 필히 ☷가 오는 것이다. 또한 하늘쪽에 ☰이 자리잡고
땅쪽에 ☷이 자리잡는데, 주역 64괘는 저마다의 성질이 있으므로
이를 기준으로 해서 자리를 잡는다. 괘상의 자리는 각자의 위상을

나타내는 것이므로 그것이 바로 괘의 성질이 된다.

위의 그림에서는 5개의 고리가 괘상으로 모두 채워져 있다. 그것을 채우는 방법은 이미 공부한 바 있다. 하지만 오행 고리를 채운다는 특성을 다시 확인하기 위해 괘상을 집어넣어 보자.

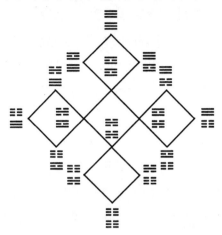

그림은 오행 고리를 이루는 괘상 모두를 그려 넣었는데, 이로써 괘상의 성질을 이해할 수 있을 것이다. 각 고리들은 오행 고유이 성질이 있는바, 모든 괘상은 그 성질을 함유하고 있다. 예를 들어 위쪽의 고리는 火의 고리이거니와, 그 중에서도 위쪽, 즉 ☰은 火中火이다. 이것은 양 중에서도 또 양이니 가장 강한 양일 수밖에 없다. ☵는 火中水이나 양은 양이지만 양 중에서 가장 낮은 양으로서, 하늘에서 떨어진 존재인 것이다. 여기서 우리는 불의 성질이 바로 이렇다는 것을 이해하게 된다.

이어 ☳는 火中木이니 양 중에서도 상하가 강하게 결합되어 있는 모습이다. 반면 ☴은 火中金이니 양은 양이지만 상하가 괴리되어 있는 것이다. 원전 주역에서 ☰의 괘명이 동인(同人)인데, 이는 ☲가 ☰을 열심히 쫓아가고 있는 모습을 상징한 것이다. 당연히 ☰이 위에 있어서 ☲가 못 미치는 상황을 그리고 있는 것이다. 달리 표현하면 ☲가 무거운 모습이다. ䷝에 있어서는 ☲가 가볍게 상승하고 있다. ☲는 원래 가벼운 사물을 상징하는 것이지만 그 힘이 약할 때는 ☰의 아래에 배치하여 그것을 표현하는 것이다.

䷝은 가벼운 사물이 중첩되어 있는 모습이지만 전도는 아직 미지수이다. ☲는 화중수로서 양 중에서는 가장 약하다. 원전에 의하면 옛 성인이 ☲를 보고 그물을 만들었다고 되어 있는데, 그물이란 어떤 것인가? 물은 잘 빠져 나가지만 덩어리인 고기는 걸리고 만다. 물이든 공기이든 빠져 나가게 되어 있는 것은 양이겠지만 걸리는 게 있으면 음이 된다. ☲는 양은 양이지만 그 속에 음이 있어 걸리는 것이다. 또한 ☲는 아름다움이나 가벼움 등을 상징하는데, 날렵한 여인, 즉 가벼워 보이는 여자가 아름답지 않은가! 물론 여자가 날렵하다고 능사는 아니다. 풍만해야 한다. 날렵은 양이라면 풍만은 음인 것이다. 이렇듯 ☲는 양이면서 또한 음인데, 이 괘상의 밝은 면을 보기 위해 관점을 조정해 보자.

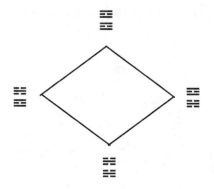

그림은 土의 영역을 선택한 것이다. 火의 영역에서 아래에 처져 있던 ☳는 이제 꼭대기에 자리잡고 있다. 토중화에 해당되는데, 내 친 김에 土 영역을 상세히 그려 보자. 즉,

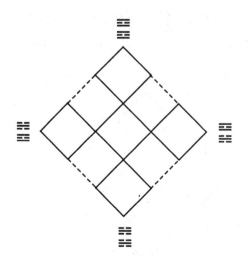

그림은 土 영역의 내부까지 표시했다. 전체적인 모습은 오행을 그

려내고 있다. 이들의 각 지점에 괘상을 배치하자. 즉,

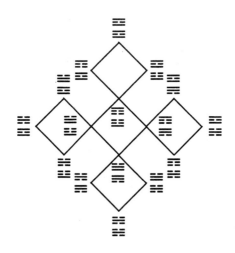

그림에서 알 수 있듯이 ☳는 정점(頂點)에 올라 있다. 언어로 표현하면 土中火이다. 그러나 더 좋은 표현 방식이 있다. 다음을 보자.

그림은 유명한 12지(支)로 둘러져 있다. 12지의 정체가 무엇인가를 보여주는 대목이다. 예를 들어 辰은 木中火인 것이다. 괘상으로는 ☵이다. 이 괘상은 ☳가 상승하려고 하나 갇혀 있는 형상이다. 그러나 ☵에 이르면 ☳의 기운이 밖으로 뻗히기 시작하고 ☵에서 완전히 기세를 드러낸다. 12지는 군주괘열에서도 나타나지만 더욱 세밀한 내용은 지금 보고 있는 土의 고리에서 나타난다.

하지만 여기서 중요한 것은 오행 영역을 통한 괘상의 이해와 괘상의 상대적 위치에 따른 성질의 변화를 이해하는 일이다. 이제 여기서 오행 영역을 다시 한 번 그려보자.

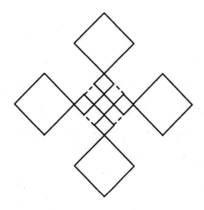

그림은 土의 영역을 세분해 놓았는데, 그 곳은 전체의 모습을 그대로 축소해 놓은 모양이다. 그림의 성질은 무엇인가? 수학을 잘 아는 독자는 당장에 이해하겠지만 그림은 오늘날 첨단 수학 개념인 프렉탈 구조이다. 더 자세히 얘기하면 오행 프렉탈인 것이다. 이것은 중앙점에서 시작하여 오행이 세 번 중첩함으로써 만들어진다.

중앙점은 태극이려니와, 최초로 만들어지는 괘상 4개가 종래에는 64개로 확대된다.

이 때 수직의 길이는 19인데, 오직 19라는 숫자만이 오행 프렉탈을 만들어낼 수 있다. 19는 신비의 숫자인 것이다. 16이나 18 등 다른 숫자로는 절대로 오행 프렉탈이 만들어질 수 없다. 19가 오행에 의해 필연적으로 등장하게 되는 대목인데, 요점은 프렉탈이다.

현대 과학에서 밝혀지고 있는 바에 의하면 자연의 모든 구성은 프렉탈 구조로 이루어져 있다. 자연이 프렉탈 구조를 선택한 이유는 그 경제성에 있다고 한다. 대자연은 단순한 것을 중복함으로써 전체를 만들고 있는 것이다. 주역의 섭리도 근본적으로 프렉탈 구조로 되어 있는바, 유한한 괘상으로 무한한 사물을 해석할 수 있는 까닭이 바로 그것이다.

주역의 64괘는 태극이 오행을 낳고, 오행이 다시 프렉탈적으로 확산함으로써 만들어지는 것이다. 그 과정은 종횡으로 이루어지는데, 3회만에 19라는 숫자를 만들어 낸다. 이를 무한히 할 수도 있겠지만 3회만으로 충분하다.

프렉탈이란 전체가 곧 부분이고 부분이 곧 전체이기 때문에 확산 횟수는 별 문제가 아니다. 다만 주역 64괘를 완전히 망라하기 위해서 세 번의 확산이 필요하고 그로 인해 19라는 숫자에 도달하는 것이다. 19는 인위적으로 만든 숫자가 아니다. 음양 오행에 의해 필연적으로 등장하는 숫자인 것이다.

玉虛眞經 (9)

君子情同而親合 親合而事生之

군자가 뜻이 같으면 친합하고, 친합하면 일이 생긴다.

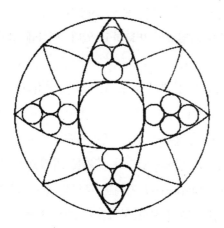

만물의 균형

이 장에서는 아주 고도의 이론을 소개하겠다. 균형론이라는 것인데, 이는 주역이 무엇이냐 하는 질문에 훌륭한 답을 제공해 줄 것이다. 먼저 자연의 세계를 바라보자. 자연계에는 수많은 사물이 있는바, 이들은 모두 끊임없이 변화하고 있다. 세상에 변치 않는 것은 없다.

몇 년 전 백화점이 붕괴된 일도 있었지만 변화라는 것은 인간이 보든 보지 않든 쉬지 않고 진행되는 것이다. 우주에 있어 그토록 많은 별들도 모두 움직이고 있다. 온 우주를 통해 움직이지 않는 별은 있을 수 없다. 별들은 일정한 주기를 가지고 다른 별의 주위를 돌고 있는데, 그러한 주기 자체도 조금씩 변해 가고 있는 것이다. 우주는 창생된 이래 잠시도 정지함이 없이 변해 오고 있다.

변화란 겉에 나타난 큰 변화도 있거니와, 보이지 않는 내면의 세계에서도 변화는 이루어지고 있는 것이다. 물질이란 것도 궁극에 가서는 소멸되는바, 존재하는 동안 끊임없이 변해 가다가 마침내 무(無)로 돌아가는 것이다.

만물이 변화하는 것은 시간이라는 개념 속에 잘 나타나 있는데, 온 우주에 있어 시간이란 흐르지 않고는 배길 수 없는 존재이다. 우리는 그러한 시간의 속성에 대해 세심한 관찰이 필요하다. 시간이란 어째서 쉬지 않고 흐르는 것일까?

과학에서는 엔트로피 증대라는 법칙을 통해 시간의 속성을 이해하고 있는데, 이 장에서는 엔트로피 증대의 법칙 그 자체를 보다 세심하게 분석해 볼 것이다. 우리는 주역을 통해 만물의 이치를 규명하고 있는바, 시간의 문제는 괘상의 이해와 직결되어 있다.

먼 옛날 성인이 괘상을 만든 것은 시간의 이해를 위해 만든 것이지만, 우리는 괘상을 이해하기 위해 역과정을 밟아가는 것이다. 다음을 보자.

이 괘상은 상당히 위태로운 모습을 보여주고 있다. 맨 위에 있는 음이 아래에 있는 양의 도전을 받아 힘겹게 견디고 있는 것이다. 넘치기 직전의 댐, 곧 떨어질 검은 구름, 성난 군중 앞에 놓여진 독재자, 지나치게 강한 마누라, 너무나 심하게 마셔댄 술 등등 견디기 힘든 상황이다. 원전 주역에서는 괘명을 쾌(夬)라고 한바, 이는 양이 음을 처단한다는 뜻을 취하고 있다.

그런데 여기서 유의할 것이 있다. ☵이 괘상이 아무리 위태로울 지언정 현재 존재하는 괘상이라는 것이다. 다른 표현으로는 현재 균형을 유지하고 있다고 말할 수 있다. 다음 순간 무엇으로든 변하 겠지만 지금 당장은 그 상태를 지키고 있는 것이다. 다음을 보자.

이 과정은 양이 마침내 음을 소탕하여 상황을 변화시킨 것이다. ☵는 더 이상 균형을 유지할 수 없어 변화를 당했다고 볼 수 있다. 우리 나라 역사에 보면 자유당 시절 이승만 대통령이 독재로 통치 하다가 국민의 저항에 부딪쳐 하야(下野)한 일이 있는데, 바로 그와 같은 상황이다. 이승만 대통령 입장에서는 가능한 한 그 상태를 지 키려 했지만 견딜 수가 없었던 것이다. 오늘날 경제 파탄도 이런 방식으로 일어난다. 회사가 어렵게 견디다가 균형을 유지할 수 없 으면 마침내 부도가 난다. 다시 보자.

이 과정은 음의 확장을 보여주고 있다. 아래쪽에서 도전하는 양을 누르고 승리한 것이다. 양의 입장에서는 견디다 못 해 후퇴한 상황

이다. 이럴 때도 역시 균형이 무너졌다고 볼 수 있다. 이러한 현상을 종합해 보자. 즉,

균형 → 균형 파괴 → 변화 → 균형

위 과정에서 알 수 있듯이 변화란 균형이 파괴된 연후에 나타나는 것이다. 만일 균형만 유지된다면 영원히 그 상태를 유지할 수 있다. 물리학에서는 이를 다르게 표현하고 있다. 즉,

'운동하는 물체가 외력을 받지 않는 한 영원히 그 상태를 보존한다.'

이는 뉴턴의 운동 제1법칙 또는 관성의 법칙이라고 하는 것인데, 사물은 어떤 상태에 있든 그 상태를 유지할 조건, 즉 균형만 이루어진다면 영원할 수 있는 것이다. 하지만 균형을 유지한다는 것은 그리 쉬운 일이 아니다. 균형이란 반드시 무너지게 되어 있는 것이다. 이유는 간단하다. 사물이란 활동하고 있는 존재이기 때문이다. 그리고 끊임없이 외부와 접속하고 있기 때문이다. 그뿐만 아니라 내부라는 것도 있다.

라이프니츠는 단자(單子)라는 사물을 구상하여 절대 불변인 존재라고 했지만 이러한 것은 존재할 수가 없다. 단자는 내부 구조가 없는 존재인바, 그것은 바로 무(無) 그 자체일 뿐이다. 무가 아닌 모든 존재는 구조가 있으므로 그것은 반드시 내외로 압력을 받는다. 그리하여 영원한 균형을 이룰 수는 없는 것이다. 다음을 보자.

이 과정은 음이 견디다 못 해 한 단계 내려온 모습이다. 그러나 이후에도 견딜 수 없으면 또 한 단계 내려올 수밖에 없다. 즉,

이 과정은 시간 과정, 즉 엔트로피 증대 현상인데, 이와 같은 과정이 발생하기 위해서는 반드시 현재 상태가 무너져야 하는 것이다. 우주란 현재 상태가 끊임없이 무너져 가고 있는 세계이다. 그 과정을 시간이라고 하거니와, 균형 파괴에 의해 발생된 시간 과정은 일정한 방향이 존재한다. 그것은 가급적 균형을 이루기 쉬운 쪽으로 변해가는 것이다. 그러나 그 쪽으로 가서도 역시 균형을 이룰 수 없으면 또다시 변할 수밖에 없다.

균형이란 유지하기 어려운 것과 쉬운 것이 있다. 예를 들어 몹시 화가 난 두 상대는 서로 싸움을 하게 되는데, 화가 난 상태끼리는 서로 균형을 유지하기 힘들기 때문이다. 하지만 서로가 조금씩 누그러지면 균형이 유지된다. 부부 싸움도 이런 식으로 진행된다. 너무 화가 나서 싸움을 하면 이혼까지 직행하는 수가 있고, 또는 싸움이 끝나면 점점 화해쪽으로 변해가기도 한다.

다른 예를 보자. 얼음을 더운 물 속에 담갔다고 하자. 얼음은 더워지지 않으려고 버티건만 뜨거운 물이 계속 도전해 온다. 더운 물도 식지 않으려고 애쓰지만 냉기가 가만두지 않는다. 결국 얼음은 녹고 물은 차가워지고 만다. 균형이 유지될 수 없기 때문이다.

사물의 변화는 이런 식으로 발생하는 것이다. 먼저 균형이 파괴된다. 인체에 비유하자면 병들거나 늙어가는 것이다. 나중에는 죽고 몸도 뿔뿔이 흩어진다. 균형에는 어려운 것도 있고 쉬운 것도 있지만 어려운 균형은 유지하기 힘들다. 예를 들어 늘씬한 미인의 모습은 오래 가지 못한다. 결국 뚱뚱해지고 얼굴에 주름도 생긴다.

편한 데로 변해 가는 것이다. 편하다는 것은 균형 유지가 비교적 쉽다는 것이다. 그러나 사물은 완전히 소멸되기 전까지는 여전히 균형을 파괴하려는 압력이 존재한다. 자연의 첫째 법칙이 균형을 파괴하려는 성질이다.

둘째는 균형 유지가 비교적 쉬운 쪽으로 변해가는 것이다. 두 번째 법칙은 소위 엔트로피 증대의 법칙으로, 시간의 모습이다. 다음을 보자.

그림은 중앙에서 좌우로 변할 수 있음을 나타낸다. 현재 ☷인 사물이 음양의 활동 결과에 따라 변해가는 것이다. 물론 음양이 완전히 균형을 이루어 영원할 수 있다면 변화는 일어나지 않는다. 하지만 완전한 균형은 존재할 수가 없다. 균형 파괴는 미세한 수준에서 급격히 확산된다. 이는 오늘날 카오스 이론에서 다루고 있는 문제이거니와, 작은 균형 파괴가 커다란 변화를 유도하는 것이다.

이렇듯 자연의 변화란 균형이 파괴되면서 일어나지만 우리는 유의할 것이 있다. 그것은 바로 균형이 파괴되기 전 상황이다. 사물은 끊임없이 균형이 파괴되어 가지만, 그 과정에서 균형이 유지되는 시간이 존재하는 것이다.

만일 균형을 유지하는 시간이 존재하지 않는다면 우주 자체가 이미 존재할 수가 없다. 마치 도깨비 꿈처럼 시간이란 휙 지나가고 말 것이다. 시간이란 속도가 있다. 그것은 바로 변화의 속도이거니와, 변화란 균형이 파괴될 때 이루어지는 것이므로 잠시 쉬는 때가 존재한다. 그것은 미세 수준에서의 사물의 수명이라고 할 수 있는 바, 그 상태를 또한 사물 그 자체라고 볼 수 있는 것이다. 다음을 보자.

이 괘상은 현재 바로 ☷이다. 이것은 장차 변해 가겠지만 지금은 존재 균형을 유지하고 있다. 내용을 보면 음과 양이 균형을 이루고 있다는 뜻인데, 이는 바로 음값과 양값이 같다는 뜻이 된다. 즉, 맨 위의 음은 아래의 양을 감당하고 있고, 또한 아래의 양은 위의 음을 감당하고 있는 것이다.

다음 순간을 생각하지 말고 현재만 생각하자. ☰이 괘상은 양 다섯 개가 아래에 연이어 있는데, 이들의 다 합친 힘은 맨 위에 있는 하나의 음과 같은 것이다. 그렇지 않다면 지금 상태를 유지할 수 없고, 이미 변화의 과정에 있게 된다. 현재에만 유의하자.

시간이란 깊게 들어가 살펴보면 정지 → 변화 → 정지 → 변화의 과정인 것이다. 이는 양자 역학에서 규명된 사실 그 자체이거니와, 정지란 바로 균형이 유지되는 순간을 의미하는 것이다. 시간이란 이러한 순간이 없으면 속도가 무한이 되어 우주는 존재하지 않는다. 다행히 우주는 정지 순간이 있어서 존재한다. 우리는 지금 정지 순간의 사물을 살피고 있는 중이다.

다음을 보자.

이 괘상은 음양이 잘 배합되어 있어 아름다운 모습이다. 하지만 지금 아름다운 모습이 중요한 것은 아니다. 괘상 속에 존재하는 음양이 현재 상태를 이루고 있다는 그 자체가 중요하다. 현재 상태를 이루고 있으려면 음양이 균형을 유지해야 하는 것이다. 즉, 음양의 값이 같다는 뜻이다. 주역 64괘는 모두 각각 괘상 속에 들어 있는 음양값이 같다.

다음을 보자.

이 괘상은 양 하나가 음 다섯 개를 이끌고 있다. 정치의 모습이거니와 관건은 균형이다. 즉, 음양의 값이 서로 같은 것이다. 이제부터 다룰 내용이 이것이다. 주역 64괘는 각각 포함된 음양이 같은데, 이것을 정량화(定量化)하자는 것이다. 그렇게 되면 괘상의 균형 상태, 즉 효(爻)의 뜻과 다른 괘상과의 차이를 알 수 있는 것이다.

먼저 이 괘상의 수치를 정해 보자. 간단히 가정해 본다면 음 하나를 1로 놓고 이것 5개를 상대할 수 있는 양은 5라고 놓으면 된다. 양은 5라는 힘으로 끌어올리고, 음은 1 × 5 = 5라는 힘으로 끌어 내린다. 그로써 균형이 유지되는 것이다. 이는 그럴 듯하다. 그렇다면 다음 괘상은 어떨까? 즉,

이 괘상은 하나의 양이 5개의 음을 떠받들고 있다. 반면 5개의 음은 위에서 내리누르고 있는바, 이런 상태에서 균형을 이루고 있는 것이다. 당연히 음양값은 같다. 그 값을 5로 하면 어떨까? 이 문제를 생각해 보자.

　두 괘상은 모두 (1, 5)인 괘상인데, 하나는 양이 위에 있고 하나는 아래에 있다. 얼핏 생각하기에 어떤가? 양이란 아래 있어야 기능이 높은 게 아닌가! 효율이라도 좋다.

　우리가 물건을 움직일 때 당기는 게 편한가, 미는 게 편한가? 소나 말은 앞에서 당기는 게 좋지만 보통 물건이라면 뒤에서 미는 게 좋을 것이다. 물론 물리학적으로 앞뒤의 차이가 없다. 그러나 음양 현상은 다르다.　다음을 보자.

　-- ↓
　— ↑

　그림은 음과 양이 위와 아래에서 압축하고 있다. 이 때 음과 양은 각각 1이라는 힘이라고 보면 된다. 그러나 다음을 보자.

　— ↑
　-- ↓

　그림은 양과 음이 위아래로 이탈하려 한다. 중앙에서 보면 둘 다 -1인 것이다. 또 다시 보자.

— ↑
— ↑

그림은 양 두 개가 상승하고 있는 모습이다. 중앙에서 보면 하나가 빠져나가고 하나가 들어오고 있다. 총체적으로는 0이다. ⚏의 경우는 둘 다 아래로 내려가는바, 중앙에서 보면 하나가 아래로 **빠져**나가고 다른 하나는 위에서 들어온다. 총체적으로는 역시 0인 것이다. 이와 같은 논리는 해결값 또는 엔트로피를 다룰 때 이미 나왔던 것이다.

이제 우리는 다음과 같이 정리할 수 있다. 즉, 양 아래에 있는 음과 음 위에 있는 양은 값이 -1씩이다. 반면 양 위에 있는 음과 음 아래에 있는 양의 값은 각각 1씩이다. 또한 괘상에 양이나 음이 한 종류만 있을 때는 균형값이 0이다. 이상과 같은 기본적 법칙을 가지고 모든 괘상을 정리할 수 있다. 다음을 보자.

이 괘상의 값을 어떻게 정하는 게 타당한가? 양과 음은 값이 같으므로 하나만 알면 된다. 양을 따져 보자. 이 괘상에서 양은 아래에 4개를 이끌고 또한 위의 음 하나를 떠받들고 있다. 이 때 양을 위에 있는 음과 관계시킬 때 값은 1이다. 반면 아래 있는 음과 관계시키면 -4가 된다. 아래에 음이 하나 있으면 -1이지만 4개이므로 4 × -1 = -4가 되는 것이다. 따라서 위아래 관계를 모두 계산하면 -4 + 1 → -3이 된다. -3이 바로 ䷖의 양값이다. 물론 음값도 -3이다. 따라서 ䷖이 괘상은 (-3) × 2 → -6인 상태에서 균형을 유지하고 있다. 이와 같은 방식으로 괘상 몇 개를 계산해 보자.

괘상		값
䷁	→	10
䷖	→	6
䷓	→	2
䷭	→	-2
䷏	→	-6
䷇	→	-10

위의 괘상들은 (1, 5)에 소속된 괘상으로, 시간의 흐름을 나타내고 있다. 시간은 10 → -10이 과정을 거치는바, 균형값이 작아지고 있는 것이다. 이제 위의 괘상들의 내면을 좀더 가까이 살펴보자.

이 괘상에서 맨 아래 양은 5의 값을 갖는다. 물론 위의 음을 모두 합치면 5이다. ䷗이 괘상은 음과 양이 서로 5라는 값으로 대치하고 있는 것이다. 이러한 대치는 영원할 수 없다. 어느 순간이든 균형은 무너지게 되어 있는 법이다. 그리고 균형이란 무너지고 나면 쉬운 쪽으로 흘러가게 되어 있다. 5라면 그 이하로 가는 것이다.

이와 같은 변화는 양이 5에서 3으로 값이 내려 가면서 이루어진다. 2가 줄었는데, 이는 소모되는 에너지로서 자연계에서 완전히 사라지는 에너지이다. 물론 에너지라는 단어는 적합한 것은 아니다. 위의 변화에서 줄어든 것은 균형값이므로 엔트로피와 관련된 값이다. 물리학에서는 네겐트로피라고 명명되어 있다.

어쨌건 사물은 균형값을 낮추는 방향으로 변해 가는데, 이는 우주 만물이 긴장을 풀어가는 것으로 볼 수 있다. 또한 네겐트로피의 값이 줄어가는 것은 사물이 존재하는 동안 태극에 대한 세금(?)으로 생각하면 좋을 것이다. 사물이란 거저 존재할 수가 없다. 가지고 있는 네겐트로피를 다 소모하면 자연계에서 사라지고 마는 것이다.

그러고 보면 물리학에서 대단히 중요하게 취급되는 에너지 불멸의 법칙은 다소 문제가 있다. 실은 에너지란 영원한 세월로 보면 사라지고 마는 것이다. 그것은 균형 감소의 법칙 때문에 그렇다. 존재하는 것은 무엇이든 소모해 가면서 수명을 다하는 것이다.

다시 괘상을 보자.

이 괘상은 맨 위의 음이 5라는 힘으로 아래쪽 양을 감당하고 있다. 언제까지나 5라는 힘을 갖고 있다면 괘상은 유지될 것이다. 그러나 태극에 대한 세금을 내고 나면 5는 줄어들기 마련이다. 만일 2라는 세금을 내고 난다면 3이 되어 괘상은 변한다. 즉,

이 과정은 음값이 5 → 3인 과정인바, 이 때 양값도 역시 5에서 3으로 변하고 있다. 위의 과정을 계속 이어 가면 다음처럼 된다. 즉,

☰ → ䷀ → ䷁ → ䷂ → ䷃ → ䷄

이 과정에서 맨 마지막은 ☳가 되는데, 이는 -5의 값을 갖는다. 이 값의 뜻은 음양이 서로 당긴다는 뜻인데, ☳이 괘상은 아래의 음 하나가 양 5개를 잡아당기는 모습이다. 여자가 이러한 모습이라면 몹쓸 여자이다. 술집 여자가 영업상 그렇다면 당연한 일이지만 여늬 여자가 남자 5명을 당기고 있으면 위험한 여자인 것이다. 그래서 원전 주역에서는 이런 여자를 취하지 말라고 한 것이다. 물론 남자 입장에서 여자를 바라본 것이다.

여자 입장에서 보면 의미가 달라진다. 남자 5명을 다루어야 할 테
니 얼마나 힘들겠는가! 다섯 마리의 말이 끄는 마차를 조정하는 것
처럼 어려울 것이다. 우리는 누구 편을 들어야 할까? 주역을 공부하
는 사람은 굳이 음양 중 하나를 편들 필요가 없다. 괘상의 뜻을 알
면 그만이다.

☰, 이 괘상은 음양이 서로 당기며 각축전을 벌이고 있는 모습인
것이다. 괘상 ☰는 음이 양을 억누르고 올라선 것이니 선악을 불
문코 견디는 자체가 어려울 것이다. 괘상 ☰는 음이 아래쪽의 대
표로 나서고 있는바, 불만이 있을 수 있다. 대표란 모름지기 대중의
뜻을 적극 수용해야 하는 것이다. 괘상 ☰은 음이 위로 올라가 붙
어 있다. 동네(아래 괘)의 불만은 일단 물리쳤지만 전도가 밝지 않
다.

괘상 ☰는 위에서 평온한 모습으로, 아주 훌륭한 상태이다. 위에
있다는 것은 귀한 것이요, 가장 높은 곳을 피해 중앙의 위치에 있
는 것은 적절한 모습이다. 군자의 처신인 것이다. ☰, 이 괘상은
음이 아래에 있으므로 미흡하다. 단지 중앙에서 위를 바라보는 것
이므로 이끌어주는 사람이 있을 것이다. 원전 주역에 동인(同人)이
라고 한 것도 이것을 표현한 것이다. 괘상을 또 보자.

이 괘상은 숲 속을 헤매는 길잃은 방황자의 모습, 또한 태중의 아

이가 성장하는 모습이다. 이 괘상의 각 부분, 즉 효의 운동값을 살
펴보자. 즉,

```
━━ ━━   (2)
━━━━━   -2
━━ ━━   (0)

━━ ━━   (0)
━━ ━━   (0)
━━━━━   4
```

위에 적은 값은 효의 운동값을 적은 것이다. 숫자가 0인 것은 평
형이 그 자리에서 유지된다는 뜻이다. 제 2, 3, 4효는 위로부터 떨어
졌지만 아래에서 받쳐 주므로 평형을 유지하고 있다. 그러나 제1효
는 괘상 전체에 양기를 크게 공급하고 있다. 값이 4나 된다. 하지만
같은 양효인 제5효는 -2로서 벗어나고 있는 것이다. 그런데 제6효
는 이를 다시 막아서고 있다. 따라서 제5효는 최후의 난관에 봉착
하고 있는 것이다. 물론 제1효에 비하면 큰 것이 아니다. 제1효는
자신이 4만큼의 힘으로 돌입하는만큼 저항을 받는다.

괘상 전체적으로는 4라는 값을 갖는데, 이 중에서 절반은 음값이
다. 다시 말하면 ☷☳ 이 괘상은 음과 양이 각각 2라는 힘으로 대치
하고 있는 국면인 것이다. 음값은 ( )로 표시했는데, 그리 강한 대치
는 아니다. ☷☰ 의 경우 음양이 각각 18이라는 큰 힘으로 대치하고
있는 것이다.

다시 괘상을 보자.

이 괘상은 그릇에 담겨 있는 물을 표현하는 것으로, 가장 알기 쉬운 모습이다. 혼돈이 통제되고 있는 모습인 것이다. 내면에는 어떠한 힘들이 작용하고 있는가를 살펴보자. 즉,

$$
\begin{array}{ll}
\text{━━ ━━} & (3) \\
\text{━━━━} & -1 \\
\text{━━ ━━} & (1) \\
\text{━━ ━━} & (1) \\
\text{━━━━} & 3 \\
\text{━━━━} & 3
\end{array}
$$

이 괘상은 양값 5, 따라서 음값도 5인 상태에서 대치하고 있다. 음양이 제법 강하게 맞물린 상태이다. 이 중에서도 맨 위의 음은 3이라는 힘으로 뚜껑 역할을 하고 제1, 2효는 각각 3으로 위로 떠받들고 있다. 뚜껑이라는 것은 댐의 높이를 의미하는 것이려니와, 떠받드는 힘은 댐의 바닥 또는 벽이다. 괘상 하나만 더 보자.

이 괘상은 그릇이 뒤집어진 모양으로서, 어린아이가 제멋대로 돌아다니는 모습인 것이다. 실제 내용이 어떤가를 살펴보자. 즉,

```
━━  -3
━━  -3
━ ━  (-1)

━ ━  (-1)
━━   1
━ ━  (-3)
```

이 괘상은 균형값은 -5이다. 값이 마이너스라는 것은 음과 양이 각각 흩어지고 있는 것을 의미한다. 모든 효 중에 제2효만이 플러스 값을 갖는데, 이는 제2효가 유일한 특징을 갖는 것을 명시한다. 효의 값이 마이너스라는 것은 그것들이 괘상으로부터 이탈한다는 뜻인데, ▤이 괘는 값들이 -3, -3, -1, -1, 1, -3 등으로 5개의 효가 이탈하려는 것이다. 유독 제2효만은 제자리를 지키고 있다. ▤은 괘명이 환(渙)인바, 흩어짐을 상징하는 것이려니와, 이 중에서 흩어짐이 심한 것은 제1, 5, 6효 등이고, 그 다음이 제3, 4효이다. 제2효는 흩어짐 속에 제자리를 애써 지키고 있는 모습이다.

괘상을 다시 보자.

이 괘상에서 제5, 6효는 양이며, 그 값이 -3으로서 흩어진다는 뜻인데, 우리는 그 방향을 생각할 수 있다. 효의 값이 미이너스일 때 양은 위로 소멸, 음은 아래로 소멸인바, 값의 크기에 따라 속도가 정해진다.

본 괘상의 경우 제5, 6효를 살펴보면 둘다 -3의 값을 갖지만, 양이란 위로 소멸하는 것이므로 제6효가 선두 주자로 나서고 있는 것이다. 물론 제1효는 -3인 유일한 음이므로 아래로 소멸되고 있다. 반면 제3, 4효는 각각 -1의 값을 갖고 있는 음인바, 이는 아래로 소멸하는 뜻이 있고 따라서 제3효는 제2효와 부딪치고 있다. 그것은 제2효를 통과해 제1효로 이동하겠지만, 제4효는 제5효로부터 이탈하여 제3효 자리로 이동하게 된다.

괘상의 내면은 이렇듯 복잡한 작용이 이루어지고 있는 것이다. 물론 전체적으로 합산하면 음값 양값은 서로 같다. 이 값은 괘의 균형값이거니와 이러한 균형값은 내면의 작용, 즉 효의 작용값에 의해 종합되는 것이다.

균형값은 64괘 모두에 있어 음양이 정확히 같은데, 우리는 이 장에서 균형값 개념을 확실히 터득하고 그것의 내면에는 효들이 열심히 작용하고 있다는 것도 알아야 한다. 효들의 작용은 다소 복잡하지만 그것들을 충분히 살피고 이해하여야만 괘상을 정복할 수 있는 것이다.

우리는 그 동안 괘상의 겉보기 성질을 이해하는 데 주력해 왔다. 하지만 그 내면을 이해할 수 없다면 괘상은 정복할 수가 없게 된다. 수박을 겉만 핥는다면 그 맛을 알 수 있겠는가! 괘상은 마땅히 효로 분석하여 이해하야 한다.

그 방법은 지금 균형값을 등장시킴으로써 한 가지가 소개되었거니와, 효의 성질을 다루는 보다 깊은 이론은 나중에 전개할 것이다. 이 장에서는 균형값을 숙지하고 그것의 내면을 잠시 살펴보는 것으

로 족하다. 주역이란 어렵고 복잡한 것이므로 너무 성급히 달려들
어서는 안 된다.

우리는 모든 괘상에 대해 균형값을 일일이 계산해 볼 필요가 있
는데, 이로써 아주 놀라운 법칙이 발견될 것이다. 이는 그 동안 공
부해 온 중요 법칙과 일치하는 결과인바, 바로 다음 장에서 다루기
로 하겠다.

쉬어 가기(2)

　점이란 미래를 알기 위해서 치는 것이다. 미래를 알게 되면 인간은 행동을 달리 하여 화를 방지하거나, 좋은 일이면 그 길을 따라 갈 수 있다.

　필자도 가끔 점을 치는데, 얼마 전 불길한 점괘를 얻었다. 제자가 암에 걸려 있어서 점을 친 결과 지화명이(地火明夷)괘를 얻은 것이다. 워낙 병세가 위독하여 의학적으로는 희망이 거의 없는 상태였다. 그래서 점에 의지해 본 것이다. 점괘가 좋게 나오길 바라는 것은 인간으로서 당연한 일이다.

　물론 점을 칠 때는 이런 마음으로 치면 안 된다. 점이란 천진한 마음을 가지고 우주와 완전히 합치되어야 한다. 필자는 오랜 세월 점을 쳐 왔으므로 점을 칠 때 깊은 평정을 이루고 추호도 잡념이 없이 천지의 근원에 몰두할 수 있다. 이러한 마음은 바로 도인의 명상이나 고승(高僧)의 좌선 때에 도달하는 마음이다.

노자는 마음을 죽은 재처럼 하라고 하였거니와, 점을 칠 때의 마음도 그와 같은 것이다. 무심·천진·고요·정성 등 다른 말로도 표현할 수 있지만, 그 순간은 완전히 세계를 떠나 자연의 뿌리와 감응한다.

어쨌건 필자의 점은 명실공히 완벽하게 얻어졌다. 우연이 아니란 뜻이다. 바로 천지 신명의 계시인 것이다. 점을 치고 난 다음에는 해석이 문제이다. 암에 걸린 환자에 대해 점을 친 결과 지화명이를 얻었다면 해석은 어찌 되는가?

지(地)는 신체에서 배를 뜻한다. 화는 덩어리이니 암이다. 즉, 뱃속에 암이 있다는 해석이 된다. 그리고 괘상 자체는 아주 암울하여 희망이 적은 상태이다. 지화명이는 환자, 특히 암환자에게는 몹시 나쁜 괘상인 것이다.

일반적으로 이 괘상은 불길한 괘상에 해당된다. 굳이 좋은 곳을 찾자고 한다면 있기는 하다. 예를 들어 남녀가 연애를 할 때 이 괘상을 얻으면 육체 관계가 성사되거나 밀애가 계속될 수 있다. 또한 나쁜 소문에 관련된 구설수가 있는 경우 이 괘를 얻으면 그것이 진정될 수 있다. 아무리 암울한 괘상이라도 좋게 쓰이는 곳이 있는 것이다.

그러나 암환자에게 지화명이는 아주 치명적인 괘상인 것이다. 바로 죽음을 뜻한다. 괘상 자체가 현실과 너무나 부합되거니와 밝음이 침몰되어 있으니 살아나기 어렵다.

필자는 슬퍼했다. 하지만 슬퍼하고만 있을 수는 없는 것이다. 점은 하늘이 예시해 주는 것이지만, 결과는 인간이 감당하는 것이기 때문이다. 인간은 하늘에 빌거나 치료를 하는 등 무엇인가 대책을 세울 수 있다.

필자는 치료를 결심했다. 환자의 치료는 의사가 해야 하는 것이지만 암의 경우는 현대 의사의 한계가 있는 것이다. 그래서 민간 처방·비방·도인술 등 정규 의술에서 다소 빗나가는 치료를 강구할 수밖에 없다.

물론 이러한 치료는 때로 상당한 효과가 알려져 있다. 필자도 이 계통에 많은 정보를 갖고 있으며, 또한 수십 년간 수도 생활을 해 왔기 때문에 인체의 구조에 대해 잘 알고 있다. 특히 인체란 천지 자연과의 거대한 조화 리듬이 있고, 또한 인체 내부에는 현대 의학이 아직 밝혀내지 못한 수많은 힘을 갖고 있는 것이다.

필자는 먼저 주역의 원리에 따라 인체와 천지의 조화를 일으키고, 또한 인체의 비기(祕氣)를 움직이고자 하는 것이다. 성패는 아직 알 수 없다. 환자는 수술도 했고 항암제도 맞는 등 현대 의학으로 할 수 있는 일은 다 한 상태이다. 이제부터는 비정규적인 치료에 임할 때인 것이다. 필자는 현재 다소 실망하고 있으나 최선을 다할 생각이다.

그런데 여기서 중요한 문제가 있다. 이는 학술적인 문제이기 때문에 여기에 쓰고 있는 중이다. 문제는 다음과 같다. 즉, 만일 환자가 낫는다면 점괘는 어떻게 되는 것인가?

지화명이괘는 분명 죽음을 뜻한다. 그런데도 환자가 완쾌된다면 점괘가 틀린 것이 아닌가?

실은 그렇지 않다. 점괘란 앞날을 모를 때 유효한 것이다. 이미 미래를 알게 되면 인간의 노력이 그 다음으로 작용하기 때문에 앞에 나온 점괘는 무효가 될 수 있다. 그것은 인간이 현상을 고친 것이기 때문이다.

물론 인간이 미래를 알았다고 해서 다 고칠 수 있는 것은 아니다. 다만 고칠 수 있는 미래가 있다는 것이다. 고칠 수 있는 미래의 경우 처음에 미래를 알게 해 준 점괘는 인간의 공격을 받게 된다. 그리하여 고쳐질 수 있는 것이다.

미래란 있기도 하고 또한 없기도 하다. 현대 과학에서는 시간의 유동성을 평행 우주 또는 다세계 이론을 통해 해석하고 있다. 사소하게 결정되어 있는 미래는 인간의 힘에 의해 얼마든지 바뀔 수 있는 법이다.

점이란 미래를 아는 행위일 뿐으로, 미래를 알고 나면 인간의 행동이 더욱 중요하다. 물론 너무나 크게 결정되어 있는 미래는 인간이 점을 쳐서 알아낼 수 있을 뿐 어찌할 수 없는 것이다.

이런 경우라 할지라도 점은 여전히 유용하다. 나쁜 일의 경우 미리 각오를 할 수 있으며, 또한 있는 힘을 다해 피해를 줄일 수 있기 때문이다.

점이란 이러한 것이다. 주역에 능통한 사람은 점을 치고, 또한 최선의 지혜를 구사해 시간의 운행에 참여할 수 있다. 필자는 제자에 대해 불길한 괘상을 얻은 날, 우연히 또 다른 사람의 점을 친 바가 있다. 물론 이 때도 필자는 완전히 깨끗한 상태에서 점을 쳤던 것이다. 점이란 인간의 마음으로 치는 것이 아니다.

그 날 필자의 두 번째 점괘는 지풍승이었던바, 이는 상서로운 괘상이다. 그 결과 점주(占主)는 인간 관계의 개선을 이룩했다. 점괘 그대로 미래가 전개된 것이다. 점괘가 좋았기 때문에 약간의 노력으로 운명을 있는 그대로 수용할 수 있었던 것이다.

玉虛眞經 (10)

唯仁人 能受正諫 不惡至情

오직 어진 사람은 능히 바른 간언을 받아들이고 지극한 이치를 싫어하지 않는다.

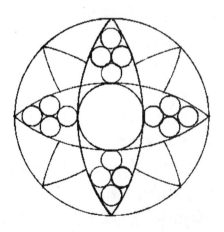

우주의 규격

먼 옛날 어떤 과부가 살고 있었다. 이 여인은 슬하에 자식도 여럿 두고 행복하게 살고 있었는데, 갑자기 과부가 된 것이다. 남편이 산에 나무하러 갔다가 사고로 죽었는데, 부인이 조사해 본 바에 의하면 동물에게 물려 죽은 것이었다.

그 동물은 다름 아닌 이무기, 용이 되다 만 포악한 동물이다. 이 놈은 연못 속에 사는데, 하루는 밖으로 나와 남편을 물어죽였던 것이다. 부인은 복수하기로 마음먹었다. 호랑이보다 더 무서운 괴물인 이무기를 어떻게 처치할 수 있을까?

부인은 복안을 가지고 있었다. 그것은 연못을 없애 버려 이무기를 살 수 없게 만드는 것. 그래서 부인은 연못에 돌을 던지기 시작했다. 연못을 메워 버리겠다는 뜻이다. 쉬운 일은 `아니었다. 부인은 집안 살림을 마치고는 매일 와서 돌을 던지곤 했다. 눈이 오나 비가 오나 매일 오는 것이다. 주변에 돌이 없으면 멀리서 날라 왔다. 달이 바뀌고 해가 바뀌어도 계속했다.

그러나 연못은 부인이 죽을 때가 되어도 다 메꾸어지지 않았다. 연못이 워낙 깊었던 것이다. 이무기는 신경이 쓰였을까? 부인은 임종이 가까워오자 자식들을 불러 모았다. 그리고는 남편이 죽은 배경과 자신이 평생 연못에 돌을 던졌다는 것을 얘기했다. 자식들은 말없이 고개를 끄덕이고 있었는데, 부인이 다시 말을 이었다.

"너희들은 저 연못이 다 메꾸어질 때까지 돌을 던져라. 평생 돌을 던져도 메꾸어지지 않으면 너희 자식들에게 이와 같은 유언을 남겨라."

부인은 이와 같은 유언을 남기고 죽었다. 이후 자식들이 매일같이 연못을 찾아와 돌을 던졌다. 이런 세월이 오래오래 흘렀다. 연못은 여전했지만 유언은 계속 후손에게 전달되었다. 100년이 흘렀을까? 1000년이 흘렀을까? 마침내 연못은 바닥을 드러내고 말았다. 그리고 이무기는 말라 죽었던 것이다.

부인의 소원은 성취되었거니와, 이들 가족과 후손들은 집념이 대단했다. 이무기가 말라 죽은 연못이 어디에 있는지는 알려져 있지 않았다. 하지만 집념의 가족 얘기는 오랜 세월 전달되어 왔다.

필자는 이 얘기를 상당히 좋아한다. 그 집념과 연못이 바닥을 드러내는 과정, 이 모습은 장렬하고 아름답다. 사람의 집념이 이 정도는 되야 결실을 이루어낼 것이다. 필자는 평생을 주역 연구에 몰두해 왔거니와, 그 일은 흡사 연못에 돌을 던지는 것과 닮아 있다.

주역의 신비는 깊고 깊어 그 전체의 모습이 쉽게 드러나는 것이 아니었다. 돌멩이 몇 개 던진다고 연못이 바닥을 드러내겠는가! 주역을 깨닫기 위해서는 한없는 노력이 필요한 것이다. 불교에서는 지독한 사람은 일컬어 하루살이가 쇠로 된 소를 이긴다고 표현한다. 이토록 강인해야만 도가 완성되는 법이다.

필자는 처음에 주역이 좋아서 공부를 시작했지만, 너무나 어려워서 괴롭다 못해 슬픔마저 느꼈다. 그러나 포기하지는 않았다. 필자는 어려서 들었던 이무기 연못을 상상하면서 하나하나 주역의 깨달음을 넓혀 갔던 것이다. 인생의 많은 것을 포기하면서까지 주역의 괘상에 몰두했다. 그러한 노력은 밤과 낮을 가리지 않았다. 잠을 잘 때에는 잠재 의식 속에 주역의 문제를 가지고 들어갔다.

실로 30년간 끊임없이 주역을 탐구한 결과 어느 날 갑자기 주역 연못이 바닥을 보이기 시작했던 것이다. 주역의 괘상은 역시 유한한 비밀이었다. 진리란 제 길로 찾아들어가면 언젠가는 모습을 드러내는 법이다. 영원한 신비는 없는 것이다.

지금껏 공부해온 독자들은 한없이 계속되는 괘상 풀이에 지쳤을까? 아니면 차츰 쉬워지는 것일까? 필자는 마음을 조이며 최선을 다해 강의를 하고 있을 뿐이다. 머지않아 주역의 바닥이 드러날 것이다. 지독한 사람이 되어 더욱 맹렬히 달려들지어다.

전장에서는 처음으로 괘상의 효에 대해 언급했다. 그 동안 많은 공부를 해왔으므로 지금쯤 효에 접근해도 무리는 아니다. 하지만 급하면 길을 잊어 먹게 된다. 큰 진리를 규명하기 앞서 한 걸음 물러서는 여유가 필요한 것이다. 주역의 진리는 어느 날 마음 속에서 갑자기 떠오르는 법이다. 연못의 바닥이 드러나듯 말이다. 지금쯤

연못이 어느 정도 얕아졌을까는 신경 쓸 필요가 없다. 가급적 큰
돌멩이를 던지면 된다.

이 장에서는 효의 문제에서 한 걸음 물러나 상황을 냉정히 점검
해 보자. 비밀의 문은 점점 열리고 있는 중이다. 다음 괘상을 보자.

괘열은 양의 기운이 아래에서부터 차츰 위로 부상하고 있는 모습
을 보여준다. 이들 속에 담겨 있는 수리값을 따져 보자.

$$\to \quad -9 \quad \to 1 - (-9) = 10$$
$$1$$

위의 값은 중앙에서 관찰된 해결값으로, 주역 64괘의 모든 값 중
에서 가장 중요한 값이다. 1, 3, 5 등으로 늘어나는 것이 1, 2, 4보다
합리적이라는 것은 앞서 길게 논의한 바 있다. 네겐트로피의 값, 즉
해결값은 (하괘) - (상괘)라는 것도 이미 공부한 것이다. 그 결과
은 10이 나온 것이다. 같은 방식으로 다른 괘도 값을 붙여 보자.

$$-9$$
$$-3 \quad \to \quad -3 - (-9) = 6$$

⚏ -9
☳ -7 → -7 — (-9) = 2

⚏ -7
☶ -9 → -9 — (-7) = -2

☷ -3
⚏ -9 → -9 — (-3) = -6

☵ 1
⚏ -9 → -9 — (1) = -10

이상을 모두 정리하면 다음과 같다. 즉,

☳	☶	☵	☷	☲	☴
10	6	2	-2	-6	-10

해결값의 수열은 대칭이면서 또한 등차 수열이다. 시간의 흐름은 큰 값에서 작은 값으로 흐르고 있는바, 이는 여러 차례 공부한 내용이다. 그러면 여기서 위의 괘상들에 대해 균형값을 살펴보자. 즉,

```
━━ ━━  (1)
━━ ━━  (1)
━━ ━━  (1)

━━ ━━  (1)
━━ ━━  (1)
━━━━━  5
```

위의 값은 전 장에서 공부한 것인데, ( ) 속의 숫자는 음값이다. 주지하다시피 음값은 아래쪽에 양이 몇 개 있느냐에 의해 정해진다. 위에 양이 있으면 ( ) 속의 값은 마이너스가 된다.

다음 괘상을 보자.

```
━━ ━━  (1)
━━ ━━  (1)
━━ ━━  (1)

━━ ━━  (1)
━━━━━  3
━━ ━━  -3
```

맨 아래 음효의 값이 (- 1)인 것은 위에 양이 하나 있기 때문이다. 제2효 값이 3인 이유는 위에 음이 4개 있어서 4이고, 아래 음이 있어서 - 1인바, 4+(- 1) → 3인 것이다. 같은 방식으로 계속해 보자. 즉,

-- (1)	-- (1)	-- (1)	— 5
-- (1)	-- (1)	— -3	-- (-1)
-- (1)	— -1	-- (-1)	-- (-1)
— 1	-- (-1)	-- (-1)	-- (-1)
-- (-1)	-- (-1)	-- (-1)	-- (-1)
-- (-1)	-- (-1)	-- (-1)	-- (-1)

이상의 결과를 모두 정리하자.

5, (5)   3, (3)   1, (1)   -1,(-1)   -3, (-3)   -5, (-5)

수열 중 ( ) 속의 숫자는 음 균형값이다. 음양의 균형값을 합치면 다음과 같다. 즉,

10 , 6, 2, -2, -6, -10

이 수열은 무엇인가? 앞에서 살펴본 해결값과 일치하지 않는가! 가까이에서 비교하자. 즉,

(해결값)

━━ -3
━━ -3
━━ -1

━━ -1
━━ -3 → -9 → 1-(-9)=10
━━ 5   1

(균형값)

━━ (1)
━━ (1)
━━ (1)

━━ (1)
━━ (3) → 5, (5) → 5+(5)=10
━━ 5

　최종값이 일치하는바, 이는 놀라운 결과이다. 서로 다른 체계의 원리에 의해 유도된 값이 서로 같다는 것은 무엇을 뜻하는가? 두 체계가 서로 보증되는 대목인 것이다. 해결값이 1, 2, 4의 원리가 아닌 1, 3, 5이어야 한다는 것이 다시 한 번 입증되고 있는 것이다. 또한 균형값이라는 것이 올바로 유도되었다는 것이 입증되고 있는 것이다. 주역 64괘 모두가 이러한 일치를 이루고 있다.

　다시 한 번 임의의 괘에 대해 살펴보자.

(해결값)

```
━━   -5
━━━   3
━━   -1

━━   -1
━━━   3    →   -3   →   7-(-3)=10
━━━   5          7
```

(균형값)

```
━━   (3)
━━━   -1
━━   (1)

━━   (1)
━━━   3    →   5, (5)   →   5+(5)=10
━━━   3
```

위는 최종값이 같다. 모든 괘상이 이와 같은데 의심나는 독자들은 모든 괘상을 일일이 따져 봐도 좋다. 이러한 결과는 또 다른 주역의 신비를 은근히 암시하고 있거니와, 여기서는 해결값과 균형값이 결과적으로 일치한다는 것만 유의하자. 값이 유도되는 체계가 다른데도 이런 결과를 맺는 이유는 후에 다룰 것이다.

또 다른 체계를 살펴보자.

```
━━ ━━  (6)
━━ ━━  (5)
━━ ━━  (4)

━━ ━━  (3)
━━ ━━  (2)
━━━━   6
```

위의 값은 위치 에너지를 표시한 것이다. 위치 에너지란 음양의 축적된 값으로서, 이는 음양의 기운에 괘상에 유입되는 단계를 나타낸다. 음이란 본시 아래에 있는 것이므로 맨 아래쪽이 1이다. 그리고 위로 올라갈수록 1씩 증가한다. 양은 위에 있는 존재이므로 맨 위가 1이고 이하 한 단계씩 내려오면서 값이 증가한다.

이어지는 괘상은 다음과 같은데, 이들 모두에 대해 위치 에너지 값을 써 보자. 즉,

```
-- (6)      -- (6)      -- (6)      -- (6)      ── 1
-- (5)      -- (5)      -- (5)      ── 2       -- (5)
-- (4)      -- (4)      ── 3       -- (4)      -- (4)
-- (3)      ── 4       -- (3)      -- (3)      -- (3)
── 5       -- (2)      -- (2)      -- (2)      -- (2)
-- (1)      -- (1)      -- (1)      -- (1)      -- (1)
```

위의 괘상은 (1, 5)에 속하는 것으로서, 시간의 흐름 방향으로 전개시킨 것이다. 이제 이들의 값을 적어보자. 즉,

26   24   22   20   18   16

위에 적은 값은 음양의 위치 에너지 값을 합한 것으로, 2씩 감소하는 수열이다.

이상으로 서로 다른 3가지 체계의 측량값을 점검해 보았다. 이제 이들 모두를 함께 써 보자. 즉,

괘상	☷	☷	☷	☷	☷	☷
균형값	10	6	2	-2	-6	-10
해결값	10	6	2	-2	-6	-10
위치값	26	24	22	20	18	16

도표를 보면 3가지 체계가 모두 우측으로 갈수록 감소하는 수열임을 알 수 있다. 이들 모두 중앙점을 기준으로 하여 다시 정리할 수 있다. 먼저 해결값과 균형값을 살펴보자.

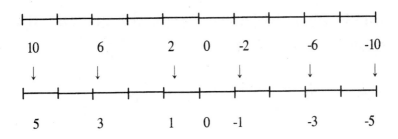

이상은 1/2 척도로 대비시킨 것이다. 비율이 일정함에 유의하라. 축소 렌즈로 바라본 것과 같은 뜻이 있다. 지도라는 것도 이런 방식으로 그린 것이다. 여기서 중요한 것은 비율이다. 경제 문제에 있어서는 환율과 같은 내용인데, 환율이 2 : 1인 두 가지 화폐를 절대가치로 비교한 것이다. 이러한 것을 수학에서는 1 : 1 대응이라고 하는데, 서로 다른 단위를 비교하는 데 쓰이는 아주 중요한 개념이다. 어렵게 생각할 것은 없다. 다음을 보자.

```
      600    1200   1800   2400   3000
  ┣━━━━┿━━━━┿━━━━┿━━━━┿━━━━━━━━┫
      1      2      3      4      5
```

위의 도표는 쇠고기 1근 ~ 5근을 그램(g)으로 비교한 것이다. 도표에서 알수 있듯이 600 → 1, 1200 → 2 등으로 변화시키는 것은 체계에 지장을 주지 않는다. 우리는 해결값(균형값)에 대하여 10 → 5, 6 → .3, 2 → 1 등으로 변화시킨 것이다. 이는 초등학교 수학에 나오는 내용인데, 길게 설명한 이유는 이 책을 읽을지 모르는 나이 드신 어른을 위해 그렇게 한 것이다. 현대 교육을 받은 사람

들에게는 너무나 당연하고 쉬운 내용이다. 위와 같은 방식을 위치 에너지에도 적용해 보자. 즉,

26	24	22	20	18	16
↓	↓	↓	↓	↓	↓
5	3	1	-1	-3	-5

위의 변화는 이상하다. 어째서 그와 같은 결과가 나오는가? 별게 아니다. 다음을 보자.

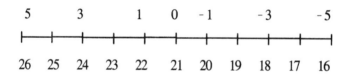

이 그림은 지점 21에서 좌우로 바라본 것인데, 해당되는 숫자, 즉 26, 24, 22, 20, 18, 16 등은 5, 3, 1, -1, -3, -5 등으로 변환된다. 변환이란 말이 싫으면 21 지점에서 그저 바라본 거리라고 하면 된다. 모든 것을 정리해 보자.

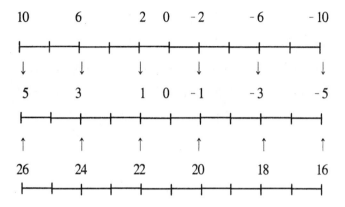

이상의 도표는 해결값·균형값·위치 에너지 값 등이 모두 1, 3, 5 체계로 대비될 수 있다는 것을 보여준다. 이것은 절대 규격이다. 1, 3, 5가 아닌 1, 2, 3이라든가 2, 4, 6 또는 1, 2, 4 등 어떠한 수치로도 규격화할 수 없다는 뜻이다.

주역이란 원래 모든 사물을 기준 범주와 대비시켜 해석한다는 뜻이 있는바, 여기서는 기준 범주의 규격을 논의한 것이다. 결론은 중앙 기준점을 0으로 했을 때 1, 3, 5 등으로 정리될 수 있다는 것이다.

우리는 주역 64개 괘상 중 유독 6개만을 살펴보았는데, 모든 괘상으로 확대해도 같은 결론에 도달한다. 예를 들어 (3, 3)의 경우 ䷒는 30이고 ䷓는 12인데, 이들은 30 → 19, 12 → -19 등으로 나타낼 수 있는 것이다.

이와 같은 규격을 우주 규격이라고 정의했는데, 주역의 절대 규격이라는 뜻일 뿐이다. 사물이란 훌륭한 규격을 사용하여 척도할 때

더욱 분명한 의미가 드러나는 법이다. 그리고 올바르게 규격화된 체계는 반드시 기준 규격으로 통일시킬 수 있다.

우리는 이 장에서 주역 64괘의 절대 규격을 설정해 놓았는데, 그 것은 필연적일 뿐이지 인위적이지 않다. 만일 우리가 다른 규격을 사용한다면 주역의 여러 체계에서 등장하는 잡다한 단위를 통일시 킬 수 없을 것이다.

앞서 우리는 전상도(全像圖)라는 그림에서 이미 절대규격을 나타 냈는데, 이 장에서 다시 한 번 그 의미를 새겨 보았다.

주역 공부는 이렇게 하는 것이다. 사물이란 함께 모아서 비교해야 본 뜻이 드러나는 법이다. 예를 들어 서양에서는 100킬로 · 100마일 등을 사용하는데, 동양에서는 100리 · 10장 등을 사용한다. 동서양의 단위가 비교되지 않는다면 거리 단위의 뜻이 분명해질 수 있겠는 가!

우리는 방금 주역의 단위를 통일시켰는데, 그것은 필연적이었던 것이다. 이로써 우리는 주역의 번거로운 수치들을 단순한 관점에서 바라볼 수 있게 되었다. 따라서 주역의 괘상도 더욱 분명하게 드러 나게 될 것이다.

玉虛眞經 (11)

曼曼緜緜 其聚必散 嘿嘿昧昧 其光必遠

무성한 숲이지만 모인 것은 흩어지고, 말없이 멍청한 것
같지만 그 빛은 오래 가나니.

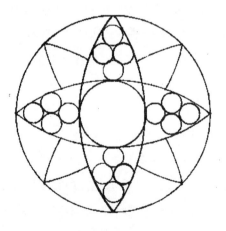

천지(天池)

이 장의 제목을 보고 백두산 천지를 떠올리는 사람도 있을 것이다. 단지 여기서는 신령한 연못이라는 뜻으로 사용했다. 연못이란 물의 공급원인바, 하늘에 물을 공급한다면 얼마나 신령한 것인가!

물이란 만물에 생기를 주는 존재로서, 이는 지혜의 속성이기도 하다. 지혜는 만물의 뜻을 소통시키는 행위이기 때문에 물을 닮았다고 하는 것이다.

그러므로 바꿔 말한다면 천지란 하늘에 지혜를 공급하는 연못을 뜻한다. 여기서는 일부러 천지라는 단어를 사용했는데, 높고 높은 연못이 우리의 정신을 모두 적셔주는 뜻으로 생각해도 좋고, 하늘에 지혜를 공급해 주는 뜻으로 생각해도 좋다. 물론 같은 뜻이다.

그리고 그것은 바로 주역일 뿐이다. 주역은 성인의 지혜, 그 원천이려니와, 우주 자연은 주역의 섭리에 따라 만들어지고 유지되며,

또한 소멸하는 것이다. 옛날에는 주역을 알면 귀신도 부릴 수 있다고 하여 이 학문을 아주 경외스러운 것으로 생각해 왔다. 그런 생각은 당연하다. 왜냐 하면 천지의 운행, 성인의 지혜가 모두 주역의 섭리로 이루어지기 때문이다.

하지만 모를 것이 있다. 주역이 그토록 위대하고 신비하다는 것을 시정의 사람들이 어떻게 알았을까? 그들 중에는 주역을 공부한 사람도 있겠지만, 신기한 것은 주역을 전혀 모르는 사람까지도 그토록 주역을 칭송하는 것이다.

실로 인류는 수천 년 동안이나 주역을 칭송해 왔다. 누가 주역을 제대로 알고 한 얘기였든 아니었든 간에 주역에 대한 경외심은 일반적인 현상인 것 같다. 다행한 일이 아닐 수 없다. 만일 주역이 너무 어려운 나머지 차츰 공부하는 사람이 줄어들고, 마침내 성현만이 관심을 갖는 학문으로 전락(?)했다면 오늘날 주역은 사라졌을 것이다. 그런데 동서양을 막론하고 주역은 여전히 제 위치를 차지하고 있는 것이다.

이는 천지 신명의 보살핌일까? 아니면 주역 자체의 위대한 신통력일까? 저 옛날 모든 책을 불살라 버렸던 진시황마저도 주역만은 손대지 않았다. 그래서 오늘날 인류에게 주역이 전해졌거니와, 요즘 우리 나라에서도 주역에 대한 관심이 높아지고 있는 실정이다. 우리 나라는 다행스럽게도 주역의 상징인 태극과 팔괘를 국기로 삼고 있는데, 이에 그치지 않고 아예 주역을 국학으로 삼는다면 더욱 자랑스런 일이 될 것이다. 아무튼 우리는 주역을 열심히 공부해야 할 것이다.

이 장에서는 신비한 영역을 하나 다루어 보겠다. 물론 신비라는 것은 그것이 밝혀지기 전까지를 의미한다. 사물이란 알고 나면 가치가 있느냐 없느냐일 뿐 신비는 사라지는 것이 보통이다. 우리는 앞으로 주역의 모든 신비를 어차피 파헤칠 것이지만, 그런 일은 누구에게도 미안해할 것이 아니다. 대자연의 섭리는 드러나기 위해 숨어서 기다리고 있는 것이다.

주역의 괘상을 보자.

$$\equiv \quad \equiv \quad \equiv \quad \equiv \quad \equiv \quad \equiv \quad \equiv \quad \equiv$$

위의 괘상은 단군 팔괘도의 순서로 나열되어 있다. 그러나 여기서 중요한 것은 단군도의 섭리가 아니다. 위의 괘상을 다시 보자. 그들은 모두 3층 구조로 되어 있다. 즉, $\begin{pmatrix} c \\ b \\ a \end{pmatrix}$로 표현될 수 있는 것이다. 이와 같은 구조는 오늘날 수학에서 중요하게 다루고 있는 행렬이려니와, 내재하고 있는 뜻은 사물의 3차원 배치이다. 주역의 괘상은 3층 구조이기 때문에 바로 3차원 구조가 될 수밖에 없다. 유식하게 말하면 천지인 3재이지만 쉽게 말하면 가로·세로·높이이다. 수학에서는 $a + bi + cj$ 등으로 표현하고 있다.

우리가 사는 우주 공간은 바로 3차원 공간인데, 이것을 떼어놓고 보면 주사위 모양이 된다. 이제부터 다룰 내용이 주사위이다. 주사위는 주역을 공부한 사람은 누구나 한 번씩 생각해 봤음 직한 존재이다. 그것은 주사위에 8개의 뿔이 있어 마침 주역의 8괘와 일치하기 때문이다. 8괘의 성질을 시각적으로 배치하면 꼼짝없이 주사위 뿔에 맞아 떨어진다. 이는 신기할 것도 없이 자연의 섭리이다. 왜냐하면 주사위의 뿔은 3차원 요소에 의해 만들어지기 때문이다.

　필자는 주역을 공부한 지 며칠 만에 주사위에 착안했다. 8괘를 주사위 뿔에 배치했던 것이다. 더 정확히 말하면 정육면체였다. 그 당시에는 정육면체의 육면에 숫자가 표시되어 있다는 것에 유의하지 않았다. 그러나 꼭지점을 주사위 숫자로 표현하는 것이 편리하다는 것을 즉시 눈치챘다. 그것을 잠시 보자.

　(1,2,3)　(1,2,4)　(2,3,6)　(3,5,6)　(4,5,6)　(2,4,6)　(1,3,5)　(1,4,5)

　이상은 행렬식의 표현인데, 숫자를 x y z 좌표 6개 요소에 적절히 배당시키면 바로 3차원 공간의 8꼭지가 된다. 8괘란 위상 공간에서 이렇게 표현되는 것이다. 당연한 얘기이지만 8괘를 3차원 공간의 8꼭지에 배치한 것은 일부러 그렇게 한 것이 아니다. 이는 필연적인 섭리일 뿐이다. 다음을 보자.

　(-, -, -)　(-, -, +)　(-, +, -)　(+, +, -)　(+, -, -)　(+, -, +)　(-, +, +)　(+, +, +)

　이상은 +와 -로 3차원 공간 8개 꼭지를 표현했다. 이는 주사위 숫자로 표현한 것과 완전히 일치하는데, 주역 8괘의 구성과 정확히 맞아 떨어진다. 예를 들어 (-, -, -)는 ☷이고 (+, +, +)은 ☰

이다. 이제 우리가 할 일은 주사위 숫자와 괘상을 하나하나 맞추는 것과 그것의 숨은 뜻을 살피는 것이다. 여기에는 심상치 않은 신비가 등장하는데, 괘상의 구성과 절대적 관계 내용이다. 먼저 주사위 숫자로 8개 꼭지를 표시하고 정렬을 시켜보자. 즉,

(1,2,3) → 6
(1,2,4) → 7
(1,3,5) → 9
(1,4,5) → 10
(2,3,6) → 11
(2,4,6) → 12
(3,5,6) → 14
(4,5,6) → 15

이상은 주사위 꼭지를 이루고 있는 숫자 3개씩을 합산하여 정렬시킨 것인바, 이들 숫자는 그대로 팔괘의 숫자인 것이다.

그런데 위의 수열 중에 눈에 띄는 것이 있다. 수열은 6으로 시작하여 15에서 끝나는데, 중간에 8과 13이 빠져 있다. 어째서일까?

별일 아니라고? 절대 그렇지 않다. 수열은 1씩 증가하고 있는데, 하필 두 숫자가 빠진 것이다. 여기에는 반드시 이유가 있어야 한다. 일정한 수열에 예외가 나타나면 의미는 규명되어야 하는 것이다. 더구나 주역과 연관된 현상은 결코 그냥 지나칠 수가 없다.

필자는 초학 시절 이 문제를 규명하기 위해 3년 간이나 필사적으

로 연구에 매달린 적이 있다. 이 당시는 자나깨나 이 문제에 매달렸고, 이로 인해 주역의 수많은 문제가 한동안 도외시되어야만 했었다.

주사위의 8개 꼭지점은 단순히 3차원 꼭지점일 뿐이다. 이를 +나 -로 표현하면 어떠한 문제점도 발생하지 않는다. 그런데 주사위 숫자로 표현하면 문제가 출현하는 것이다.

주사위 숫자는 뻔한 숫자이다. 이는 3차원 좌표, 즉 x, y, z의 + - 위상값인 것이다. 쉽게 말해서 가로 양끝 두 개, 세로 양끝, 높이 양끝을 숫자로 표현한 것뿐이다.

그런데 문제는 하필 8과 13이 빠지냐는 것이다. 주사위 숫자는 1~6까지 빠짐없이 이어져 있다. 이것을 꼭지가 이루어지도록 세 개씩 합치면 6 ~ 15가 만들어지는데, 이어지는 과정을 보면,

6 - 7 - (8) - 9 - 10 - 11 - 12 - (13) - 14 - 15

로 되어 있다. 이것의 뜻을 알고 싶은 것이다. 이 뜻이 중요한 이유는 꼭지점에 배당되는 숫자가 바로 주역의 팔괘라면 어째서 8과 13이 제외되느냐이다. 8과 13은 도대체 무슨 성질이 있는가? 또한 두 숫자로 인해 괘열은 끊어져야만 하는가? 각 숫자들은 어떤 괘상과 부합되는가? 등이 문제인 것이다.

필자는 이 문제를 오래 전에 접했었는데, 훌륭한 주역 학자인 장전(長田) 선생도 함께 관여했었다. 당시 필자와 장전 선생은 연구가 충분치 못한 시점이어서 서로 논쟁도 많이 했지만, 세월이 지나 결

국 올바른 결론에 들어서게 되었다. 그 과정은 지금에 와서 일일이 기억이 나지 않는다. 하지만 귀결만은 자명한 진리에 도달했기 때문에 이제 그것을 밝힐 수 있게 되었다.

필자가 8과 13에 대해 생각하는 과정에서 제일감으로 떠올린 것은 8＋13＝21이었는데, 이는 두말 할 필요도 없이 주사위 숫자를 다 더한 값이다. 그리고 8은 6＋7＋9＋10의 평균값이고, 13은 11＋12＋14＋15＝52의 평균값이다.

이어 8과 13은 주사위에 있어서 6면이나 8꼭지점이 아닌 3차원 공간체의 내부 중앙인 것도 알았다. 8과 13은 단순히 생각해 봐도 꼭지점 숫자를 절반으로 나누어 놓은 중앙에 배치된다. 뭔가 생각이 떠오를 것만 같은 숫자였다.

하지만 간단하게 보이던 문제가 쉽사리 풀리지 않는 것이었다. 당시 필자는 잠깐 생각하면 알 만한 문제라고 생각했는데, 밤을 세워도 풀 수 없었다. 그뿐이 아니었다. 일주일 내내 생각해도 풀리지 않고 한 달을 생각해도 마찬가지였다.

결국 3년간이나 필사적으로 생각한 연후에는 문제를 집어던졌다. 포기한 것이 아니라 다른 각도로 접근하려고 잠시 쉬고자 했던 것이다. 그런데 그렇게 마음먹은 지 한 달이 지난 어느 날, 다른 문제를 풀다가 우연히 그 문제의 답을 얻게 되었다.

그야말로 우연이었다. 지나고 나서 생각한 일이지만, 우연이 아니었다면 결코 그 문제를 풀 수 없을 뻔했다. 답은 엉뚱한 곳에서 출현했지만 주역을 공부하다 보면 이런 일은 아주 빈번한 법이다. 그것은, 진리란 원래 모든 사물에 작용하기 때문이다. 따라서 이 곳의

문제가 저 곳의 문제이고, 그 답 또한 어디서 발견해도 좋은 것이
다. 다음을 보자.

괘상	값
☰	7
☱	5
☲	3
☳	1
☴	-1
☵	-3
☶	-5
☷	-7

위의 괘상은 단군 팔괘도를 정렬한 것인데, 함께 표시한 값은 공
차가 2인 등차 수열이다. 이 수열은 빈 곳이 없이 일정하게 진행되
기 때문에 문제의 주사위 수열을 배치할 수 없다. 그렇다면 달리
방법이 없을까?

앞에서 공부한 것을 상기해 보자. 우리는 주역의 원소가 음양으로
이루어졌기 때문에 괘상을 2진법으로 정리했다. 그러나 천지의 규
격은 단순한 2진법이 아니었다. 해결값이든, 엔트로피이든, 균형값
이든, 바둑판의 섭리이든, 그것들은 모두 2진법이 아닌 1, 3, 5의 방
식이었던 것이다. 이 방법으로 단군 팔괘도를 다시 정리해 보자. 즉,

↓ ☰ 9

↑ ☲   7

     (5)

↑ ☳   3

↓ ☱   1

↑ ☵ -1

↓ ☶ -3

    (-5)

↓ ☴ -7

↓ ☷ -9

위의 그림에서 숫자들은 1, 3, 5의 방식으로 만들어진 것이다. 화살표는 진행 방향을 나타내고 있는데, 양괘는 하향이고 음괘는 상향이다. 여기서 어떤 괘가 음괘이고 양괘인가는 깊게 다룬 바 있으므로 판정 방법은 생략하겠다. 중요한 것은 최종적으로 얻어진 숫자의 분포 모양이다. 이 숫자들을 주사위 수열과 비교해 보자. 즉,

괘상	주사위
9	15
7	14
(5)	(13)
3	12
1	11
-1	10

```
- 3          9
(- 5)        (8)
- 7          7
- 9          6
```

모양이 어떤가? 양쪽 수열은 정확히 1 : 1로 대응하고 있다. 이로써 문제는 풀린 것이다. 만일 우리가 4, 5, 6을 양으로 놓는다면 위의 두 수열의 대응 이유를 알 수 있을 것이다. 다음을 보자.

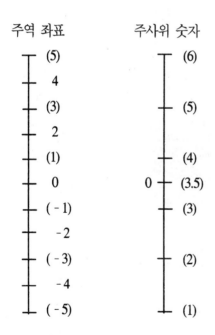

두 좌표는 1 : 1로 대응시킬 수 있다. 좌측의 주사위 숫자는 중앙

점이 3.5의 값을 갖고 있다. 3.5에서 출발하면 4, 5, 6은 $(0.5 \times 1) +$ 3.5, $(0.5 \times 3) + 3.5$, $(0.5 \times 5) + 3.5$가 되고 1, 2, 3은 $(0.5 \times -1) + 3.5$, $(0.5 \times -3) + 3.5$, $(0.5 \times -5) + 3.5$가 된다. 이와 같은 논리는 단위 문제이므로 쉽게 알 수 있다.

결국 주사위의 1, 2, 3, 4, 5, 6이라는 숫자는 주역 좌표의 -5, -3, -1, 1, 3, 5인 것이다. 이로써 따져 보자.

▬▬ 1	▬▬ (4)
▬▬ 3 →	▬▬ (5) → 15
▬▬ 5	▬▬ (6)

▬▬ 5	▬▬ (6)
▬▬ 3 →	▬▬ (5) → 14
▬ ▬ -1	▬ ▬ (3)

▬▬ 5	▬▬ (4)
▬ ▬ -3 →	▬ ▬ (5) → 12
▬▬ 1	▬▬ (6)

▬ ▬ -5	▬ ▬ (3)
▬ ▬ -3 →	▬ ▬ (2) → 11
▬▬ 1	▬▬ (6)

▬ ▬ -5	▬ ▬ (1)
▬▬ 3 →	▬▬ (5) → 10
▬▬ 1	▬▬ (4)

▬ ▬ -1	▬ ▬ (3)
▬▬ 3 →	▬▬ (5) → 9
▬ ▬ -5	▬ ▬ (1)

이상은 1, 3, 5 법에 의한 단군괘를 주사위 숫자로 변환시킨 것이다. 이제 8과 13이 빠져야 하는 이유를 충분히 납득했을 것이다. 1, 3, 5법에 의한 괘상에서는 5와 -5가 빠져 있다. 이들 숫자는 8, 13과 대응하고 있는 것이다.

여기서 만들어진 주사위 숫자는 괘상을 이해하는 또 다른 강력한 수단이 된다. 필자는 당초 주사위 꼭지점 숫자와 1, 3, 5법에 의한 괘상의 숫자가 1 : 1로 대응한다는 것을 알았지만, 이에 대한 용도가 많다는 것은 망외의 소득이었다.

물론 주사위의 섭리가 주역의 1, 3, 5 괘상법을 또 한 번 보증한다는 것은 더 말할 나위가 없다. 1, 3, 5 법은 그야말로 천지의 규격인 것이다. 1, 2, 4 법으로는 절대로 주사위의 섭리가 풀리지 않는다. 진리는 여기저기서 힘을 발휘하고 있다.

괘상을 주사위 숫자로 정리한 것에 대해 그 응용에 관해서는 생략하겠다. 이 책은 주역에 대해 연구하는 방법을 가급적 다양하게 알려 주려고 집필한 것이다. 세세한 내용이 생략된 것은 아쉬운 일이나, 그것은 차라리 독자들의 연구 내용으로 남겨 놓고 싶다.

玉虛眞經 (12)

微哉 聖人之德 誘乎獨見

미묘하도다, 성인의 덕이여! 그윽하여 홀도 바라보느니!

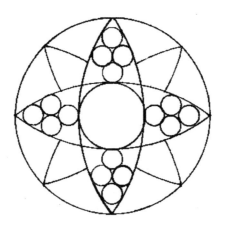

고도의 인식

사물을 이해하는 데는 우선 생각할 수 있는 것이 언어 논리이다. 예를 들어 훌륭한 변호사가 되기 위해서는 법률 적용 등 언어 논리에 능통해야 한다. 언어 논리의 위력은 실로 대단하다. 성인의 가르침이 언어로 전달되고, 그 외에 수많은 인류의 업적이나 이론이 언어를 통해서 전달되는 것이다.

인간은 선각자의 글을 통해 먼저 간 사람들의 길을 걸어갈 수 있다. 예컨대 성현의 글을 읽으면 성현의 마음을 깨달을 수 있으며, 《손자 병법》을 읽는다면 병법에 능통할 수도 있다. 인간은 책을 통해 시간을 건너뛴 수많은 지식을 접할 수 있는 것이다.

이는 일찍이 언어가 발견되었기 때문에 가능했는데, 그 전에는 구전에 의할 수밖에 없었기 때문에 한 사람의 지식이 후대로 전해지는 것은 극히 미미할 수밖에 없었다. 후대로 전해지기는커녕 자기 자신의 지식마저 오랫동안 유지하는 게 불가능했다. 어디 그뿐이랴! 언어가 없으면 아예 지식이라는 것이 얻어질 때부터 애를 먹는다. 왜냐 하면 사물이란 언어로 정의되기 때문이다.

인간은 언어를 발명하고 사용함으로써 대뇌의 급격한 발전을 가져왔거니와, 인류는 한동안 언어에 의지해서 문명을 향상시켰다. 후에 숫자라는 것이 발명되었는데, 이로써 인류의 문명을 한층 더 발전시킬 수 있었던바, 이는 발전의 상전이를 일으킨 결과가 된 것이다. 인류 문명 발전 중의 상전이라는 것은 비로소 인류가 자연의 비밀을 과학적으로 접할 수 있게 되었다는 뜻이다.

만일 숫자라는 것이 발명되지 않았다면 어떤 일이 일어날까? 불편은 그지없을 것이다. 문명이 일어나는 것은 어림없는 일이다. 오늘날 아프리카 밀림 속에는 아직도 숫자를 모르는 인종이 살고 있다고 하는데, 그들은 20(손가락 + 발가락) 이상의 숫자는 셀 수 없다고 한다. 그들은 사물의 크기를 비교하기 위해 무척 애를 먹는데, 수십이나 수백에 이르게 되면 아예 계산을 포기할 수밖에 없다.

이래서는 인간다운 생활이 이루어질까? 이들에게는 문자마저도 물론 없다. 따라서 기록해 놓는 일이 불가능하므로 창고에 가득 쌓인 물품도 얼마나 되는지 모르는 것이다. 이들은 자식의 숫자가 불어나면 그 숫자조차 알 길이 없다. 따라서 큰 잔치가 있을 때 얼마만큼 음식을 장만할지 가늠할 수가 없는 것이다.

인간에게 언어가 생긴 것은 동물과 인류를 구분시켜 주는 또 하나의 계기가 되었지만, 숫자의 발명은 인류 지성의 또 하나의 비약이었던 것이다. 숫자를 모를 때의 생활은 너무나 불편하고, 어리석고 비참하기 때문에, 일일이 거론할 수조차 없다. 인간은 실로 숫자를 통해서만 문명을 이룩할 수 있었다.

일찍이 인류는 숫자를 기초로 한 학문인 수학이라는 것을 일으켜 놓았다. 이로써 도형을 포함한 자연의 수학적인 구조를 이해하기 시작했던 것이다. 자연의 구조가 수학적으로 되어 있다는 것은 더 말할 나위가 없다. 신은 수학자였다라는 말도 있거니와, 자연의 내면은 탐구할수록 수학적 구조가 발견되는 것이다.

수학을 싫어하는 일반인은 수학이 인간의 실생활에 무슨 필요가 있을까 하고 의심을 품는다. 이는 어처구니없는 일이다. 만일 인류가 수학을 사용하지 않는다면 TV나 냉장고·자동차·전화 등을 만들 수도 없었고, 2층 이상의 건물도 지을 수 없을 것이다. 비행기나 인공 위성 등은 말할 것도 없고, 상거래를 할 수도 없으며, 은행이란 것도 있을 수 없다.

숫자, 내지 수학이라는 것은 단지 생활에 필요한 요소가 아니다. 그것은 고등 생물의 인식 방법 그 자체인 것이다. 인간에게 언어만 있고 숫자가 없는 상황은 생각할 수조차 없다. 인간이 숫자를 사용하는 것이 금지되어 있다면, 사물에 대한 이해가 지극히 한정될 것이고, 이로써 짐승과 인간의 차이는 미미한 수준이었을 것이다.

이 경우 인간이 자연의 비밀을 접할 기회를 갖는다는 것은 꿈도 꿀 수 없다. 만유 인력이나 운동 법칙도 몰랐을 것이고, 오늘날의 문명은 영원히 닿지 않는 곳에 있었을 것이다. 만일 초문명의 우주인이 있다면 그들은 지구인에 비해 수학이 더 발달되어 있을 것이 틀림없다. 수학은 자연에 대한 절대적이고 유일한 인식 수단이다.

주역은 그 자체로서 이미 고도의 수학이지만, 이것을 이해하기 위해서는 이보다 낮은 수준의 수학을 이용할 수밖에 없다. 우리는 이미 그러한 방법을 통해 주역을 공부해 왔다. 사람에 따라 언어가 아닌 숫자를 사용하기 때문에 애를 먹을 수도 있겠지만, 어떤 사람은 좀더 본격적으로 수리 논리가 사용되기를 바랄 것이다. 그래야만 주역의 탐구가 효과적으로 이루어질 수 있기 때문이다.

필자는 처음 주역을 접했을 때 언어 논리나 성현의 섭리 등을 탐구했었다. 그러나 종래에는 주역의 구조가 수학적 구조를 갖고 있다는 것을 발견하기에 이르렀다. 그로부터 주역에 대한 깨달음이 급격히 향상되었음은 물론이다.

필자가 수학에 아주 능통했던 것은 아니다. 오히려 주역을 이해하기 위해 필요한 수학적 지식을 습득했던 것이다. 다만 자연과학에 관한 한 필자의 지식은 전문가 수준 또는 그 이상이다. 필자가 잘났다는 것은 아니다. 지금은 주역을 이해하는 방법을 얘기하고 있을 뿐이다. 그리고 그 방법은 수학이나 과학이 아니어서는 안 된다는 것을 강조하는 중이다.

필자는 초등학교 시절 처음으로 수학을 접했다. 당시 구구단이나 삼각형·사각형 등 도형의 이름을 알았는데, 그 외에 제법 고도의 개념도 접했던 것 같다. 그것은 수학에서 말하는 그래프였다. 초등학교 당시 그래프는 그림표라고 했는데, 그 때는 그것이 뭔지는 자세히 몰랐지만, 오늘날에 와서는 아주 중요한 개념을 배웠다는 생각이 든다.

다음을 보자.

A	B	C	D	E

위 그림은 초등학교에서 가르치는 띠 그림표라는 것인데, 사물의 분포를 비교하는 데 유용하다. 언어나 숫자보다 한 단계 발전된 방법이다. 또 보자.

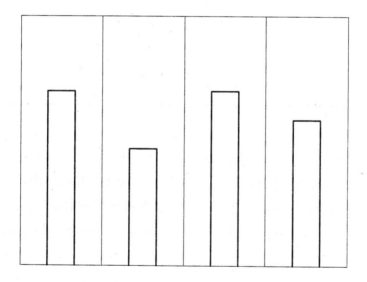

이 그림은 막대 그림표라는 것인데, 이는 크기를 비교하는 데 유용하다. 필자는 40년 전 당시 이 그림을 보고 사람의 키를 비교하는 그림이구나 하고 생각했던 것이다.

그림표가 인간의 실제 크기로 그려진 것은 아니다. 비교치를 상대적으로 그렸을 뿐이다. 하지만 키를 비교하는 데 이처럼 편리한 방법은 없을 것이다.

다시 보자.

이 그림은 꺾은금 그림표라고 배웠는데, 사물의 크기 변화를 추적하는 데 아주 유용하다. 주식값의 변화도 이렇게 표현하고 있다. 이러한 표현들은 사물의 성질을 극명하게 밝혀주는 강력한 수단이다. 만일 이러한 방법을 사용하지 않고 언어로만 얘기한다면 길기만 하고 분명하지도 않은 것이다. 어려운 사물에 대해 논의하려 한다면 언어의 길이가 점점 늘어나 경부 고속 도로만큼 길어질 수도 있다. 그리고도 분명할 수조차 없는 것이다. 주역의 괘상을 이해하는 데도 바로 이런 상황이라고 할 수 있다.

다음을 보자.

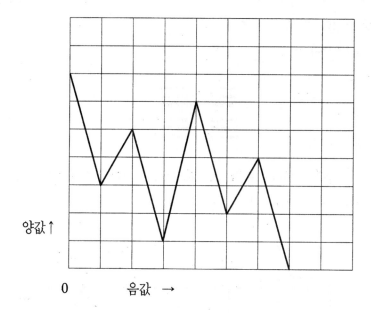

위의 그림표는 음값이 가지런히 증가하는 데 따른 양값의 요동을 보여주고 있다. 두 가지 성질(음양)이 섞여 있는 괘상에 있어 한 가지 쪽만 바라보면 다른 한쪽이 혼돈의 양상을 띤다는 것을 나타내는 그림표이다. 괘상은 ☰ ☱ ☲ ☳ ☴ ☵ ☶ ☷인데, 이 그림에 나타난 성질을 언어로 전달하고자 한다면 유능한 시인이나 소설가라도 애먹을 것이고, 변호사의 달변으로도 청중을 납득시킬 수 없을 것이다. 수학의 힘은 이러하다.

이제 각설하고 주역 공부를 시작하자. 좋은 인식 방법을 사용하면 사물에 대한 이해를 분명하게, 또한 경제적으로 할 수 있다. 이제부터 공부할 내용은 그 동안 누차 다루었던 것을 인식 방법을 달리하여 살펴보는 것이다. 이렇게 함으로써 사물에 대한 이해가 고도

화될 것이다.

다음을 보자.

두 괘상은 군주괘에 속한 것으로, 서로 정반대인 괘상이다. 이것
을 그림으로 나타내 보자.

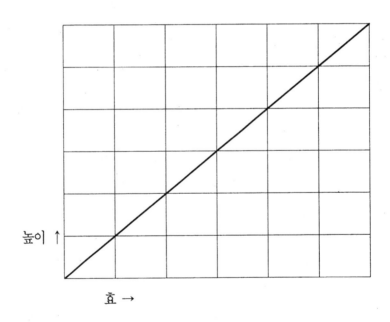

효 →

이 그림은 을 그린 것이다. 양은 상향성인바, 효의 진행에 따
라 점점 높아지고 있다.

다음을 보자.

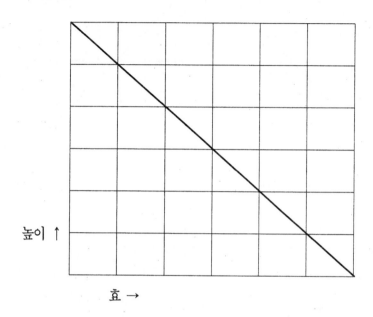

높이 ↑

효 →

이 그림은 ䷏인데, 효의 진행에 따라 점점 낮아지는 것을 알 수 있다. 하향식 선은 6단계에서 그칠 것이다. 효가 6개이기 때문이다. 여기서 하나 유념할 것은 효의 방향은 시간의 흐름이라는 것이다. 따라서 위의 좌표는 시간의 진행에 따라 기운이 증감하는 것을 나타낸다. 이제 두 그림을 이어서 그려보자. 즉,

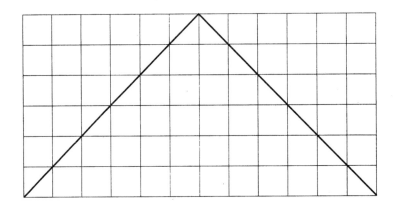

이 그림은 ☳ → ☷ 의 과정을 보여주고 있는데, 이 과정의 순서를 바꾸어 그릴 수도 있다.

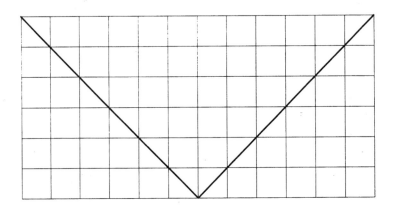

이 그림은 ☷ → ☳의 과정인데, 높낮이보다는 상향·하향에 주목해야 한다. 본시 괘상이란 절대 높이가 있는 것이 아니다. 사물은 상대적이므로 ☳인 사물은 무수히 많다. 그림에서 두 괘상을 이어 붙인 것은 비교하기 위함이다.

자연계의 사물은 이토록 높낮이가 주기적인 것이 있다. 예를 들어 계절에 따른 온도 변화가 이러한 모양이다. 또 어떤 과학자의 개인 이론에 의하면 여자란 남자가 출세할수록 만족도는 떨어진다고 하는데, 이 그림도 그것을 보여준다. ☰은 남자의 성공이고, ☷은 여자의 기분 상태이다.

어쨌건 더 진행해 보자. 이번에는 두 상태(상향·하향)의 순환을 상정하기 위해 그림의 처음과 끝을 이어 붙이자. 원통형이 될 것이다. 독자들은 실제로 만들어 놓고 강의에 임하자. 필자는 초학 시절 이러한 원통을 수백 개나 제작한 적이 있다.

사물이란 조금 안다고 해서 만족해서는 안 된다. 특히 주역은 사물의 핵심이기 때문에 모든 관점에서 철저히 규명해야 한다. 필자는 30년 동안이나 죽도록 주역에 매달렸는데, 아직도 팔괘를 공부하고 있다. 그뿐이 아니다. 팔괘 이전의 사상·음양 등은 영원한 화두인 것이다. 만들어진 원통을 보자.

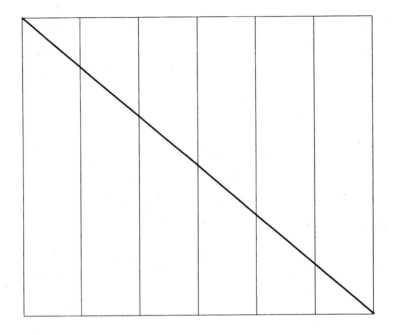

사람의 눈은 한 면밖에 볼 수 없기 때문에 원통은 그림처럼 보일 것이다. 원통 전체는 12단계이지만, 우리가 지금 보고 있는 것은 ☷의 6단계를 보고 있다. 원통을 180도 돌려보면 다음과 같이 될 것이다. 즉,

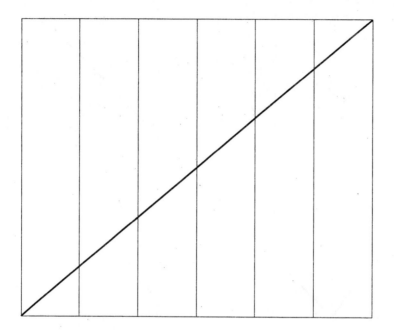

이 그림은 ☳의 6단계이다. 180도를 돌리면 다시 ☶이 되는데, 사물이란 180도 돌리면 정반대가 되는 것이다. 흔히 사용하는 '180도 반대'라는 말은 그저 정반대라는 말이다. 뻔한 내용이지만 결코 잊어서는 안 되는 개념이다. 이제 원통을 30도만 돌려보자. 12단계 중 한 단계만 돌리는 셈이 된다. 방향은 아무래도 좋으나 우측이 좌측으로 다가오는 방향을 선택하자.

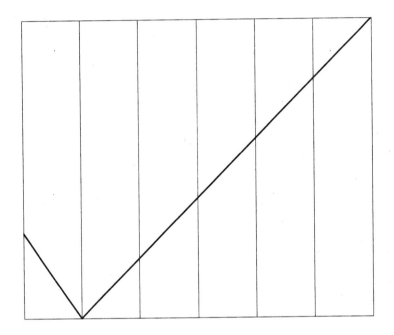

이 그림은 ☲을 30도 튼 것이다. 전면에 보이는 것은 여전히 6개의 면일 뿐이다. 그림을 자세히 살펴보자. 하향, 상향, 상향, 상향, 상향, 상향으로 전개되어 있는 것을 알 수 있다. 이것은 바로 ☲를 나타내는 것이다. 초효가 하향이고, 그 다음은 계속 상향하는 모습이다. 이어 원통을 계속 돌려 보자. 물론 30도씩이다. 즉,

(1)　　　　　　　　　　　　(2)

(3)　　　　　　　　　　　　(4)

(5)　　　　　　　　　　　　(6)

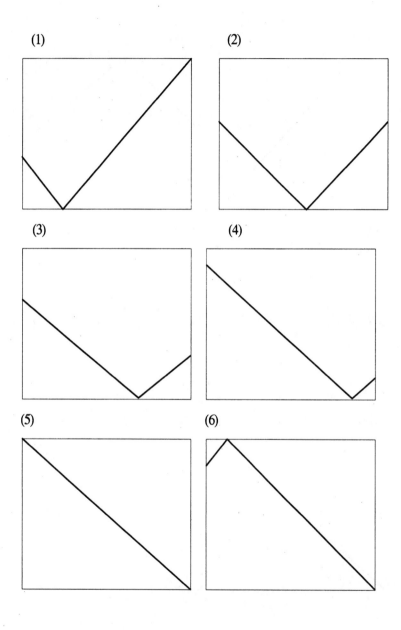

(7)　　　　　　　　　　　　　　　(8)

(9)　　　　　　　　　　　　　　　(10)

(11)　　　　　　　　　　　　　　　(12)

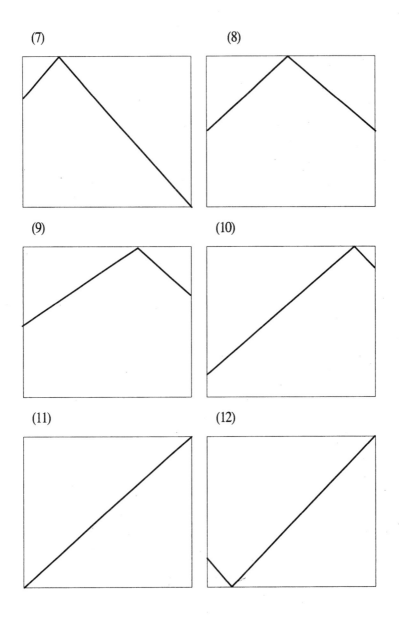

그림은 모두 12개인데, 더 이상 그릴 필요는 없다. 똑같은 그림이 나오기 때문이다. 이들 과정은 (1) → ☷으로 시작하여,

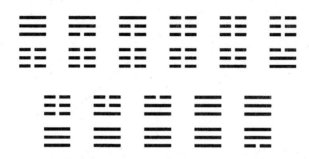

의 순서로 전개되어 있다. 이들은 어떠한 괘들인가? 뻔하다. 바로 군주괘 또는 E군이다. 이 그림에서 E군이 무엇이라는 것을 더욱 확실히 알았을 것이다. E군은 반드시 ☰과 ☷의 쌍으로 만들 필요는 없다. 다른 쌍도 가능하다. 예를 들어 ䷀과 ☰도 좋고 ☲과 ䷁도 좋다.

E군의 괘상이란 본시 떨어져 있는 것이 아니고 12단계로 되어 있는 순환체일 뿐이다. 우리가 이러한 순환체를 한 면만 봤을 때 괘상이 나타나는 것이다. 필자가 이 책을 시작하면서 줄곧 강조한 내용이다. 실로 주역을 완벽히 터득하려면 64괘가 아니라 6환군을 이해해야 하는 것이다.

원통을 다시 보자.

(1)   (2)

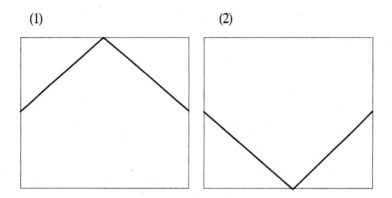

그림 (1)은 ☷ 이고, 그림 (2)는 ☳ 이다. 시간의 방향을 좌에서 우로 놓았기 때문이다. 이제 두 그림을 동시에 보자. 투명한 원통에 검은 선을 그어서 보면 된다. 독자들은 플라스틱으로 이러한 주역 원통을 만들어둘 필요가 있다. 공부하는데 여간 편리한 것이 아니다. 주역 64괘를 아주 쉽게 이해할 수 있을 것이다. 원통을 보자.

(1)   (2)

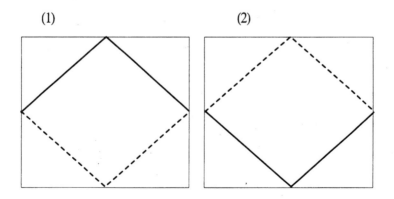

　원통은 (1) 또는 (2)처럼 보일 것이다. 직선으로 표시한 것은 원통의 저쪽 면이다. 원통에 보이는 도형은 어떤가? 앞에서 이미 다루었던 그림이다. 바로 E군의 평면도인 것이다. E군의 모습은 바로 이것이다. 물론 인간의 눈으로 보면 평면도이다. 실제의 모습은 원통 그 자체이다. 우리는 원통의 모습을 머릿속에 간직한 채 평면 모양을 기억해 두자.

　이제 E군의 실체를 더욱 철저히 인식해 두기 위해 원통을 다시 돌려 보자.

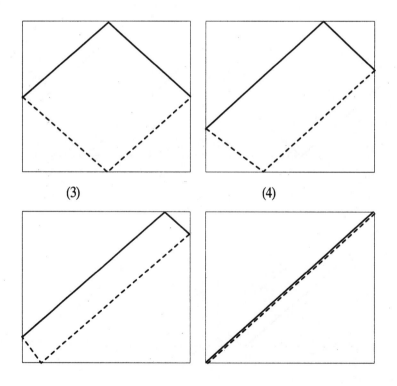

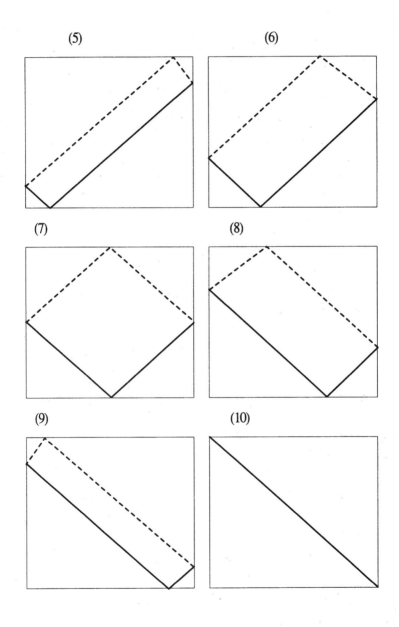

(5)

(6)

(7)

(8)

(9)

(10)

(11) (12)

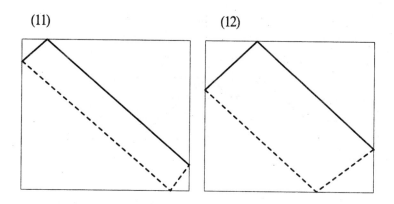

원통의 그림은 모두 망라되었다. 어느 것이든 사각형으로 되어 있다는 것을 알 수 있다. 바로 E군의 모습인 것이다. 우리는 E군 전체를 통째로 이해하는 방법을 터득해야 한다. 그렇게 되기 위해서는 인식 방법을 더욱 고도화해야 되는데, 천재는 원래부터 이렇게 되어 있다고 한다. 필자는 천재가 아니라서 이러한 그림을 머릿속에 집어넣기 위해 10년 이상 노력한 바 있었다. 이제 와서 얘기지만 필자에게는 주역 64개 괘상은 64개가 아니라 6개 원통인 것이다.

이제 우리는 E군을 철저히 조사했다. 다른 괘상으로 확대해 보자. 먼저 D군을 그리자. 요령은 괘상 짝을 선택해서 한 개만 그려 보면 된다. 선택할 괘상은 ☳와 ☶이다. 즉,

(1)   (2)

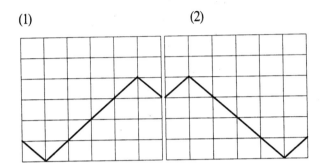

(1)은 ☳이고, (2)는 ☶이다. 다소 복잡해 보이지만 걱정할 것 없다. 차분히 원통을 회전시키면 전체 모양이 자연히 드러난다.

돌려 보자.

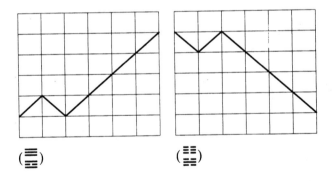

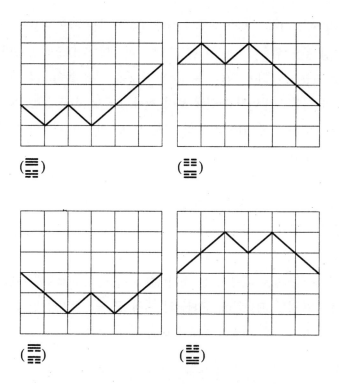

이쯤에서 그만 돌리자. 계속 돌리는 것은 독자들의 몫이다. 여기
서 우리는 두 그림을 합쳐 보자. 즉,

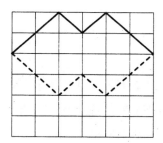

그림에서 점선은 투명 원통의 저쪽 편이다. 아래쪽을 앞으로 돌려 놓으면 물론 위쪽이 점선이 될 것이다. 이 그림은 D군의 모습인데, 입술 모양으로 되어 있다. 독자들은 원통을 계속 돌려가며 실제의 D군이 어떤 모양인지 확인해 봐야 한다. D군에 속한 모든 괘상들은 명실공히 D군 원통체의 한 부분이므로 이로써 괘상의 위상이 더욱 분명해진다.

D군의 모습을 살펴보았다. 이제부터는 결론만 챙기자. 지면을 아끼기 위함인데, 독자들은 실제로 원통을 만들어야 한다.

주역의 대가가 되기 위해서는 지독해져야 한다. 주역의 괘상이란 그리 쉽게 알아지는 게 아니다. 더구나 우리는 주역의 종착지인 효에 관해서는 별로 다루어 본 적이 없다. 이는 아직 괘상에 대한 기초가 부족하기 때문인데, 순환군의 입체 모습을 확연히 알게 되면 자연히 효에 대한 비밀의 문도 열리게 된다. 그림을 보자.

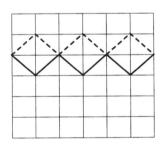

이 그림은 C군의 모습이다. 투명 원통을 돌려가며 변화를 살펴보면 재미있을 것이다. 원통이 없는 사람은 머릿속으로 차분하게 생각해도 좋다. 반드시 확인을 해야 한다. C군은 굴곡이 가장 심한 구조를 갖고 있기 때문에 C군만 알게 되면 다른 모든 쾌상들은 비교적 알기 쉽게 된다.

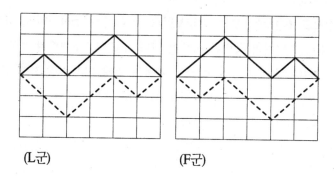

(L군)   (F군)

L군과 F군은 서로 대칭이다. 그림의 모양은 큰 산, 작은 산이 나란히 겹쳐진 모습인데, 원통을 돌려 가면서 더 아름다운 모양을 찾아봐도 좋다. 아름다움을 확인하는 일은 여흥이 아니다. 진리란 원래 아름답거니와, 우리는 항상 생각을 하면서 아름다움을 즐겨야 한다. 거기에는 반드시 또 다른 깨달음이 발생하기 때문이다. 이제 마지막 남은 H군을 살펴 보자.

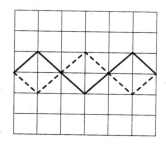

H군은 C군하고 모양이 같다. 하지만 합쳐졌을 때 모습이 그럴 뿐이다. 전면만 보면 연못과 산이 합쳐진 모습이다. C군은 산이 3개이지만 H군은 산이 두 개일 뿐이다.

이상으로 6환군을 모두 살펴보았다. 또다시 강조하거니와, 주역 64개 괘상은 64개의 독립된 사물이 아니라, 6개의 초순환의 부분 요소인 것이다. 그리고 순환체들은 3차원 원통에 그려 넣었지☲☲ 실은 4차원 초입체에 그려 넣어야 완벽하다. 하지만 인간의 능력으로는 그 모습을 상상하기는 쉽지 않다.

이 장의 제목을 '고도의 인식'이라고 한 것은 4차원 초입체를 이해시키기 위한 독려인데, 독자들은 애써 초입체를 상상해 봐야 한다. 그것은 시간의 시각화이다. 시간을 시각화하게 되면 사물의 모든 변화가 동시에 이해될 수 있다. 이것이야말로 시간을 초월한 지혜가 아니겠는가!

玉虛眞經 (13)

天下非一人之天下 乃天下之天下也
천하는 한 사람의 천하가 아니다. 천하의 천하이다.

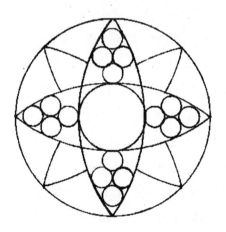

효의 작용

사물이란 밖으로 합쳐지면 더 큰 종합 작용을 일으키게 된다. 반면 사물은 안으로 분해해 보면 더 작은 요소로 나누어지게 마련이다. 주역의 괘상도 팔괘가 모여 대성괘를 이루지만, 내면을 살피면 6개의 효가 존재하는 것이다. 효는 괘상의 뼈대로서, 괘상의 작용은 근원적으로 효에서 발생한다.

우리는 그 동안 괘상의 겉보기 작용만 다루어 왔는데, 이 장에서는 괘상의 내면, 즉 효의 작용을 다루어볼 생각이다. 지금까지 효를 철저히 외면했던 것은 그럴 수밖에 없었다. 기초가 부족했기 때문이다. 물론 이제 와서 효에 접근하는 것은 기초가 다 쌓였다는 뜻은 아니다. 아직도 괘상에 대한 이해는 멀고도 멀다. 하지만 이제부터라도 효를 연구하는 방법 정도는 제시하고 싶다.

그러나 의기 소침할 필요는 없다. 독자들이 그 동안 공부한 내용은 실로 광대하고 심오한 것이다. 단지 그것들이 익숙하지 않아서 앞으로 나아가는 것이 더딜 뿐이다. 지금이라도 복습하는 마음으로 제1권부터 다시 한 번 읽어볼 필요가 있다. 기실 한 번 더가 아니라 열 번쯤 읽어도 좋다.

그렇게 하면 주역에서 문제점이 무엇인지 저절로 발견하게 될 것이다. 그것을 필자는 활로라고 하는데, 학문이란 깨달음이 깊어질수록 의문점이 많아지고, 의문점이란 발전할 수 있는 통로인 것이다. 무엇을 알아야 하는가? 이러한 의문은 잠시도 떼어 놓아서는 안 된다. 그러나 이것은 저절로 알게 되는 것이지 일부러 만들수는 없다. 의문이라도 올바른 의문이어야 한다.

이것은 학문의 세계에서 아주 중요한데, 음미해 볼 만한 일례가 있다. 현대 수학에 있어서 최고 엘리트 지성 그룹인 '부르바키'라는 단체가 있다. 이 단체의 소속원은 철저히 비밀에 부쳐져 있는데, 오늘날 수학의 중대 업적은 대개 이 그룹에서 이루어지고 있는 것이다. 그런데 이 그룹에서는 수시로 능력 테스트가 이루어지고 있다고 한다.

방법은 이렇다. 나이가 많아졌거나 능력이 저하된 사람으로 보이는 회원에게 어떤 문제를 낸다. 문제는 일부러 중요하지 않은 것으로 선택한다. 그런데 테스트를 받는 회원이 그 문제에 흥미를 갖고 깊게 달려들면 걸려드는 것이다. 연구 능력이 다 소진되었다고 말이다. 다시 말해 필요 없는 문제에 흥미를 보이니 쓸모없는 사람이 되었다는 것이다. 따라서 이 사람은 부르바키 회원 자격이 박탈된다. 음미해 볼 만한 얘기가 아닌가!

주역에 있어서도 마찬가지이다. 필요 없는 문제를 붙들고 늘어지
는 사람은 나이만 먹는다. 주역의 깨달음하고는 거리가 먼 사람인
것이다. 주역에 있어 올바른 문제란 저절로 등장할 뿐 아니라, 그것
을 풀었을 때는 반드시 또 다른 세계와 연관성이 보장되어야만 하
는 것이다.

그 동안 효를 제외한 괘상의 논리만으로 주역을 공부해 왔는데,
이제 갈증을 느끼고 있는가? 아니면 복잡해서 갈피를 잡지 못하는
가? 만일 지금까지 공부한 것이 복잡하고 이해가 되지 않는다면 앞
으로 나아갈 수가 없다. 하지만 지금까지 공부한 것이 단순히 이해
되고, 무엇인가 허전함을 느낀다면 이제 나아가면 된다.

그것은 효에 대한 공부이다. 이는 주역의 최후의 관문이거니와,
주역에 있어서 괘상과 효에 능통하게 되면 천지 만물의 원리에 능
통하게 될 것이다. 다음의 괘상을 보자.

이 괘상의 균형값을 생각해 보라. 앞장에서 다룬 바 있는 것이다.
먼저 양의 균형값을 보면 하나당 4씩이다. 따라서 4+4=8이 균형
값이다. 반면 음의 균형값은 2+2+2+2=8이다. 음양의 균형값이
같게 되어 있는 것은 당연하다. 그래야만 괘상이 유지되는 것이다.
모든 사물은 현재 균형이 유지되는 것이고, 또한 더 좋은 균형을
찾아 움직여가는 것이 바로 시간의 흐름이다.

다른 괘상을 살펴보자.

$$
\begin{array}{l}
\equiv\equiv \\
\equiv\equiv \quad -1 \\
\end{array}
$$

$$
\begin{array}{l}
\equiv\equiv \quad 3 \\
\equiv\equiv \quad 3 \\
\end{array}
$$

양의 균형값을 표시했는데, 합산하면 $3 + 3 - 1 = 5$가 된다. 음의 균형값은 다음과 같다. 즉,

$$
\begin{array}{l}
\equiv\equiv \quad 3 \\
\equiv\equiv \quad 1 \\
\equiv\equiv \quad 1 \\
\end{array}
$$

$3 + 1 + 1 = 5$인데, 값을 추출하는 방법을 다시 한 번 음미하자. 위의 괘상에서 제6효는 아래쪽으로 양이 3개 있다. 즉, 제6효는 양 3개 위에 올라타고 있는 것이다. 그래서 값이 3이다. 제4효는 양 2개의 위에 있어서 값이 2이지만, 또한 위에 양이 하나 있으므로 -1이 된다. 그러므로 $2 - 1 = 1$이 제4효의 값이 된다. 제3효도 입장이 완전히 같다.

양효를 따져 보자. 제1효는 위로 음이 3개가 된다. 그래서 값이 3인 것이다. 제2효도 마찬가지이다. 그러나 제5효는 다르다. 위로

음이 하나 있어서 1이지만, 아래로 음이 두 개 있어 -2인 것이다. 따라서 1 - 2 = -1이 값이 된다.

최종적으로 양값은 3 + 3 - 1 = 5이고, 음값은 3 + 1 + 1 = 5이다. 음양값이 같은 것은 당연한데, 위의 계산에서 무엇을 알 수 있는가?

자세히 보자. 우리는 양값을 계산하는 데 있어 전적으로 음과의 관계만 고려했다. 또한 음값을 계산하는 데 있어서는 양과의 관계만 고려한 것이다. 생략된 것은 음과 음의 관계, 그리고 양과 양의 관계이다. 이들은 당연히 고려되어야 한다. 음과 양이 단체적 입장일 때는 물론 상대편과의 관계만 생각해도 좋지만, 자체 내에서도 보기로 한다면 자기 편과의 관계도 따져봐야 하는 것이다.

축구에 있어 A팀과 B팀이 중요하기는 하지만, 전체의 상황을 알기 위해서는 A팀에서 누가 몇 골을 넣었는지, B팀에서 누가 실수를 했는지를 따져야 한다. 괘상에 있어서 처음에는 대성괘 전체인 하나의 작용을 따져야 하는 것이지만, 그 다음에는 상괘 하괘를 따로 떼어 놓고 생각해야 한다. 또한 괘상 전체를 하나로 생각한 다음에는 음의 작용, 양의 작용을 각각 살펴야 하는 것이다.

최종적으로 음양을 통틀어 각각의 작용을 규명해야 하는 것이다. 그것이 바로 효의 작용을 규명하는 작업이다. 그러기 위해서는 서로 반대되는 성질끼리의 작용뿐 아니라 서로 같은 성질끼리도 그 작용을 따져야 하는 것이다. 이제 그 방법을 생각해 보자.

⚏

그림은 4상 중 하나인데, 작용값을 따져 보자. 먼저 위에 있는 음을 생각해 보면 아래로부터 하나의 힘을 받고 있다. 이 때 양이란 상향성이고, 위에 있는 음이 그 힘을 받고 있기 때문에 음값은 1이 되는 것이다. 다음을 보자.

⚎

그림에서 음의 입장을 취하자. 음에서 보면 위로 양 하나가 달아나고 있다. 그래서 -1이 된다. 요컨대 자기 자신을 향해 들어오는 힘은 플러스이고, 자기 자신을 등지고 떠나는 힘은 마이너스인 것이다. 다음을 보자.

☳

이 그림에서 맨 위에 있는 음의 입장에서 보면 아래의 양 두 개가 자기를 향해 오고 있다. 왜냐 하면 양이란 상향성이기 때문이다. 따라서 맨 위에 있는 음은 값 2를 갖는 것이다. 반면 다음을 보라.

☶

이 그림에서 아래 있는 음의 입장은 위로 양 2개를 상실하고 있다. 왜냐 하면 양은 상향성인바, 위로 달아나고 있는 중이기 때문이다. 따라서 맨 아래 있는 음의 값은 -2가 되는 것이다. 두 개의 괘상을 비교하자.

두 값이 다른 이유는 자기를 향해 오느냐, 자기를 등지고 도망가느냐 때문이다. 자기 자신이 무엇이냐는 상관없다. 내게로 오느냐, 내게서 떠나가느냐로 값을 정하는 것이다. 다음을 보자.

이 괘상의 맨 위에 있는 양을 보면 자기를 향해 두 개의 양이 올라오고 있다. 그래서 값이 2인 것이다. 반면 맨 아래의 양의 입장에서 보면 위로 양 두 개가 달아나고 있다. 그래서 -2가 된다. 다음을 보자.

이 괘상에서 맨 아래 있는 양의 입장을 보면 음 두 개가 다가오고 있다(내려오고 있다). 그래서 값이 2이다.

전체적인 요점은 다음과 같다.

'자기가 무엇인지 남이 무엇인지 상관없다. 다만 자기를 향해서

오는 힘은 플러스이고, 자기를 떠나가는 것은 마이너스이다.'

이 법칙을 적용해서 하나의 괘상을 따져 보자.

제1효의 입장에서 보면 위로 양 두 개(제2, 5효)가 떠나가고 있다. 또한 음 3개(제3, 4, 6효)가 아래로 찾아들고 있다(양은 무조건 상향, 음은 무조건 하향). 그 결과 -2+3=1이 제1효의 값이 것이다. 같은 방식으로 모든 효를 계산하면 다음과 같다. 즉,

값의 이유를 상세히 따져 보라. 자기 자신 위에 음이 있거나 아래에 양이 있으면 그것을 모두 세어서 양값으로 한다. 또한 자기 자신 위에 양이 있거나 아래에 음이 있으면 그것들을 모두 세어서 음값으로 하는 것이다. 괘상 하나를 다시 예로 들어 보자.

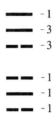

값을 매기는 방법은 일정하다. 나타난 값은 어떤 의미가 있는가? 플러스인 경우는 자기 자신에게로 들어오는 힘이다. 값이 마이너스라는 것은 자기 자신으로부터 떠나가는 힘인데, 위의 괘상은 아주 특이하다. 모두 마이너스인 것이다. 따라서 어떠한 효의 입장에서 보아도 힘이 자기를 떠나가고 있는 것이다.

괘상 ䷺은 이름이 흩어질 환(渙)이다. 과연 타당한 이름이 아닐 수 없다. 본 괘상에 속한 효들은 모두 흩어지고 있다. 우리는 그들의 값을 살펴봄으로써 그 작용의 크기를 알 수 있다. ䷺이 괘를 보면 제4, 5효의 값이 -3이다. 이는 두 효가 괘상으로부터 흩어지려는 힘이 가장 크다는 것을 뜻한다.

괘상을 좀더 자세히 살펴보면 제5, 6효는 같은 냥효이면서 값이 다르다. 제6효는 -1인데, 제5효는 -3이다. 이는 제5효가 6효보다 강한 작용을 하고 있다는 뜻이 된다. 두 괘상을 비교해 보자.

```
══  1          ───  -1
───  1          ───  -3
══  1          ══  -3

══  3          ══  -1
───  3          ───  -1
───  1          ══  -1
```

두 괘상은 기묘한 대칭을 보이고 있다. 회전에 의해 값의 부호가 바뀌고 있는 것이다. 이러한 성질은 모든 괘상에 적용되는 것일까? 예를 들어 보자.

```
══  -1         ══  -1
───  -1         ══  1
══  -1         ───  1

───  -1         ══  1
══  -1         ───  1
══  -1         ══  1
```

두 괘상은 회전에 의해 분명 값의 부호가 바뀌고 있다. 두 가지만 따져본 현재 시점에서 느낌이 어떤가? 모든 괘상이 위와 같은 성질을 갖는다고 생각할 수 있는가? 공부를 하는 사람은 결말이 드러나기 전 미리 생각하는 습관을 길러야 한다. 끝을 보기도 전에 알 수 있다면 그만큼 통찰력이 깊은 것이다.

그런데 위의 괘상은 아주 특이하다. 절대값이 모두 1인 데다 특수한 효과가 있다. 초효 또는 상효가 다른 성질을 띠고 있는 것이다. 이것은 무엇을 뜻하는가? 우리는 그것을 상세히 규명하기 전에 일단 그들 효가 괘상 내에서 특이한 작용을 한다는 것을 알 수 있는 것이다.

너무 깊게 들어갈 필요는 없다. 우리는 지금 효의 값을 따져 보면서 그 작용을 얼핏 이해하면 된다. 앞으로 값이 갖는 뜻과 64괘 전체의 분포를 조직적으로 살펴볼 것이다. 그로써 괘상의 비밀이 낱낱이 드러나겠지만, 지금은 나무를 보지 말고 숲의 모양만 느껴보자. 사물이란 천천히 접근할수록 이해가 깊어지는 것이다.

괘상을 더 살펴보자.

위에 적은 숫자는 앞의 방법대로 산출해 낸 값이다. 값들의 규칙성이 돋보인다. 아래로부터 2씩 늘어나고 있으며, 회전에 의해 값의 부호가 대칭으로 바뀌고 있다.

우리는 이로써 괘상이란 회전에 의해 값이 정반대로 바뀐다는 것을 알 수 있는데, 주역 원전을 보면 괘상을 회전시켜 전후에 놓고 있다. 의미 심장한 내용이 아닐 수 없다.

그리고 ☰을 보면 균형값이 곧바로 1, 3, 5의 형태를 띠고 있다. 이는 ☰이라는 괘상의 특수성 때문이다. ☰은 순양의 성질을 띠고 있는 괘상인바, 음양이 섞임으로써 단순한 질서가 무너지는 것

이다. 그러나 질서의 단순성이 무너졌다고 해서 질서 자체가 무너
지는 것은 아니다. ☰과 ☷을 전통 주역에서 쉽다고 말하는 것은
그 단순성이려니와, 우리는 음양이 섞인 잡다한 괘상으로부터 질서
를 찾고 있는 것이다. 괘상 하나를 더 조사해 보자.

$$
\begin{array}{cc}
\text{▬▬} & -3 \\
\text{▬▬} & -1 \\
\text{▬▬▬} & -1 \\
\\
\text{▬▬} & -1 \\
\text{▬▬▬} & 1 \\
\text{▬▬} & -3 \\
\end{array}
$$

효의 값들이 다양해서 그 뜻을 일목 요연하게 알 수 없다. 하나인
괘상을 여섯 개의 요소로 분해해서 보기 때문에 이러한 현상이 일
어나는 것이다. 하지만 효의 관찰이 익숙해지면 전체적인 의미가
되살아나게 되어 있다.

위의 효값을 음미해 보자. 제4효는 –1의 값을 갖고 있다. 무슨
뜻일까? 이는 그 자체만으로는 쉽게 감이 잡히지 않는다. 다른 괘
와 비교를 해 보자. 즉,

$$
\underset{5}{\text{▤▤}} \quad \underset{3}{\text{▤▤}} \quad \underset{1}{\text{▤▤}} \quad \left(\underset{}{\text{▤▤}} \right)^{-1} \quad \underset{}{\text{▤▤}}^{-3} \quad \underset{}{\text{▤▤}}^{-5}
$$

이제는 어떤가? 우리가 알고자 하는 것은 ☵이 괘상 중의 제4효
이다. 제4효는 양효인바, 양은 위로 달아날 때 마이너스 값을 갖는

다. -1이라는 것은 그 힘이 약하다는 것을 뜻하는데, 이는 양이 제자리에 고착력이 강하다는 것을 의미한다. 괘상 전체로 보면 제4효가 아래에 있는 음을 두들겨 일으키고 있는 모습이다.

대충 이런 뜻이다. 효의 값이 갖는 정밀한 뜻은 다시 논의할 것이다. 우리는 지금 효를 해석하기 위한 강력한 도구를 쥐게 되었다. 이것의 효용은 64괘 모두를 비교해서 음미해야 알 수 있다. 이 장에서는 효를 해석할 수 있는 이론을 간단히 소개하는 것으로 그치겠다. 학구열이 왕성한 독자는 모든 괘상외 도표를 만들어 직접 연구할 수 있을 것이다. 이 책의 목적은 부분의 세밀함보다 폭넓은 이론을 소개하는 것이다.

玉虛眞經 (14)

天有時　地有財

하늘에는 때가 있고, 땅에는 재물이 있음이라.

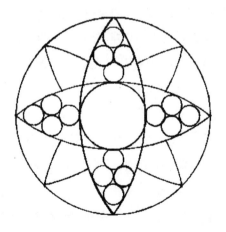

생명과 주역

독일의 철학자 하이데거는 말했다.

"생(生)의 기본은 불안이다."

불안이란 공포와는 다른 심리적 개념이지만, 이는 보다 내면에 존재하는 기분으로 알려져 있다. 대개 공포는 즉각적인 심리 현상이고, 원인은 분명하다. 그러나 불안은 원인조차 모를 때도 있고, 즉각적이라기보다는 서서히 찾아오는 심리 현상인 것이다. 그래서 막연한 불안이나 원인 불명의 불안이라는 말도 있지만, 불안은 은근한 반면, 지속적이고 뿌리 깊은 특징이 있는 것 같다. 공포라는 것은 내용이 분명하기 때문에 그것을 제거하기도 쉬운데, 불안은 좀처럼 제거하기 힘든 면이 있는 것이다.

따라서 하이데거는 이러한 불안을 깊게 연구하여 아예 '생의 기본을 불안'이라고 설파하고 있다.

기실 불안을 느끼지 않는 사람은 이 세상에 아무도 없을 것이다. 하이데거는 불안의 원인까지도 규명하고 있는바, 이는 인생이란 근원적으로 볼 때 그 내면의 구조가 공허하기 때문이라는 것이다. 이는 참으로 깊은 통찰이 아닐 수 없다. 흔히 말하는 인생의 허무도 사실 불안 그 자체를 얘기하는 것이다.

생이란 과연 불안을 뿌리에 두고 있다. 아니 생이란 뿌리가 없어서 그 '맛'이 불안일 수밖에 없는 것이다. 허전하다. 마음이 들떠 있다, 안정이 안 된다, 등의 현상도 모두 근원적 불안을 보여주고 있는 것이다.

다시 한번 강조하지만, 불안이 생의 맛이라고 설파한 하이데거의 통찰력은 참으로 심오하다.

일찍이 달마 대사는 그의 제자 혜가 스님과 불안에 대해 문답한 바 있지만, 하이데거는 불안은 존재 그 자체를 개명시킨다고 밝히고 있는 것이다. 도의 세계에 있어서 불안을 수도의 핵심 사안이라고 할 수 있다. 도인은 평정을 공부의 제1안으로 삼고 있는바, 평정이란 다름 아닌 불안의 요동을 잠재우는 것이다. 노자가 가르치기를, 마음을 죽은 재처럼 하라고 했던바, 마음을 죽은 재처럼 하라는 것 자체가 불안을 완전히 제거하라는 뜻이다.

만일 불안의 근원을 완전하게 정복할 수 있다면 그는 곧 도의 완성자라 할 수 있는 것이다. 그런데 문제는 불안을 어떻게 제거하느냐인데, 심리 의학적으로 볼 때 불안의 정체가 과연 무엇이냐가 또한 궁금하지 않을 수 없다.

예부터 동서의 수많은 철학자·도인들은 불안을 제거하는 방법이나, 혹은 불안의 원인에 대해 가르치고 있다. 이는 신선들의 수행에 있어서도 가장 기본이 되고 있는 것이다. 여기서 우리는 불안에 대한 심리의 의학적 문제를 고찰해 보기로 하겠는데, 그 내용은 일단의 과학자들이 뇌를 연구하면서 밝혀진 것들이다. 최근에 와서 많은 과학자들이 그야말로 필사적으로 뇌의 연구에 매달리고 있는 중이다. 뇌의 연구는 전부터나 인공 지능 등의 연구에 필요한 것이지만, 더욱 근원적으로는 인간의 인상 구조를 밝히는 데 그 뜻이 있는 것이다.

'인간이란 무엇인가?' 이 문제는 '생물이란 무엇인가?'와는 전혀 다른 문제이다. 영혼의 문제까지 들먹이며 인간과 짐승을 비교하는 것은 아주 예민한 사항이지만, 인간이 동물에 비해 높은 의식 수준을 갖고 있다는 것은 두말 할 나위가 없을 것이다. 그리고 인간의 의식은 동물과 확연히 구분되는 뇌에서 찾아볼 수 있다는 것 또한 부정할 수 없을 것이다. 21세기는 뇌의 과학 시대라고까지 말하고 있지만, 뇌야말로 인류가 규명해야 할 가장 중요한 과학적 대상이 아닐 수 없다. 뇌란 무엇일까? 이는 참으로 단순한 질문이다. 그러나 이 문제의 측면에는 아주 재미있는 면이 있다. 무엇인가 하면, 뇌가 무엇인가라고 묻고 있는 그 실체가 바로 뇌이기 때문이다. 다시 말해 뇌가 뇌를 이해하려 하는 것이다. 이에 대해 어떤 과학자가 말했다. "뇌가 단순한 구조라면, 그러한 뇌는 어리석어서 자신의 뇌를 파헤칠 능력이 없을 것이다"라고.

깊은 통찰력이 아닐 수 없다. 뇌가 자신의 구조를 이해하기 위해서는 필연적으로 뇌가 복잡해야 된다는 것, 이는 과학적으로 알려지고 있는 사실이다. 오늘날 과학자들은 깊게 들어갈수록 더욱더 심오한 구조가 등장하는 뇌에 대해 혀를 내두르고 있다. 그러나 언젠가 인류는 뇌를 완전히 이해할 날이 올 것이다. 최근의 한 연구를 보자. 과학자들은 몇 가지 중요한 인간 의식에 대해 주목했다. 그들은 막연한 불안이나 근원적인 죄의식 등을 연구하고 있었다.

이에 대한 최선의 방법은 최면술을 이용하는 것인데, 특별한 약을 사용하면 깊게 최면 상태를 유도할 수 있다. 예를 들어 LSD라는 향정신성 약이 있는데, 이 약은 모든 마약 중에 가장 강력한 것이다. 학자들은 LSD라는 약을 사용하여 10만여 명의 대상에 대해 정신 상태를 조사했던바, 몇 가지 심상치 않은 결과를 발견했다. 학자들이 먼저 주목했던 현상은 폐소 공포증과 광장 공포증이었는데, 이 두 가지 증상은 거의 모든 인간이 태어나면서 갖고 있는 증상인 것이다.

폐소 공포증이란 점은 공간 밀실·지하실 등 막힌 곳에서 극단적인 정신 위축 현상인데, 심한 경우 죽음에 이르는 경우도 있다 이에 비해 광장 공포증이라는 것은, 넓은 곳을 참지 못하는 증상인데, 이상의 두 가지 증상을 선천적인지 후천적인지 알 수 가 없었다. 그래서 학자들은 LSD라는 환각제를 사용하여 환자로 하여금 깊은 최면 상태에 빠지게 하고 그 원인을 조사했던 것이다. 시작은 태중에서부터 시작한다. 어린아이가 태중에 있을 때의 괘상은 ☷인데, 이는 생명의 기운이 가장 충만한 모습이다. 이 당시 어린아이는 오장 육부 내지 감각 기관이 최소한으로 활동하면서 기운을 축적하고 있는 것이다. 이 때 어린아이가 밖으로 태어나기 위해 노력하는 모습은 ☷ 로 표현되는바, 사물이란 관점에 따라 의미가 달라지는 것이다.

☶ 은 태어나기 전의 기운을 말하는 것이고, ☳ 은 원초적 기운이 밖으로 나서기 위해 움직이는 모습을 보여주고 있다. 어린아이는 기운을 축적하고 몸을 수습한 다음 비로소 몸 밖으로 나오기 시작한다. 이 순간의 과정을 보자. 아기는 산모의 생리에 따라 밖으로 내쫓기는 작용을 받게 되는데, 이 때쯤 아기는 밖으로 나올 준비를 마친 상태인 것이다. 문제는 그 과정이다. 아기는 어머니의 자궁을 빠져나와 자궁 속을 이동하기 시작한다. 이 때 산모는 극심한 통증을 겪게 되지만, 아기 역시 좁은 자궁 속을 이동하기 위해 무던히 고생하는 것이다. 그야말로 사투를 벌이는 것인데, 그것은 온몸을 한없이 조여 오는 자궁 근육과의 싸움이다. 그러면 아기는 정신적으로나 육체적으로 엄청난 고생을 하게 된다. 그것은 압사당할 것 같은 공포로써 세계(어머니의 몸)가 자신을 죽이기로 작정했다고 느끼는 것이다. 그 고통은 밖으로 나올 때까지 계속되는데, 이 때의 경험을 아기가 세상에서 겪은 최초의 기억이 된다. 그 기억은 바로 악몽이고 잊을 수 없는 마음의 상처인 것이다. 아기는 마침내 압사당하지 않고 밖으로 나오게 되는데, 그 위험했던 순간이 영원한 기억으로 남아 폐소 공포증이 되는 것이다.

이것이 바로 폐소 공포증의 실체이다. 과학자들은 LSD를 사용하여 실험자의 기억을 태중에 있던 시절로 돌아가게 함으로써 이러한 결론을 얻을 수 있었던 것이다. 결과적으로 볼 때 폐소 공포증은 선천척인 것이 아니라, 아기 몸이 이제 만들어진 상태에서 얻어진 최초의 경험에 의해 발생한 후천적 신경증인 것이다. 인간은 누구나 이러한 경험을 가지고 있다. 폐소 공포증이 없는 사람은 그 당시를 회상해 내지 못했거나 또는 극복한 사람이다.

이제 광장 공포증이라는 것을 살펴보자.

그것은 간단하다. 아기가 산모의 몸 밖으로 완전히 나왔을 때 어떠한 기분일까? 우선 밀실을 빠져나왔다는 안도감일 것이다. 그러나 그 직후 이어지는 감정은 세상이 무한히 넓다는 데 대한 공포이다. 너무나 허전하고 의지할 때 없는, 어쩔 줄 모르는 공포, 이것이 바로 광장 공포증이다.

광장 공포증은 제2의 경험인 것이다. 이 때의 상황을 괘상으로 ䷖인바, 이는 드넓어 알 수 없고, 혼돈스러운 세상을 바라보며 어쩔 줄 모르는 상태를 보여주고 있다. 광장 공포증이 없는 사람은 그 기억이 떠오르지 않는 것뿐이다. 그러나 인간은 부지불식간에 원초적 기억을 떠올리게 마련이다.

세상을 살아가노라면 종종 위축되어 물러서서 집으로 일찍 돌아가고 싶은 마음이 들 때가 있는데, 이는 바로 광장 공포증의 연장 선상에 있는 신경증인 것이다. 광장 공포증이나 위축되는 심정은 둘 다 괘상으로 ䷖에 해당된다. 인간의 기억은 비슷한 것끼리 연관되어 떠오르는 법인데, 그것은 인식의 심리가 바로 주역의 괘상 섭리와 같은 작용으로 일어나기 때문이다. 폐소 공포증은 ䷗에 해당되는데, 사람이 종종 집에 있으면 갑갑하여 무작정 나서고, 사람이 그리워지는 것도 바로 ䷗인 것이다. 밖으로 많이 돌아다니고 싶어하는 사람, 나그네 등은 모두 그 원인이 폐소 공포증에 있는 것이다. 그렇다면 폐소 공포증이나 광장 공포증보다 더 근원에 자라잡고 있는데, 그러면 불안이란 도대체 어떠한 정신 현상일까?

지난 과정을 다시 보자. 어린아이는 자궁을 떠나 산도(질)를 거치고 마침내 밖으로 나오면서 두 가지 공포증을 갖게 되었다. 이로써 그만인가? 그렇지 않다. 더 근원적인 현상이 있었던 것이다. 아기의 입장이 되어 보라. 아기는 어머니의 뱃속에 있는 동안 아무런 공포도 없고 한없이 아늑하고, 편안하고, 더할 수 없는 보호와 사랑을 받았던 것이다.

이 당시의 안온한 기분을 천국이나 낙원보다 더 행복했을 것이다. 아니, 실은 주역의 괘상으로 보면 천국이나 낙원은 바로 태중에 있었던 기분을 연상시켜 인간이 회상해 낸 것일 뿐이다.

그 회상이란 괘상은 ䷇ 이거니와, 이것은 보호받고 있는 모습을 그린 것이다. 인간의 보호 중에 어머니의 자궁만한 곳이 있겠는가! 정신과 육체를 모두 감안한 상태로 보면 어머니의 자궁이 바로 천당이나 낙원 그 자체이지 다른 그 무엇은 이에 비할 바 못 되는 것이다. 물론 종교에서는 그 기분 내지 상태를 추상하여 낙원이나 천당 등의 개념을 확립했었던 것이다.

아기의 심정을 다시 살펴보자. 아기는 영원한 세월로 느끼면서 어머니의 태중에서는 아쉬움이 없고, 공포가 없고, 더 이상의 행복도 원치 않은 채 10개월을 지내고 있었다. 그러던 어느 날 갑자기 영문도 모른 채 그 낙원으로부터 쫓겨났던 것이다. 아기는 어떤 심정이었을까? 공포, 또는 불안, 그리고 상황을 납득하기 위한 공연한 죄의식을 갖게 되었던 것이다. 이것은 종교에서 말하는 원죄 그 자체의 기분이다. 죄가 있어서 원죄가 아니라 벌(쫓겨남)이 있어서 죄를 생각해 낸 것뿐이다.

굳히 아기의 죄를 논하기로 한다면 낙원(어머니의 자궁)에서 영원히 살기를 바랐던 게으름이었을까? 아니면 어머니의 뱃속에 들어가 있는(말하자면 계속적 인생고) 그 자체가 커다란 죄였던 것일까?

아무튼 아기는 무한한 불안을 느끼면서 자궁으로부터 쫓겨나고, 쫓겨나자마자 질의 압박이라는(세상 험하다는 것을 바로 느꼈을 것이다) 시련을 겪었던 것이다. 어머니의 태중에 있었으면 영원히 행복했을 것이다. 물론 그러한 행복이 절대적 가치가 있다는 것은 아니다. 여기서는 심정을 얘기하고 있을 뿐이다. 괘상으로 보면 어머니의 태중에 있을 때의 마음은 ☰이다. 이것은 절대 행복의 모습인 바, 반대로 세상으로 나오게 되면 ☷의 상황으로 치닫게 된다.

이제 불안의 정체를 알았을 것이다. 이것은 ☰ → ☷의 과정에서 비롯된 것이다.

인간은 그 과정을 다시 되돌리고 싶어하는데, 바로 근원적 불안을 해소하기 위한 것이다.

이것이 괘상으로는 ☷ → ☰ 이고, 종교적으로는 바로 영생이나 구원에 해당된다.

이렇게 해서 가장 근원적인 불안의 원인을 규명했는데, 이외에도 또 다른 무엇이 있을까?

이제 아기의 더 깊은 정신 세계를 살펴보자. 아기가 태중에 있었을 때 의식 상태는 어떠했을까? 아기는 세상에 나와 사는 것이 아니므로 깊게 생각하는 일을 없었을 것이다. 그렇다면 오로지 몸만

사는 상태가 아니라는 것이 이제 과학적으로 밝혀졌는데, 아기도 비록 태중이라고는 하지만 그 세계에서 생활하고 있다는 것이 밝혀 졌다. 물론 밖에 나와 있는 우리와는 많이 다를 것이다. 우선 감각 기관을 볼 때 눈이나 귀는 약간씩 사용할 뿐이고, 코나 혀는 별로 쓸데가 없다. 따라서 아기의 의식은 정신이나 감각 기관쪽으로 쏠려 있지 않고, 제 스스로에게 쏠려 있는 것이다.

더 자세히 말하면 아기는 의식이 자신의 뱃속에 집중되어 있는 것이다. 선도(仙道)에서는 이 상태를 더욱 자세히 가르치고 있는데, 아기가 태중에 있을 때는 의식이 양 신장 한가운데인 단전 내면에 집중되어 있다는 것이다. 당연히 이야기한다. 아기는 코로 숨쉬는 것도 아니고, 감각이 필요한 것도 아니다. 오로지 존재하는 것뿐인 데, 이 때는 의식이 생체의 깊은 곳에 가라앉아 있을 것이다. 그 곳 이 바로 뱃속, 또는 단전이다. 이는 의미 심장한 현상인데, 아기의 몸이 어머니의 뱃속에 있을 때 아기의 의식은 아기 자신의 뱃속에 들어가 있는 것이다. 이 모양은 바로 프랙탈 구조인바, 몸의 상태와 의식 상태가 서로 닮아 있다. 이 때 아기는 밖으로 어머니 몸에 의 해 보호받고, 자신의 의식은 자신의 뱃속으로 향해 있으므로 일체 세상사에 관여하는 바가 안온하고 평화스러운, 그야말로 낙원과 같 은 상태에 있는 것이다. 이러한 상태는 괘상으로 ☷☳표시되는데, 이 는 아기의 몸 상태만을 뜻하지 않는다. 자기 마음도 자신의 뱃속에 서 기운을 축적하고 있는 것이다.

괘상을 보라. ☷☳, 이 괘상은 ☷ 아래에 ☳이 있는바, ☷은 아기 의 배이고, ☳은 아기의 정신이다. 즉, 정신이 배 아래에서 자리잡

고 있는 것이다. 이 때의 심정은 한없이 안정된 상태이거니와, 도인
이 수도를 하는 것도 이러한 상태에 도달하기 위한 것이다. 그래서
도인은 동굴이나 밀실의 한 곳에 앉아서 일체의 감각을 뒤로 하고
오로지 자신의 뱃속으로 의식을 집중시키고 있는 것이다. 말하자면
도인이 옛적에 어머니 뱃속에 있을 무렵, 자신이 뱃속에 들어가 있
던 의식 상태를 회복하고자 하는 것이다. 한마디로 바로 이것일 뿐
이다. 즉, ☰☰상태의 회복, 이것은 우주의 근원과 합일되는 의식 상
태인 것이다. 아기는 처음에 생겨날 때 우주의 근원과 하나인
☰☰상태로 발전하고, 이어 어머니의 몸과 하나인 ☰☰로 발전하다가,
급기야는 밖으로 나오게 된다. 이렇게 되면 아기의 몸은 세상으로
나와 ☰☰의 상태가 되지만, 더 중요한 변화는 아기의 정신 상태의
변화이다. 아기는 의식이 자신의 뱃속에 있다가 세상 밖으로 나오
면서 뇌로 이동하는데, 이 때 자기 자신(자신의 뼈 : 단전)을 떠난 심
한 불안감은 맛보게 된다.

이것이 바로 근본적 불안으로, 간단하게 말하면 어머니의 배를
떠난(쫓겨난) 불안이고, 더 깊게는 의식이 자기 자신의 뱃속에서 뇌
로 이동(쫓겨난)하게 된 불안이다. 아주 더 깊게는 우주와 하나이던
생명이 개체로 분리되는(쫓겨난) 불안인 것이다. 하이데거가 말한
불안은 바로 이것이다. 우주로부터의 분리. 따라서 영원히 허전한
마음, 이것이 바로 불안이다. 괘상으로는 ☰☰ → ☰☰인 것이다. 이 과
정을 보면 하늘은 하늘로 가고, 땅은 땅으로 돌아가는 모습이다. 쌓
였던 기운이 풀려 나가는 모습이지만, 이것은 아기의 의식이 자신
의 뱃속에 있다가 뇌로 올라가는 것을 뜻한다. 이제부터 세상에 나

온 상태에서 살아야 한다.

　신선들은 자신의 의식을 뱃속, 즉 단전으로 회귀시킬 일은 성공시
켰지만, 그렇지 못한 중생들은 세상에서 온갖 풍상을 다 겪게 된다.
세상이란 삼라 만상의 세계이다. 이 세계에는 희로애락이 있으며,
결과가 있으며, 성패가 있음으로써 모든 사물이 존재한다. 이제 삼
라 만상의 세계로 돌아와 보자.

$$\equiv\equiv \quad \rightarrow \quad \equiv\equiv$$

　이것은 순음인 ≡≡에 양의 기운이 하나 달라붙은 모습으로, 지도
자가 있어서 백성을 이끌고 있는 것을 보여준다. 이 상황은 대성괘
로 표현될 수 있는데, 바로 ☷☳이다. 이 괘상은 위에서 이끌어 주고
아래에서 자신의 무게(소인의 타성)로 위를 끌어내리고 있다. 하지만
한 가닥 양의 기운이 강해서 음의 버팀을 이겨내고 위로 끌고 올라
가지 못했다면 이러한 괘상은 생기지도 않았다 음을 이끌고 있는
양은 기필코 성공할 것이다. 한 단계를 진행시켜 보자. 양의 사업을
음의 내면으로 파고들어가 양을 강화시키는 것이다.

$$\equiv\equiv \quad \rightarrow \quad \equiv\equiv$$

　이 과정은 맨 위에 있는 양이 파고들어 올 모습이다. 이는 발전의
모습이지만 참으로 어려운 작업이다. 양이 맨 뒤에 하나 붙은 것은
그나마 다행스럽고 우연일 수도 있지만, 아래로 파고든다는 것은

훨씬 더 노력해야 가능한 것이다.

이러한 상황을 대성괘로 표시하면 ䷦이 되는데, 이것은 ☷ → ☶을 의미한다. 괘상의 내면이 어떤가? 원전에서 괘명은 건(蹇)으로 되어 있는바, 이는 다리를 전다는 뜻이다. 어째서 그런가?

괘상의 아래쪽은 ☶으로 요지부동이다. 위에서 열심히 파고들어도 움직이지 않는 모습인 것이다. 위에 있는 ☵은 물론, ☷이 변해서 만들어진 것인데, 아래의 ☶은 여전히 버리고 있다. 이와 같은 상황도 끝까지 계몽을 거부하고 있는 모습이고, 앞선 자가 노력해도 뒤에서는 호응을 하지 않는 모습인 것이다. 앞말이 전진하면 뒷말이 따라주어야 하는 것이 아닌가! 전방의 부대가 전진하면 후방 부대라도 그 뒤로 이동해야만 한다. 그렇지 않으면 모처럼 전진한 부대는 고립되게 된다. 사람의 경우 위쪽은 일어나려는데 하반신이 말을 듣지 않으면 아래로 늘어지게 되고, 결국 움직일 수 없게 될 수밖에 없다. 이러한 상처가 바로 ䷦인데, 표면상 노력은 하지만, 뿌리가 움직이지 않는 상황을 표현하고 있는 것이다. 상황을 진전시켜 보자.

$$☵ \quad → \quad ☳$$

이 과정은 양이 더욱 깊게 파고들어 음을 완전히 드러낸 모습이다. 이는 숙제를 다 마친 모습으로, 주어진 문제를 해결했다는 뜻이다.

대성괘를 만들어 보면 ䷧이 되는데, 완전에서는 고명을 해(解)라고 하는바, 이는 문자 그대로 해결되었다는 의미이다. 이것은 마치 혼란의 늪에서 벗어나는 모습이다. 애써 숙제를 해결하려다가 다 마치면 짐을 벗은 모습이 아닌가! 괘상 ☳은 양이 끝까지 파고들어 승리한 모습, 또는 난관을 벗어난 모습인 것이다. 모든 과정을 나열해 보자.

$$☷ \rightarrow ☳ \rightarrow ☳ \rightarrow ☳$$

이 과정은 순음인 ☷에 양이 와서 작용을 일으키는 것이다 이것을 ☷로부터 다시 정리할 수 있다. 즉,

☷ → ☳
☷ → ☳
☷ → ☳

이상의 과정은 가까운 변화에서 먼 변화까지를 보여주는데, ☷ → ☷은 이전의 변화를 모두 포함하고 있다. 전체의 모양을 보자.

$$☷ \rightarrow ☳ \rightarrow ☳ \rightarrow ☳$$
$$☷ \longrightarrow ☳$$

이상은 대성괘의 모양으로 다시 정리할 수 있다. 즉,

이상의 과정을 보면 ☷ → ☵의 변화 안에 ☶와 ☳이 등장하는데, 그 뜻은 무엇일까? 다시 보자.

☷ → ☶ → ☳ → ☵

☷ → ☵

☷   ☳

☷   ☶

이상의 과정에서 알 수 있듯이 ☷ → ☵은 내부의 변화를 포함하고 있는 원거리 변화이다 이 때의 뜻을 ☷ → ☵이 빠른 속도로 진행된다는 것을 보여주고 있는 것이다. 만일 변화의 속도가 아주 느리다면 중간 과정을 일일이 표시해야 될 것이다.

각각의 괘상의 뜻을 보라.

☶ 은 양의 기운이 겉에 있어서 음을 잡아당기고 있는바, 이는 양이 음 속으로 파고들려고 하는 것이다.

☳, 이 괘상은 양이 음 속으로 파고드는 데 성공하여 친숙해진 모습이다.

☷, 이 괘상은 양이 깊숙이 침투하여 음을 완전히 움직이게 된 모습이다.

이 괘상의 뜻은 잠자는 대지가 잠에서 깨어나는 그것으로 표현되는데, 평화가 깃들이는 것을 보여준다. 제갈공명은 평화시에 점을 쳐서 이 괘상을 얻고 전쟁을 크게 준비했던 것이다. 다음을 보자.

$$ ☷ \rightarrow ☳ $$

이 과정은 아주 급격한 변화이다. 양이 두 개나 침투하여 음을 크게 변질시킨 것이다.

중간 과정을 보자.

$$ ☷ \rightarrow ☷ \rightarrow ☷ \rightarrow ☳ \dashrightarrow ☳ $$

위의 과정은 다음과 같이 정리될 수 있다.
즉,

$$ ☷ \rightarrow ☷ \rightarrow ☷ \rightarrow ☷ \dashrightarrow ☳ $$

이 과정에서 →로 표시한 변화는 양이 위로부터 침투하기 시작하

여 ☷에 이르는 것을 나타낸 것이다. 그 다음 ┈┈▶로 표시한 것
은 ☷ 상태에 이른 후에 다른 양 하나가 위의 괘에 붙은 것을 나타
낸다. 따라서 ☷ → ☷ → ☳ → ☳을 내포하고 있다. 괘상의 뜻을
보자. ☷ → ☳은 대성괘 ䷲로 표현되는데, 위에 있는 ☳은 ☷로
부터 이탈하여 급상승하고 있다. ☳은 가운데 음 하나를 두고 위에
서 끌고 아래에서 밀어주는 모습이다. 그래서 가운데 있는 음은 위
로 올라갈 수밖에 없는 것이다.

　괘상의 이름이 진(晉)인 것은 바로 그런 뜻이다.

　다음을 보자.

☶ → ☴
☷ → ☳

　두 과정 중에 첫번째 변화는 비교적 쉽게 일어나는 것이다. ☶ →
☴는 ☶이 버리고 있다가 뿌리(아래)마저 양으로 변하니 별수 없이
상승하게 된 모습이다. 그러나 ☷ → ☳은 상하 자리의 음이 둘 다
양으로 변화한 것이 급변이라고 할 수 있다.

　괘명도 그것을 반영하고 있다. ䷷은 여행한다는 여(旅)이고, ䷲은
전진한다는 진(晉)이다. 진이라는 것은 여보다는 강력한 움직임을
표현하고 있는 것이다.

　다음을 보자.

☷ → ☳

☷ → ☳
☷ → ☳

　위의 세 과정은 변화가 일어나기 쉬운 순서로 표시되었다. ☷ →
☳은 이미 뿌리에 양이 들어 있는 상태에서 바깥(위쪽)만 변하면
되는 것이니까 비교적 쉬운 변화이다. 이에 비해 ☷ → ☳은 뿌리
가 변화하는 것이니 다소 어려운 변화인 것이다. 그러나 ☷ → ☳
의 경우는 머리와 뿌리가 함께 변화하는 것이므로 아주 힘든 변화
인 것이다.
　다시 보자.

　☳, 이 괘상은 이미 밖으로 끌리고 있던 상태에서 마침내 뿌리가
뽑힌 것이다. 이것은 단단한 이빨을 계속 흔들어대다가 기어이 뽑
아낸 모습을 보여준다.

　☳, 이 괘상은 이미 뿌리가 흔들리고 있는 상태에서 위로 끌어당
기는 힘이 가세하자 뽑힌 것이다. 이것은 흔들리고 있던 이빨을 뽑
아낸 모습을 보여준다.

　☳, 이 괘상은 멀쩡한 상황인데, 강제로 흔들고 당기고 해서 뽑
아낸 것이다. 이것은 급격하게 이가 뽑힌 모습을 보여준다.
　다시 보자.
　☷ → ☳은 음 하나가 위로 상승하는 모습이다.

☳ → ☴은 앞길이 막혀 있다가 마침내 돌파된 모습이다.

☳ → ☶은 버티고 있다가 결국은 지고 마는 모습이다.

　세 개의 괘상, 즉 ䷖, ䷁, ䷓ 은 모두 위로 상승하는 것을 표현하고 있다. 그러나 내용이 다른 것이다. ䷓ 은 그야말로 잠잠하다가 돌연 상승하는 것을 나타낸다.

　䷀ 은 이미 발동이 걸려 있는 상쾌에서 앞쪽(위쪽)의 장애가 제거되면서 상승하는 것을 나타낸다. 이 괘상은 장애가 제거된다는 것을 표현하는 것일 뿐이다.

　䷏ 은 앉아 있다가(아래가 음이므로) 일어나는 것(아래가 변하여)을 나타낸 것이다.

　전진이 문제가 아니라 앉아 있지 못하는 것(예견한다는 것)을 표현한 것일 뿐이다.

　다음을 보자.

　☰
　☰

　이 괘상은 무슨 뜻인가? 얼핏보면 태양(☲)이 하늘(☰)을 향해 떠오르고 있는 모습이다. 이는 ☲이 나아가는 경향을 보여주고 있다. 그러나 중요한 것은 ☲이 장차 ☰인 것이다. 즉, ☲ → ☰인 것이다. 이 과정은 가운데 하나 남은 음마저 양으로 변해 버린 것인데, 결국 음이 양으로 동화되어 가는 모습을 보여주고 있다. 괘명이 동인(內)인 것은 바로 그런 뜻이다. 지난 과정을 다시 살펴보자.

$$\text{☲} \rightarrow \text{☲} \rightarrow \text{☰}$$

이 과정은 음이 양으로 변해가는 것을 보여주는데, 대성괘로 표현하면 다음과 같이 된다.

이 과정은 음이 양으로 변해가는 것을 보여주는데, 대성괘로 표현하면 다음과 같이 된다.

두 괘상을 연관시켜 해석해 보라. ☷은 땅에 출발(전진) 하는 모습인바, 결국에 가서는 하늘에 도달(동화)하는 것을 보여준다. 이제 ☵의 뜻은? ☵은 마을에 청년이 있는 모습이고, ☶은 군인이 된 (되어가는) 모습인 것이다. 시작과 끝이다.

다시 보자.

$$\text{☵} \rightarrow \text{☶}$$

이 과정은 중간 과정이 당연히 존재하지만, 결과만을 나타내어 ☶로 표현한 것이다.

이것은 전진이라는 뜻을 보이기 위함이다. 그러나 ☷ → ☵은 깊은 변화라는 것을 보여주기 위해 ☵로 표현하고 있다. ☵은 아래가 단단함을 나타내기 위해 만들어진 괘상이다. 더욱 확대해 보자.

이 과정은 중간 과정을 표현하고 있다. 즉,

이 과정은 양이 위로부터 확산해 들어오는 것을 보여준다. 괘상으로 표현하면 다음과 같이 된다.

두 개의 괘상 중에 ䷳은 점진적으로 양이 파고드는 것도 보여준다. ䷋은 양 하나가 겨우 붙어 있다가 ䷋에 이끄러지는 세력을 확장한 것이다. ䷴은 괘명이 점(漸)인바, 단계적으로 변화한다는 뜻이다.

변화가 중요한 것이 아니라, 단계적이라는 것이 중요하다. 다음을 보자.

이 과정은 중간이 다르게 되어 있다 결과적으로 ☷에 도달하지만 과정이 다르기 때문에 뜻도 달라지게 된다.

䷇, 이 괘상은 양이 음 한가운데 파고들어 융화되고 있는 모습을 보여주고 있다. 괘상의 이름이 비(比)라고 되어 있는 것은 바로 그런 뜻이다. 앞서 살펴본 ☵과 의미가 상통하고 있다.

䷖, 이 괘상은 양이 증가하여 음이 해체되고 있는 모습을 보여준다. ☶은 위쪽에 있는 음이 양 위에 올라타고 있어 위태로운바, 그것은 결국 양으로 변해 날아가 버린 것이다. 다음을 보자.

두 괘상은 무엇이 다른가? ☵은 양이 와서 음기를 분산시킨다는 뜻이 있다. 하지만 ☶은 성장을 뜻한다. 어째서 이런 차이가 발생하는가? 그것은 출발점이 다르기 때문이다. ☵은 중간에 양이 들어가 있어 흐물흐물한 상태인바, 이러한 상태에 양기가 더 공급되면 분열이 이루어지게 마련이다. 그러나 ☶은 양이 아직 중간에 들어서지 못해 딱딱한 상태이다. 이 때 양이 더욱 보강되면 그 상태가 완만하게 변하게 되는바, 그래서 점진적이라는 뜻을 갖게 되는 것이다. 다시 보자.

이 과정은 단계적으로 일어나는데, 중간 단계를 생략해 보자. 그러면 다음과 같이 될 것이다. 즉,

이 과정은 괘상으로 표현하면 ䷗이 된다. 이 괘상의 뜻을 살펴보자. ䷁의 입장에서 보면 위로부터 양이 도래한 것이 된다. 양은 무엇 때문에 왔을까? 살피기 위해서? 그럴 것이다. 살핀다는 것은 작용을 일으키기 위한 예비적인 행동인 것이다. ䷗은 양이 안으로 침투하지 못하고 있는 모습인바, 문 밖에 와 있었다는 뜻이다. 즉, 탐색이라는 뜻이 있는 것이다. 병법에 있어 대군이 전진하기 전에 반드시 침투병을 먼저 파견해야 하는 법이다. 그들은 보이지 않는 적진을 살피게 되는바, 고요하고 보이지 않는 적은 ䷁로 표현되고, 적후병의 활동은 ䷗으로 표현되는 것이다. 다음을 보자.

두 괘상은 많이 닮아 있다. 위로부터 양이 와서 음을 일으키려고 애를 쓰고 있는 모습인데, ䷗은 ䷗에 비해 상당히 활동적이다. 파고들 준비가 훌륭히 갖추어진 모습인 것이다. ䷗, 이 괘상을 다른 관점에서 살펴보자. ☷의 아래에 있는 음에 관점을 두고 보면 어떤 뜻이 있는가? 음 하나가 양을 잡아당기고 있는 모습이다. 이는 ☶ 상태에 있는 음이 밖에서 노력하고 있는 뜻이다.

문 밖에 나서서 멀리 벌판을 바라보고 있는 모습인 것이다. 다음을 보자.

세 개의 괘상 중 ䷂은 음이 높게 올라가지 못한 상태이다(☵을 보라).

반면 ䷏은 음이 한 단계 전진해 있다. 그래서 진이라는 괘명이 붙어 있지만, 아직 미미한 수준이다. 하지만 ䷑을 보면 음이 아주 높게 올라가 있다. 그로 인해 양 두 개를 포획하고 있는데, 괘명은 모두 다른 뜻에서 췌(萃)라고 되어 있는 것이다.

다시 보자.

이번에는 양의 입장에서 보자. ䷏은 양이 음 속으로 전혀 파고들지 못했다. 곁에서 맴돌고 있을 뿐이다. 탐색하는 수준에 머문 것이다. 그러나 ䷆은 양이 하나 파고들었다.

이는 전진이 아니고 무엇이냐! 이 상태에서 한 번 더 전진이 이루어진 것이 ☰☳이다.

이 괘상은 이미 교두보를 만든 상태에서 힘을 강화하고 있는 모습이다. 다음을 보자.

두 괘상의 차이는 무엇인가? ☵의 입장에서 보자. ☵은 중앙에 양이 침투한 모습으로서 이미 작용이 시작되고 있는 것이다. 만일 ☵의 중간에 있는 양이 위에 있는 음을 제거한다면 위로 분출하게 될 것이다. 이 때의 괘명은 환(渙)인바, 흩어진다는 뜻이다. 위쪽이 열려 있으므로 흩어질 수밖에 없는 것이다. 이번에는 양이 아래쪽으로 발전했다고 생각해 보자.

그렇다면 괘상은 ☱☵이 될 것이다. 왜냐 하면 ☵의 중간 양이 아래로 전개 되었기 때문이다. 이 때 위에 있는 음은 여전히 자기 상태를 지키고 있다. 양은 비록 아래로 확산하여 영향력을 넓혔지만, 테두리 안에 갇힌 모습이다. 위쪽에 음이 버티고 있기 때문이다. 양이란 상향성인바, 위쪽에서 막아서면 올라갈 수 없는 법이다.

이 때의 괘명은 곤(困)인바, 막혀서 곤란하다는 뜻이다. 흐르지 못하는 물을 상징하는데, 중요한 것은 흐르지 못한다는 것이지 물이 쌓여 있다는 것이 아니다.

쌓여 있는 물은 ☵☵로 표시된다. 같은 연못에 똑같이 고여 있는 물이라고 하더라도 흐르지 못하는 물이라는 뜻을 표현할 때에는 ☵ 이 되는 것이다. 식사를 할 때 물이 병에 있는 것은 축적되어 있는 물이다. 그러나 국이 병에 담겨 있다면 어떻게 되겠는가? 먹기 곤란한 것이다 같은 물이라도 착안점에 따라 의지가 변화한다.

흐르는 물은 무엇인가? 이것은 ☵ 으로 표현한다. 괘명은 우물을 뜻하는 정(井)이거니와, 실은 우물이 아니라도 상관없다. 수도 꼭지에서 물이 나오고 있어도 ☵ 이고, 산에서 물이 흘러내려 오고 있어도 ☵ 인 것이다. 요점은 물이 흐르느냐 아니냐이다. 높은 데 물이 있어 아래도 터져 있다면 물은 흐를 것이다. 이 때 흐른다는 것을 착안하면 ☵ 이 된다.

그러나 물이 빠져나간다에 착안하면 ☵ 이 되는 것이다. 홍수가 난 상태에서 물이 빠지고 있다면 우리는 물이 흐른다고 하지 않을 것이다. 이 때는 물이 흘려지는 것이고 ☵ 로 표시될 수밖에 없다. 주역의 괘상이란 표현하고자 하는 것이 분명해야 한다. 막연히 겉모양만 얘기한다면 그것은 괘상이 되지 못한다. 중요한 것은 뜻이다. 왜냐 하면 뜻을 알아야만 사물의 존재 의미를 해석한 것이 되기 때문이다. 그 동안의 괘상을 정리해 보자. 즉,

☷ → ☶

☷ → ☵

☷ → ☳

☷ → ☴

☷ → ☶

☷ → ☶
☷ → ☵
☷ → ☳
☷ → ☴
☷ → ☲
☷ → ☰

이상에서 열거한 괘상들은 ☷로부터 외향(☰쪽으로)적으로 변화해 가는 것들이었다. 이들은 좀더 자세히 망라해 보자.

☷에 처음 발전된 것은 ☶, ☵, ☳ 등이다. 즉 ䷖, ䷜, ䷲이다. 여기서 상호 변화를 보자.

☵ → ☶

이 과정은 ䷃으로 표현되는바, 뜻은 무엇인가? ☵의 양이 위로 간 것이다.

이는 음에서 빠져나와 위로 우뚝 솟은 것이 이 상황을 잘 이해해야 한다. 양이란 원래 상향성인바, 아래로 내려갈수록 작용이 활발하다. 그런데 ☵ → ☶은 양이 뒤로 물러선 모습이다. 파고들지 못하고 주춤하고 있는 것이다. 어쩔 줄 모르고 있다는 뜻이다. ䷃의 괘명은 몽(蒙)인바 갓 태어난 어린아이가 어쩔 줄 모르고 망설이고 있는 모습이다.

산에서 갓 빠져나온 물, 또는 안개 속에서 머리를 내민 산의 모습이다. 주춤거리고 있는 모습이 아닌가!

$$☷ \rightarrow ☵$$

이 과정은 무엇인가? 양이 아래로 이동한 것이다. 이것은 전진이라고 말해야 한다. 그리고 또한 끝까지 파고들어 해치운 것이다. 일감을 처리했다는 뜻이다.

괘상은 ☵ 이 되는데, 이 괘상은 이름이 해(解)이다. 해결했다는 뜻이다. 험난(음)을 뚫고 갈 때까지 간 모습이다. 괘명은 참으로 적절하다 아니할 수 없다.

$$☵ \rightarrow ☷$$

이 과정은 어떻게 해석할 수 있는가?

양이 파고든 모습이다. 괘상은 ☵ 인데 괘명을 막연히 외어대지 말고 뜻을 생각하라. 양이 음쪽으로 파고들었으니 난관에 봉착한 것이다. 괘명은 건(蹇)인바, 안개 속에 갇혀 움직이지 못하는 상황을 표현하고 있다. 비단 안개뿐이 아니라 연애에 깊게 빠져 있어도 마찬가지이다. 또한 마약·술·담배에 빠져 있어도 마찬가지인데, 요는 험난 속에 갇혀 있다는 것이 딱할 뿐이다.

이것은 어떻게 해석되는가? 이번에는 양이 뒤로 향했다. 아래로 파고든 것에 비해 힘은 덜 들 것이다. 다만 위로 나간 상황에서 음 속에 갇혔을 뿐이다. 이 때를 혼돈이라고 말해야 하겠지만, 혼돈이 라는 것은 그마나 노력하고 있는 중에 있는 것이다. 이것은 풀릴 가능성이 있는 것이다.

다음을 보자.

두 괘상 중에서 ☷은 ☵이 ☵ 아래에서 꼼짝 못 하고 있다. ☷이 꼼짝 못 하는 것이 아니라, 꼼짝 못 하고 있으면 그것이 바로 ☷인 것이다. 사람이든 자동차이든 군대이든 험난 속에 갇혀 힘을 발휘하지 못하고 있으면 ☷로 되는 것이다.

그러나 ☳ 은 다르다. 아래가 ☳이 아닌가! ☳은 움직인다는 뜻 이다.

비록 험난(☵) 속에 갇혀 있지만, 그 안에서 꾸준히 움직이고 있 으므로 상황이 개선될 여지가 있는 것이다. ☳은 막연한 움직임이 아니라 비록 움직이고 있어도 상황 개선에 전혀 도움을 줄 수 없다 면 그것은 ☷이라고 표현해야 한다. 그러나 가만 앉아서 때를 기다 리고 있으면 이는 정리되어 있다 하더라도 ☷인 것이다. 시간이 흐 르고 방침이 주어져 있기 때문이다. 울면서 깡충깡충 뛰고 있으면 이는 방침이 없으니 바로 ☷되는 것이다. 이 때 ☳ 와 ☷의 차이를 알겠는가? 다음을 보자.

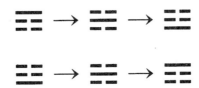

두 과정은 상호 변환적이다. 중간 과정에 ☵이 있는데, 결과만을 따져보면 ☷ → ☳, ☳ → ☷이다. 이것들의 뜻은 어떻게 되는가?

☷ → ☳이다. 이것은 ䷗인바, 앞에서 검토했던 것이다. 험난 속에 갇혀 꼼짝 못 하고 있는 모습이었다. 그러한 상황에서 조금 발전된 것이 바로 ☷ → ☳이다.

괘상인 ䷂ 인데, 이것도 앞에서 검토했었다. 험난을 정복한 모습이다.

☷ → ☳ → ☷

이 과정에서 무엇이 보이는가?

양이 힘겹게 파고들고 있다. 어렵게 생각할 것이 없다. 파고드는 것이 곧 힘겹다는 뜻이다. 양이란 위로 올라가야 편한데, 아래로 파고드니 힘겨울 수밖에 없다.

지치게 고되다는 뜻이다. ☳에서 시작하여 ☵을 거치고 ☷에 도달하면 참으로 힘겨운 것이다. 녹초가 되었다고 해도 좋다. 또는 심하게 위축되어 있는 모습이다.

괘상으로 표시하면 ☶이 된다. 이것은 새가 날개를 한껏 벌린 모습인데, 그 결과 지쳐 있는 모습이다. ☷에서 시작한 피로가 극한적으로 쌓여 있다. ☶을 보면 언덕을 하나 넘어 있는 모습이다. 아직 넘어야 할 산이 있는바, 움직임이 끝나지 않았다. 여기서 중요한 것은 쉴 수 없다는 뜻이다. 할 일이 남아 있기 때문이다. 또한 당초 소극적인 자세로 겨우 난관 하나를 돌파했을 뿐이기 때문이다.

요점은 전진할 수 없다는 뜻이다. 지쳤을 뿐만 아니라 할 일이 더 남았기 때문이다.

$$ ☷ \rightarrow ☳ \rightarrow ☶ $$

이 과정은 아주 힘찬 모습이다. 당초 ☳은 활동적이었던바, ☵에 뛰어들어 난관을 극복했었다. 괘상은 ䷂인데, 이는 힘차게 난관에 뛰어든 모습이다. 그 결과 ☷에 이르러서는 편안하다. 힘차게 일을 마쳤기 때문이다. 두 과정을 다시 비교하자.

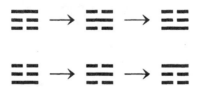

두 과정은 다시 고쳐 쓸 수 있다. 즉,

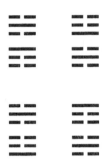

두 과정을 해석해 보라. ䷜ → ䷂ , 이것은 험난 속에서 꼼짝 못하다가 벗어난 모습이다. 이는 험난을 이제 막 벗어났다는 뜻이다. 어째서 그런가?

당초 ☵이 문제였다. 소극적인 자세, 바로 이 때문에 아직 할 일이 남게 된 것이다. ☵은 일견 모든 일이 해결된 것처럼 보이지만 지쳐 있는 것이다. 하나의 일감이 처리된 것은 물론 ☵이지만, 이것은 그 자체만 바라본 것이다. ☵은 아직 미비하다는 뜻이다. 다음을 보자.

두 개의 괘상은 앞서 검토한 바 있는데, ☷은 풀려나간 모습이다. 그 과정은 길다. 먼저 양이 와서 ☷의 위쪽을 점령하고, 이어 파고 들어서 ☵이 된다. 그 다음에 다시 위쪽이 제거되어 마침내 ☵이 된 것이다. 이는 분명 풀린 모습이다.

그러나 ☷ → ☳은 어떤가?

이는 바로 이런 뜻이다. 당초 ䷗이 있었다고 생각해 보라. 위쪽은 ☳이 되어 상당히 풀린 모습이다. 그 과정에서 ☷ → ☶ → ☳, 이러한 역사가 숨어 있는 것이다. 그러나 아직도 아래에는 ☷이 남아 있다.

이내 지나간 일은 잘 했다 해도 아직 일이 남아 있다는 뜻이다. 이제 다음을 보자.

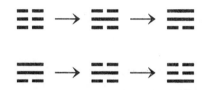

두 과정을 비교해 보라. 위쪽은 양이 점점 많아지고 있으며, 아래쪽은 단순히 양이 파고들 뿐이다. 힘들 것은 당연하다. 다시 보자.

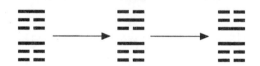

이 과정은 어떤가? ䷏은 그야말로 꼼짝 못 하고 있는 모습이다. 산 넘어 산이다. 그러나 ䷜은 다소 풀린 모습이다.

산 하나를 파고들어 중턱에 오르곤 했기 때문이다. 이어 ䷂은 산 하나를 완전히 넘어선 모습이다. 다만 지쳐 있을 뿐이다. 이는 다소 어렵게 느껴질 것이다. 어째서 산이 또 나타나느냐 말이다. 이는 처음의 자세에 달려 있다. ☷은 소극적인바, 다른 말로 하면 앞서 험난이 많다는 뜻이다.

반면 ☳은 적극적인바, 다른 말로 하면 앞에 난관이 적다는 뜻이된다. 실제로 난관이 얼마나 있느냐는 문제가 아니다. 그것은 뚫고나가는 힘이 어떠냐에 달려 있는 것이다. 주역의 괘상이란 원래 상대적 의미를 해석한 것이다. 연못의 물은 ☵로 표현될 수 있지만, 그것이 흐르지 못하고 있는 점을 보고자 한다면 ☶로 표시되는 것이다. 주역의 괘상은 상대적 의미를 표현한 것이라는 것을 잊어서는안 된다. ☷ → ☳은 일을 다 마친 것이 아니라, 소극적인 자세에서출발했다는 뜻이 되는 것이다. 나중에 ☳이 된 것은 움직이는 모습이지만, 출발이 미미하기 때문에(☳) 비록 ☳상태가 되었다 하더라도 아직 일각이 남은 것이다.

다시 보자.

$$☷ \rightarrow ☳ \rightarrow ☳$$

이 과정은 힘차게 출발하여 결실을 맺는 모습도 보여준다. 처음에☷은 힘찬 출발이며, 나중에 도달한 ☶은 결실이다. 다음을 보라.

$$☷ \rightarrow ☳ \rightarrow ☳$$

이 과정에서 처음 ☷은 결실이 아니고 힘든 출발을 보여준다. 나중에 도달한 ☷은 양이 음 아래에 깔려 있는 모습인바, 지쳐 있다.

할 일이 남아 있다는 뜻이다. 이 괘가 잘 안 되는 사람은 다음을 보면 된다.

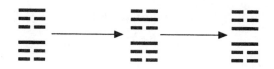

이 과정에서 위쪽의 변화를 주목해 보라. 어떤가?
위쪽 부분만 다시 써 보자.

이것은 무엇인가? 바로 우리가 논의하고 있는 문제가 아닌가! 끝에 도달한 ☷은 겨우 ☲ 하나를 해결한 것이다. 그 결과 지쳐 있다. ☷은 위축의 모습이다. 요동한다고 생각하면 이해가 쉬운 것이다.
다시 보자.

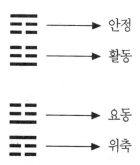

안정

활동

요동

위축

이해가 되는가? ☷은 위축 또는 안정이다. 원래 그런 것이다. ☷은 정치라는 뜻이다. 정치라는 것은 때에 따라서 위축의 의미가 있고, 또 어떤 때는 위축의 의미가 된다. 정(靜) 중 동(動)이는 말이 있는데, 이 때의 정은 바로 안정이라는 뜻이다. 다시 보자.

 군자의 보습

왜냐? 겉으로 안정되어 있으며, 속으로 살아 있기 때문이다.

 소인의 모습

왜냐? 기고 만장한 모습이다. 그러나 속으로는 두려움에 떨고 있다. 설명이 다소 길어지고 있는데, 그만한 사정이 있다.

주역이란 과거 미래를 동시에 표현하고 있기 때문에 애써 보충할 때가 있다. 그러나 어느 경우라 해도 괘상이 제멋대로 해석되는 것은 아니다. 괘상은 절대적인 의미가 존재한다. 그것은 주역의 문법이거니와, 전후 사정을 잘 살펴야 괘상을 정확히 이해할 수 있게 된다. 다시 진행하자.

이 괘상의 뜻은 무엇인가? 괘상의 이름을 떠올리지 마라. 괘상의 구조를 살펴야 할 뿐이다. 나중에 괘명이 음이라도 좋지만, 처음부터 괘명을 끌어내어 괘상을 억지로 이해하면 안 된다. 모르면 모르는 것이다. 괘상의 구조를 보고 깨닫게 되면 괘명쯤이야 쉽게 이해할 수 있는 것이다. 괘상을 모르면서 옛 성인이 붙여놓은 괘명이나 문자만 이해하려 드는 사람은 얌채 같은 사람이다. 처음도 모르면서 남이(성인이 그렇게 말했다고 해서) 한 것을 억지로 자신의 생각인 것처럼 하면 안 되는 것이다. 문자에만 의존하다 보면 적당히 둘러되는 버릇만 생기게 된다. 성인이 이해한 것을 마치 자기가 이해한 것처럼 한다면 이는 거짓말쟁이밖에 안 된다.

괘상이란 스스로 깨달아야 하고 자기 방식으로 확실히 표현해야 하는 것이다. 알면 올바로 말할 수 있게 되는 법이다. 모르는 사람은 성인의 말을 외우고 나름대로 해석한 다음 보란 듯이 지껄이게 된다. 이것은 이런 뜻이노라 하면서…… 성인이 말한 것을 읊어대는 것은 성인의 말 그대로 표현한 것뿐이지 괘상을 이해한 것은 아니다. ☰의 뜻은 무엇인가? 책에 무엇이라고 되어 있든 서로 납득할 수 있는 논리를 발견하라는 것이다. 2＋4는 무엇인가? 책에 6이라고 되어 있는가? 스스로를 확실히 이해했는가? 아버지가 2＋4 → 7이라고 한다면 어떻게 하겠는가? 반대할 것인가. 답을 확실히 알기 때문이다. 책에 써 있다면 어떻게 할 것인가?

책? 책을 너무 대단하게 생각해서는 안 된다. 옳고 그름의 답뿐이다. 5,000년 전에 써놓은 책은? 언제 써놓은 것이 문제가 아니라 맞느냐 틀리느냐가 문제이다. 문자(한문)로 되어 있다면? 문자를 따질 필요없다. 영어도 되어 있든 불어로 되어 있든 내용이 중요하다. 어리석은 저자가 틀린 내용을 책으로 만들어 놓았다면 아무리 근사하게 만들어 놓은 책이라도 사기꾼의 거짓말밖에 되지 않는 것이다. 다시 묻겠다. ☲의 뜻은? 괘명을 떠올릴 생각인가? 그래서는 안 된다. 찬찬히 괘상만을 살펴봐라. ☲은?

아래가 ☲로 되어 있다. ☲은 불·덩어리·아름다움·빛·뜨거움 등의 뜻이다.

☱? 그릇이다. 좋은 곳, 밀폐된 곳이라도 좋다. ☱은 반드시 연못만은 아닌 것이다.

골목이나 시골을 ☱이라고 말한다.

☴은 바람만이 아니다. 언덕·도로·서울·유럽·미국이 바로 ☴인 것이다. 탁 트였다는 뜻이다. ☱은 막혀 있는 것이다. 왜냐? ☱은 연못이기 때문이라고? 바보 같은 소리이다. ☱이 연못이 아니라 연못이 ☱일 뿐이다.

시골도 ☱이고, 골목도 ☱이고, 으슥한 곳도 ☱이고, 주머니도 ☱이고, 노트도 ☱이다. 노트? 어렵게 생각할 것 없다. 노트는 무엇이나 글을 달아놓는 그릇이 아닌가? 노트가 어째서 그릇이냐고? 그만두자 제1편부터 다시 읽어보라. 노트는 바로 ☱이다. 편협도 사회도 ☱이다. 억압되어 있는 사회가 ☱인 것이다. 어째서?

☱의 구조를 보라. 위쪽에 음이 있어 양을 가두어 놓고 있지 않은

가! 이는 보호해 주고 있는 것이 아니냐? 그렇다.

보호나 억압은 같은 모습이다. 그러나 뜻은 다르다. 보호라는 것도 적당할 때를 일컫는 말이다. 오늘날 보호 감금이라는 말이 있는데, 실은 죄인을 가두어 놓고 공연히 좋은 말로 표현한 것뿐이다. 보호는 무슨 보호인가! 가두어 놓은 것이다. 억압시켜 놓은 것이다. 말이 나온 김에 말이지만·보호 감호라는 제도는 비민주적이다.

죄를 지었으면 재판에 의해 벌을 내리면 그만이다. 10년형이든, 21년 형이든, 그것은 판사가 결정할 문제이다. 그런데 형을 다 살고나서 보호 감호 처분을 받는다면 이는 무엇인가? 죄인이 위험하든 나쁜 놈이든 그것이 문제는 아니다. 죄인이 다음날 성인이 되지 말란 법이 어디 있단 말인가! 형벌이란 과거의 죄에 대해 내려지는 것이 마땅하다. 저놈은 죄를 또 지을 놈이니까 가두어 놓아야 한다면 우리 나라 사람 전부 가두어 놓아야 한다. 죄의 가능성은 형벌로 다스릴 수 없는 것이다. 보호 감호 처분은 판사의 소관이 아니라 검사가 결정한다 하니, 이는 한심한 일이다. 국가가 이러한 죄를 짓고 있다니! 형벌을 다 받은 상태에서 판사의 재판에 의하지 않고, 미래에 범죄를 저지를 가능성 때문에 검사가 제멋대로 보호 감호 10년, 20년, 30년. 당치 않은 일이다. 이는 분명 위헌이다. 헌법이 그렇게 되어 있다면 고쳐야 한다. 헌법이란 가장 정당해야 하는 것이다. 죄값을 다 치른 사람을 보호한다는 명목 아래 가두어 놓는다면 하늘이 싫어할 것이다. 보호는 무슨 보호인가? 정말로 보호하고자 한다면 돈도 주고, 사랑도 주고, 술도 주고, 책도 주고, 취미 생활도 하게 하고, 불행도 막아 주어야 할 것이다. 감옥에 가두어 놓은 것은 결코 보호가 아니다.

　이 글은 정치인이나 판사가 읽기를 천지 신명께 기원하는 바이다. 그건 그렇고, 다시 공부를 시작하자. ䷂, 이는 무슨 뜻인가? 이는 공연히 가두어 놓았다는 뜻이다. 죄없는 사람(죄값을 치른 사람)을 부자유스럽게 가두어 놓은 것이 바로 ䷂이다. 통용되어야 할 법(☵)이 사라지고(억압되고) 있는 모습인 것이다. 지식인이 말못하게 되는 상황도 바로 이것이다. 지식인은 ☵이고 말못하게 만드는 것은 ☳이다. 어린아이를 방에 가두어 놓어 것은 가두어 놓은 게 아니라 보호인 것이다. 이것은 ䷂로 표현한다. 어른을 방에 보호해 놓는 것은? 이는 보호가 아니라 가두어 놓은 것이다. 여자들은 보호와 가두어 놓은 것의 차이를 잘 모르는 것 같다.

　어린아이는 방에 가두어도 보호이지만 남편을 방에 모셔 놓고 못 나게 만들면 이는 가두어 놓은 것이다. 괘상으로 표현하면 바로 ䷂이다. 사회도 마찬가지이다. 훌륭한 백성을 억압하면 ䷂인 것이다. 특히 언론을 탄압하면 ䷂이다.

　계엄령이 내려지면 그것이 바로 ䷂인 것이다.

　필자가 주역의 진리 중 세상에 펴고자 하는데 사회가 거들떠보지 않으면 그것이야말로 ䷂이다. 많은 사람이 주역 원론을 읽어 주역의 진리가 널리 밝혀지면 그것은 ䷂이다. ☳, 무슨 뜻이냐? ☵이 한정된 세계, 즉 ☳을 떠나고 있지 않은가! ䷂은 무슨 뜻인가? ☵이 힘을 발휘하지 못하고 있다. 그래서 괘명이 혁(革)이라, 마음이 갇혀 있지만 나쁜 사회를 바르게 만든다는 뜻이다. 강제로 정권을 탈취하면 혁명이 아니다. 혁명을 정치적으로 국한하여 해석할 필요는 없다. 옳은 것은 세상에 펴면 그것이 바로 혁명인 것이다. 그런 뜻에서도 필자는 혁명가인 셈이다. 주역의 진리를 밝힌다는 것이 어찌 예삿일이겠는가! 다시 보자. ☷의 뜻은? 찬찬히 보라 괘상의 뜻은 다음과 같이 풀어볼 수 있다. 즉,

이와 같은 방식은 이제껏 해 온 것이다.
위 과정을 다시 보자.

이 과정에서 무엇이 보이는가? 양을 보라. 위에 있는 양 하나가 안으로(아래로) 들어서지 않았다. ☵은 이미 양 하나가 아래로 들어서 있다. 이 때 위에 있는 양마저 아래로 들어서게 된 것이다. 갇히게 되었다고 해도 된다. 결과적으로 초만원(☵)이 된 것이다. 속에 갇힌 양은 괴로운 가운데 밖으로 나갈 기회를 엿보고 있다. 음은 강하게 억누르고 있다. 강하게 억누르지 않으면 쉽게 범람하기 때문이다. 이것의 바로 ☵의 뜻이다. 다음을 보자.

이것도 무슨 뜻인가? 과정을 보면 양 하나가 밖으로 나섰다. 갇혀

있다가 방출되는 모습인 것이다. 괘명을 따지지 말라. 뜻을 알면 그
만이다. 갇혀 있다 나갔다는 것이 중요하다. 남편이 영원히 가출했
거나 이웃에 잠깐 놀러 나갔든 간에 갇혀 있다. 들어선 것은 ☳이
다. 그런데 여기서 중요한, 아주 중요한 주역의 법칙이 있다.

다음을 보자.

☷ → ☳

이 과정을 보라. 무엇인가? 양이 하나 안으로 들어선 것이다. 그
렇다면 ☵은 무슨 뜻인가? 전체의 모양을 보라!

☵은 ☷의 내면에 ☳이 들어가 있는 모습이다. 이 점이 매우 중
요하다. ☷ → ☳의 과정에서는 단순히 양 하나가 아래로 이동했을
뿐이다. 그런데 그 과정을 전개해 보면 ☳이 ☷ 속으로 들어간 것
으로 보인다. 바로 그렇다. 주역은 이러한 방식으로 전개되는 것이
다. ☷에서 겨우 양 하나가 안으로 들어섰지만, 이는 크게 보면 ☷
안으로 ☳이 들어갔는 뜻과 같을 것이다. 이것은 바로 프랙탈 구조
이다. 부분에 양이 들어가는 상황이지만, 그로 인해 전체의 뜻도 달
라지는 것이다. 다시 보자.

이 과정은 양이 들어간 것이다.

☳, 이것은 ☲이 안에 들어가 있다는 것이다. 그러므로 ☲의 위쪽 양(━)은 바로 ☳이다. 그리고 ☲의 아랫부분(⚏)은 바로 ☷인 것이다. ⚏ 속으로 ━이 들어간 것은 ☷ 속으로 ☲ 들어간 것과 뜻이 같다.

대상과 효에 대한 논리이거니와, ☳은 양이 들어갔다는 것이 중요한 것이 아니라 양이 들어가 있다는 것이 중요하다.

양이 원래부터 안에 있든, 없다가 들어선 것이든 상관없다. ☳은 양이 갇혀 있는 모습일 뿐이다. 맨 뒤에 있는 음의 입장에서 보라. 얼마나 감당하기 어려운가! 아래 있는 양의 입장은 더욱 괴롭다. 마음껏 희롱하고 싶은데 갇혀 있는 것이다. 다음을 보자.

$$☱ \rightarrow ☳$$

이 과정은 ☱의 아래 있는 양(⚌) 중 하나가 밖으로 나간 것이다. 이것도 바로 프랙탈 구조인데, 부분에서는 겨우 양(⚌) 하나가 밖으로 나섰을 뿐이다. 하지만 그 과정을 전부 그려보면 바로 ☳이 된다. 우리는 ☳에서 태양이 떠오른 모습을 상상할 수 있다. 이는 ☲에서 아래 있는 양 하나가 떠오르는 것과 전혀 다르지 않은 것이다.

이제 ☳의 뜻을 대강이나마 알았을 것이다. 괘상의 뜻은 그리 쉬운 게 아니다.

보고 또 보고, 갈고 닦고 비교하고, 해체하고 다시 만들어 봐야만 조금 알게 되는 것이다.

☳의 뜻을 이제 조금 안 것이다. 많이 알았다고 해도 된다. 그러

나 완전하게 다 알려고 하면 안 된다. ☶의 뜻은 아직도 한참 공부
해야 하는 것이다. 지금의 수준은 겨우 괘명의 뜻을 이해한 정도이
고, 그럴 듯하게 괘상을 해석했을 뿐이다. 더욱 강화해야만 한다.
그러기 위해서는 괘상의 수학적 구조를 통탈해야 하겠지만, 이 장에
서는 다소 유치한 방법(언어 논리)으로 일관하겠다. 다음을 보자.

이것의 뜻은 무엇인가? 괘상의 이름을 떠올려도 좋다. 요는 어째
서 그런 이름이 붙어 있느냐 하는 것을 알면 그만이다. 괘상의 모양
을 보면 그릇 속에 바람이 들어 있다. 바람? 흔히 이런 말이 있다.
저 사람 바람이 한껏 들어가 있군! 이 말은 들어 있다는 말이다. 필
요 없이 팽창되어 있다는 뜻이다. 괘상을 다시 보자. 위에는 ☱이다.
쉽게 말하면 연못이다. 아래는 ☴인바, 쉽게 말하면 나무이다.

바람이 아니고 나무라고? 그렇다, 걱정할 것 없다. 바람이 곧 나무
이다. 어째서냐고? 그것은 어려우니 그냥 넘어가자. 차차 알게 될
것이다. 나무를 연못 아래에 두었다고 하자, 그러면 어떻게 되겠는
가? 급격히 떠오를 것이다. 나무는 가벼워서 그렇다. 바람도 가볍기
때문에 돌아다닌다. 떠오른다는 것이나 돌아다니는 것은 같은 뜻이
다. 주역에는 안과 밖이 있을 뿐이다. 밖이란 위쪽을 말하고 안이란
아래쪽이다. 양은 바깥쪽, 위로 향하고 음은 아래쪽 안쪽으로 향하
는 것이다. 연못 아래의 나무는 위로 솟구친다. ☴은 연못이 너무

물이 많아져 나무까지 삼킨 것이다. 결코 오래 갈 수 없다. 너무 높게 올라가 물은 아래로 빠지게 마련이다. 연못 아래 갇힌 나무는 떠오르게 마련인 것이다.

풍선을 보라. 마음껏 부푼 풍선은 반드시 터지게 되어 있다. 지나치게 부푼 풍선이 바로 ☵이다.

뻔한 얘기지만 풍선뿐이 아니라 무엇이든 지나고 나면 그것이 바로 ☵인 것이다.

지나친 것은 조만간 사고가 나게 되어 있다. 그러나 다시 축소되는 것이다. 병법에 말하였다, 적을 축소시키고자 한다면 그들을 부풀게 하라고. 이는 마음껏 커진 것은 분열할 수밖에 없다는 진리를 밝힌 것이다. 그 모습도 바로 ☵인 것이다.

☵은 몹시 위태로운 모습이다. 다시 보자.

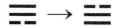

이 과정이 바로 ☵을 분해한 것이다. 어떤 일이 일어났을까? 양을 보라. 두 개가 동시에 안으로 들어갔다. 너무 심하지 않은가? ☷ → ☶은 하나씩 들어간 것이다. 그러나 ☷ → ☳의 과정은 양 두 개가 급히 들어간 모습이다. 어떻게 되겠는가? 폭팔하게 되어 있는 것이다. 다음을 보자.

두 개의 괘상 중 ☵은 극단적인 상황이어서 수습할 방법이 없다. 군대는 통제력을 잃고 성난 군중은 대통령 궁으로 몰려들고 있다.

☵은? 위험하다 재빨리 문호를 개방하고 탄압을 풀면 되는 것이다.

☵은 ☵보다 위태로운 것이다. 두 괘상의 비교는 앞에서도 몇 차례 이루어진 바 있거니와, 여기서도 ☵의 뜻을 음미하는 것이 중요하다. 부분을 보면 ☱ → ☵인데, 이는 연못이 위쪽 양(⚊)은 바로 ☵인 것이다. ⚊이 -- 안으로 들어간 것이나, ☵이 ☵의 속으로 들어간 것과 같다는 것이다. ☵은 무엇인가. 강한 양이다. ☵은 그릇이다. ⚊은? 강한 양이다. --은? 약한 그릇이다. 주역의 괘상은 작게 정밀히 살피면 괘상의 뜻이 드러난 것이다. 괘상이란 작은 변화의 큰 뜻을 보고자 하는 것이고, 효란 큰 뜻 속에 있는 작은 변화를 보고자 하는 것이다. 이리하여 안에서 작은 것이 움직이면 밖으로 뜻이 드러나고, 뜻을 알면 바로 그 작용을 이해할 수 있는 것이다. 우리의 눈은 때로 정밀해져야 하고, 또 어느 때는 대범해져야 한다. 천하에서 일어나는 각종 현상은 무슨 뜻이 있는가? 작은 것을 보고 큰 것을 미리 알 수 있는 것이 주역이다. 그리고 또한 크게 보이는 변화도 실은 그 안에 작은 것으로부터 비롯된다는 것을 가르

쳐 주는 것이 주역이다.

오늘 우리의 주역에서 일어나고 있는 현상들은 무슨 뜻이 있는가?

대단원

드디어 마지막 장을 쓰게 되었다. 그러나 홀가분한 기분이 아니다. 대개 작가들은 원고를 다 쓰고 나면 해방된 느낌을 갖는다. 하지만 지금 필자의 기분은 슬픔 그 자체이다.

마치 졸업식장에 섰을 때의 기분과도 같다. 필자는 선생의 입장이고 독자는 학생의 입장인데, 독자들은 지금 어떤 기분일까? 공부로부터 해방되어 기쁨을 느끼는지, 아니면 아쉬움을 느끼는지 알 수 없다. 필자는 아쉬움과 슬픔을 느끼는데, 그것은 독자들에게 충분한 지식을 건네주지 못했기 때문이다.

이 책에서는 주역에 대해 대강 설명했다고 생각한다. 다소 번거로운 수리 논리가 있었는데, 독자들에 따라서는 지겹게 여겨졌을 수도 있을 것이다. 어떤 독자는 도중에 책을 덮어 버렸을 수도 있을 것이다. 하지만 이 책의 내용을 쉽게 이해한 특별한 독자들은 좀

더 논리가 철저하기를 바랐을지도 모른다.

필자의 생각도 그와 마찬가지이다. 이 책을 자세히 읽은 독자라면 알겠지만 여러 분야가 나열되어 있는데, 설명이 충분하지 못하다. 그것을 변명한다면 소개할 내용은 많고 지면은 한정되어 있기 때문이다. 양해를 구하고자 한다. 다만 필자는 양심에 따라 최선을 다해 설명했다. 아쉬운 것이 있다면 좀더 알기 쉬운 수리 논리로써 설명해야 했는데, 이를 생략했다는 점이다.

그러나 어쩔 수 없다. 지금까지의 주역에 관한 모든 서적은 이 책에서만큼 충분한 논리를 전개하지 않았다. 그것은 이해를 위한 책이라기보다 가르침에 관한 책이었다. 그러나 이 책은 가르침보다는 학술 논문 발표라고 생각해 주기 바란다. 누차 강조했지만 주역이란 학문은 이와 같은 방식으로 접근해야만 성인의 뜻을 깨달을 수 있다.

지금까지의 주역은 지나치게 한문 풀이에 매달렸거나 비과학적인 논리로써 서구 문명의 비웃음을 받아왔다. 동양보다 서양이 무조건 낫다는 것은 아니다. 단지 그들의 철저한 합리주의를 본받아야 한다는 것이다.

오늘날 인류의 찬란한 문명은 모두 그들의 손으로 이루어졌다. 비행기든 컴퓨터든 TV나 냉장고이든 무엇 하나 그들이 만들지 않은 것이 있는가!

학문의 세계도 그렇다. 그들은 과학과 수학을 통해 우주의 기원을 밝혔다. 이제는 주역마저도 그들에 의해 철저하게 연구되고 있다. 그들은 철저히 체계적이고 과학적으로 연구하여 진리를 밝히고 있다. 신비주의나 속임수까지 포함된 어설픈 논리로는 주역을 밝힐 수 없다.

필자가 지금 슬프고 아쉬움을 느끼는 것은 좀더 상세히 세상에 주역을 알리지 못했기 때문이다. 어떤 독자에게는 정밀한 수학과 과학을 도입하여 주역을 보다 철저히 알렸어야 했고, 논리를 싫어하는 독자에게는 말로나마 깊게 설명했어야 된다. 하지만 현실은 그게 아니다.

이 책에서 논한 여러 부문은 그 자체만으로도 몇 권의 책으로 써야 될 만큼 내용이 풍부하기 때문에 분야를 소개하는 정도로 그칠 수밖에 없었다. 그러나 주역을 공부하는 방법을 충분히 보여 줬다고 믿는다.

필자가 바라는 것은 우리 사회에 과학적으로 연구된 올바른 주역이 정착되는 일이다. 그리하여 현대 문명의 학자들이 주역의 진수를 올바르게 이해할 수 있게 되어야 한다.

필자는 이 책을 세상에 발표하면서 주역계의 갈릴레오가 되기를 희망했다. 갈릴레오는 지구가 태양 주위를 돈다는 진리를 밝힌 바 있는데, 필자는 주역 속에 무궁한 과학적 진리가 존재한다는 것을 밝히고자 했던 것이다.

아울러 가까운 장래에 주역계의 뉴턴이 등장하기를 진심으로 염원한다. 그와 같은 인물은 주역의 진리를 더욱 자세히 밝혀 주역을 최고 과학의 반열에 올려놓을 것이다.

필자는 이 책에서 종래의 주역학자에 대해 지나친 비평도 서슴지 않았는데, 이는 답답한 심정을 너무 강조하다 보니 그렇게 된 것뿐이다.

필자는 또한 이 책이 젊은 사람들에게 읽혀지기를 희망한다. 그들이 좀더 합리적이기 때문이다. 신비주의라도 좋다. 단지 왜곡해서는 안 된다.

필자는 이 책에서 수리 논리를 도입했는데, 실은 그것을 더욱 철저히 규명하고 싶었다. 특히 위상 구조의 수리화, 효사의 수리화 등은 몹시 아쉽다. 그것은 고도의 논리와 수학적 이론이 필요하기 때문에 생략할 수밖에 없었다. 그 외에 주역의 응용이나 사물의 패상화의 기술적인 내용도 충분히 다루지 못해 아쉽다.

하지만 가장 중요한 것은 주역이 대학이나 또는 대학원 과정에서 정식 학문으로 도입되기 위해서는 보다 철저한 체계가 만들어져야 한다는 것이다. 필자는 사회적 조건이 성숙해지면 보다 철저하고 정밀한 과학적 주역 논리를 밝히고 싶다.

지금은 그저 생소하다면 생소한 과학적 주역의 내용을 세상에 넓게 알리고 싶을 뿐이다. 그리하여 만일 주역에 대한 올바른 인식이 사회 일부에라도 심어질 수 있다면 이로써 주역의 부흥 시대가 도래할 것이다.

과학적으로 바르게 규명된 주역은 우리의 국가 사회에 크게 이바지할 것은 더 말할 나위가 없다. 그것은 원자 문명만큼이나 인류에 중요한 뜻을 지닐 것이다. 앞으로 인류는 시간을 이해하고 정복해야만 한다. 지금까지의 문명이 물질을 정복하고 공간적인 확산을 이룩했다면 이제부터는 시간의 세계에도 인류가 발을 들여놓아야 한다.

그 방법은 주역에서 찾을 수밖에 없다. 주역에는 시간의 구조와 반중력 에너지를 개발, 활용할 수 있는 비밀이 들어 있다. 그 외에 최상의 사리(事理)가 들어 있으므로 이를 사용한다면 인류 사회의 효율을 극대화할 수 있다.

그 동안 이 책을 세심히 공부한 독자들은 이미 주역의 그러한 위력을 실감했을 것이다. 아는 것이 힘이라는 말도 있지만, 주역의 지혜를 통해 우리 나라도 선진 문명의 대열에 동참할 수 있기를 희망한다.

이 책을 접한 독자들은 무엇을 기대했을까? 신통한 점법을 얻어 최고의 운명 감정가가 되기를 희망했을까? 그러나 주역은 절대 그러한 하찮은 학문이 아니다. 미래의 총명한 인류가 공부하게 될 학문인 것이다. 필자는 그 때가 곧 다가올 것으로 믿고 있다.

서구에서는 이미 그러한 상황이 전개되고 있다. 현재 우리 나라는 많이 뒤떨어져 있는 실정이지만 이제부터라도 열심히 추구하면 그들을 따라잡을 수 있다. 아니, 능가할 수도 있을 것이다.

본래 주역은 우리의 조상이 만든 것으로, 복희씨는 실은 단군님 중의 한 분이었다. 이러한 주역의 얼을 이어받은 우리가 미국이나 영국, 혹은 독일에게 뒤떨어질 이유가 없다. 우리 스스로가 합리적인 길을 마다하지 않는다면 결국 뒤떨어진 주역을 급속도로 발전시킬 수 있을 것이다.

필자는 이 책에서 점법이라든가, 운명 감정, 또는 사회 전략에의 응용 등을 많이 다루지 못했는데, 그것은 추후에 다룰 기회가 있을 것이다. 지금은 기초 작업이 절실하다. 그래서 이 책의 대부분을 기초 개념 논의에 할애했던 것이다.

앞으로 필자는 보다 철저한 고등 주역론을 전개하고 싶다. 모든 것은 사회적 분위기에 달려 있다. 갈릴레오가 지구가 태양 주위를 돈다는 사실을 밝혔듯이, 필자도 모처럼 의지를 일으켜 주역의 참 의미를 되새겼는데, 미신을 숭상하는 종래의 학자들이 필자를 종교 재판에 회부할지도 모르겠다. 오늘날 주역학계는 권위도 없고 권력도 없으므로 필자가 감금될 일은 없겠지만 제발 올바른 주역이 세상에 자리잡기를 바란다.

필자가 독설로 오늘날 주역학계를 비판한 것은 우리 모두 잘 되자고 한 일이다. 첫째는 진리가 밝혀져야 하고, 둘째는 우리의 위신이 높아져야 한다.

오늘날 사회 지도층이나 권력층은 주역을 아주 경시하고 있다. 이것을 계몽해야 하지 않을까! 그러기 위해서는 우리가 그들에게 내놓을 것이 있어야 한다. 그것은 바로 그들도 납득할 수 있는 합리적인 주역이다. 또한 그들에게 주역의 위력을 보여 줘야 한다.

널리 세상을 계몽하고 인재를 발굴·육성하기 위해서는 사회적 실력자의 도움이 필요하다. 예를 들어 교육 기관이나 연구 기관 등이 설립되기 위해서는 재력이 있어야 한다. 공부만 파고드는 학자들에게 무슨 힘이 있겠는가! 학자는 열심히 공부하여 진리를 밝혀야 하고 사회는 이를 지원해야 할 것이다.

필자는 이 책을 통해 일방적으로 가르치는 입장을 취했는데, 필자의 논리에 한 점의 모순이 있다면 그것을 지적받고 싶다. 필자는 순수한 학자의 양심에 따라 누구와도 토론할 용의가 있다. 필자보다 30년 나이 어린 홍안의 청년이 와서 가르침을 주어도 좋고, 지긋이 나이 드신 어른이 찾아와 야단을 쳐도 좋다. 오로지 주역 발전을 바랄 뿐이다.

필자는 지금 졸업식장에서 졸업생에게 축사를 하는 느낌이 든다. 그 동안 이 책을 열심히 읽었던 독자들의 무궁한 발전을 바란다. 아울러 인류에게 주역을 가르친 옛 성인께 경의를 표하면서 이 글을 마친다.

◐ 작가 김승호 선생님과 고등주역론에서 다시 만납시다.

 김승호 ●대하소설

1권/연진인의 천명재판

세상과는 멀리 떨어진 깊은 산, 범상한 신통력과 전생을 간직한 사람들의 마을, 지존한 신선들의 은밀한 행보는 지상으로 향하고, 정마을은 상상조차 할 수 없었던 기이한 사건의 소용돌이 속으로 휘말려 드는데……. 연이은 긴박한 사건 속에 속세에서 폭력에 맞섰던 한 사나이가 정마을로 숨어든다.

2권/평허선공, 염라전에 들다

정마을 촌장의 기이한 행적으로 인한 의문은 쌓여만 가고, 건영이의 신비한 힘이 주역을 통해서 서서히 드러난다. 이 때 천계에서는 우주의 이상현상에 대한 답을 구하기 위해 특사가 파견되지만 요녀들의 방해로 죽임을 당해 뜻을 이루지 못한다. 한편 정마을을 떠난 촌장 풍곡선은 천계에서 심문을 받고 …….

3권/종잡을 수 없는 천지의 운행

천계에서 서선 연행이었던 전생의 기억을 회복한 남씨는 숙영이 어머니와의 이루지 못한 슬픈 사랑에 가슴 아파한다. 우주의 이상현상의 하나로 나타난 혼마 강리는 정마을 사람들을 위협하고, 천계의 대선관 소지선은 평허선공을 피해 하계로 숨어 버린다.

4권/단정궁의 중요 회의

우주의 혼란을 바로잡을 방법을 구하기 위해 단정궁에 파견된 특사는 아리따운 총관 본유의 유혹에 넘어가 정력을 소진한 채 자멸하고 만다. 한편 지상에 나타난 혼마 강리는 땅벌파에게 무술을 가르쳐 세상을 지배하려 한다. 그러나 풍곡선의 부탁을 받아 그를 뒤쫓던 검의 명수 좌설과 일전을 치르는데 …….

5권/선혈로 물든 인연의 늪

정마을 주변에서는 또 한번의 기이한 일이 발생한다. 빗자루를 든 괴노인이 나타나 닥치는 대로 사람을 죽이고 서울로 향하는 인규를 위협한다. 정마을이 지원하는 조합장측과 혼마 강리가 지원하는 땅벌파 간의 오랜 이권 다툼 끝에 드디어 협상이 이루어져 새로운 전기가 마련된다. 천계에서는 동화궁과 남선부 간에 전쟁이 일어나 아수라장이 되어 버린다.

6권/옥황부의 긴급 사태

건영이는 하루가 다르게 도를 깨우치고 혼마 강리도 극강의 힘을 얻기 위해 땅벌파를 동원해 여체를 찾아 나선다. 그들은 드디어 무척 날쌔며 힘이 장사인 미친 여자를 만난다. 그러나 혼마는 뒤쫓던 좌설과 능인의 일격을 당해 중상을 입는다. 이 결투로 능인도 목숨을 잃을 위기를 당하지만 때마침 천계에서 건영이를 만나러 내려온 염라대왕의 도움으로 살아난다.

7권/여인의 숭고한 질투

빗자루 괴인은 마침내 정마을로 쳐들어오고 이를 미리 알아챈 건영이는 마을 사람들을 산으로 대피시킨다. 건영이는 염파를 보내 괴인을 자신에게로 이끌어 전생에 역성 정우였음을 밝히며 주역에 대해 문답을 나누어 위기를 넘긴다. 한숨 돌린 건영이는 또다시 천계에서 내려온 염라대왕을 만나 우주의 이변에 대해 상세히 진단을 내려준다.

8권/기습당한 옥황상제

좌설과의 결투로 중상을 당한 혼마 강리는 거지 무덕의 덕으로 목숨을 구했을 뿐만 아니라 극강의 힘을 향해 치달렸다. 이에 강리는 조합장측에 도움을 주고 있는 정마을의 위치를 알아내 단번에 섬멸해 버리기 위해 땅벌파들을 지방으로 내려 보낸다. 한편 정마을의 남씨는 전생에 천계에서 친구였던 수지선의 방문을 받는다.

9권/다가오는 정마을의 위기

풍곡선은 평허선공의 추적을 뿌리치기 위해 옥황부의 특사가 되어 요녀들이 들끓는 단정궁으로 향한다. 평허선공은 염라전에 나타나 염라대왕과 일전을 벌이는데 ……. 지상의 혼마 강리는 드디어 무덕의 신통력으로 극강의 힘을 얻고 정마을을 정복하기 위해 땅벌파와 함께 춘천으로 떠난다.

10권/슬픈 운명

정마을로 침투하려던 강리 앞에 수지선이 나타나 결투를 벌인다. 극강의 힘을 발출하며 강물 위에서까지 혈투를 벌인 끝에 강리가 생을 마감하여 바람처럼 사라져 버린다. 한편 천계에서는 평허선공의 사주를 받은 동화궁의 선인들이 옥황부로 쳐들어가고, 살상은 계속되었다. 지상과 천계의 이변을 수습할 방법은 없는 것일까? 그리고 단정궁으로 떠난 풍곡선의 운명은 …….

카네기 인생론

삶에 대한 모든 물음은 우리 스스로 체득할 수밖에 없을 것이다.

삶에 대한 어떤 설명도 우리 자신의 삶에 지침이 되기에는 어렵기 때문이다.

이 책은 막연한 설명이 아니라 구체적인 제시를 한다.

우리가 어디에서나 부딪히는 삶의 현장에서 함께 이야기하고자 하기 때문이다.

카네기 출세론

이 세상을 살면서 주어진 삶에 충실하다는 것은 모든 이들의 소망이다.

그리고 가능한 모든 일을 이루어 낸다는 것은 유능한 사람들의 의무이다.

이 책은 유능한 사람들이 나아가야 할 바를 참으로 절실하게 제시해 주고 있다.

또 유능해지고자 하는 모든 이들의 삶을 위하여 봉사하고자 하고 있다.

카네기 지도론

참다운 지도는 함께 나아가는 것이다. 무엇을 제시하거나 지시하기 전에 피지도자가 무엇을 하고자 하는가, 무엇을 할 수 있는가를 알아서 그것을 이끌어주고, 또 그것이 이루어지도록 함께 노력하는 것이다.

이 책은 무엇이 참다운 지도인가를, 즉 어떻게 함께 나아갈 것인가를 그려내 보여주고 있다.

카네기 대화술

올바른 언어의 선택은 의사소통을 보다 원활하게 한다. 훌륭한 대화는 인간행위의 가장 승화된 형태라고 할 것이다.

이 책은 청중을 향하여 효과적으로 이야기하는 방법이 제시되어 있으며, 화술 훈련에 임하면서 경험한 실례를 중심으로 쓰여졌다.

현재를 출발점으로 당신은 효과적인 화술 방법을 통해 자신의 무한한 능력을 깨닫게 될 것이다.

카네기 처세론

최고의 처세라는 것은 우선 최선의 목표를 정하고 그 성취에 이르는 길을 갈고 닦는 것이다. 거기에다 자기를 세우고, 삶을 키워내고, 세상을 이끌어 갈 수 있는 힘을 닦는 것이다.

이 책은 거기에 있는 불후불굴의 조언을 새겨주고 있다.

카네기 자서전

노동자들은 온정에 보답하려는 깨끗한 마음을 갖고 있다. 적어도 진실로써 다른 사람을 대하고 어떤 문제가 발생했을 때 성의를 다해서 전력한다면 그들이 사용자에게 어떻게 대할 것인가 하는 염려 같은 것은 전혀 할 필요가 없다. 그러므로 덕은 외롭지 않다. 덕을 베풀면 반드시 그에 대한 결과가 있기 때문이다. 그리고 사업에 성공할 수 있는 가장 큰 원인은 완전한 계산을 통하여 금전과 자재 등의 책임을 충분히 인식시키는데 있다.

신념의 마력

인간은 마음 먹기에 따라서 세상의 모습을 바꾸어 놓을 수 있다.

인간이 지닌 많은 힘 가운데 가장 큰 힘이 마음의 힘인 것이다.

신념은 일상생활을 통하여 우리의 이상을 그려낼 수 있는 강한 추진력이다.

이 추진력을 바탕으로 우리는 우리의 생활을 삶을 뜻대로 이루어 갈 수 있는 것이다.

정상에서 만납시다

미국의 유명한 저술가이며 자기개발 성공학의 권위자인 지그지글라가 진정한 성공에 다다를 수 있는 가장 빠른 방법을 제시하고 있다.

29년에 걸친 판매 경험과 인간개발 경험을 살려 각계 각층에서 활약하고 있는 최고 전문가들의 성공철학을 파악, 여섯 단계로 그 비결을 밝혔다.

머피의 마음만 먹으면 당신도 부자가 된다

당신이 만약 풍족하지 않다면 행복하고 만족한 생활을 결코 영위할 수 없을 것이다. 여기에 풍족한 삶을 누리기 위한 과학적인 방법이 있다. 당신이 성공과 행복과 번영이라는 달콤한 과일을 얻고 싶다면, 이 책에서 이야기하는 것을 정확하게 되풀이해 배우라. 그러면 당신의 앞날을 보다 아름답고, 보다 행복하고, 보다 풍족하고, 보다 고귀하고, 보다 웅장하고 큰 규모로 펼쳐질 것이다.

머피의 잠자면서 성공한다

머피의 이론을 바탕으로 하면 자기가 바라는 바 지위나 돈을 어떻게 얻을 것인가, 또는 우호적인 인간관계를 어떻게 실현할 것인가를 터득할 수 있다. 따라서 이 책에 명시된 대로 따르기만 하면 당신은 인생 전반에 걸쳐 기적적인 효과를 얻을 수 있다.

저자와
협약에
의하여
인지를
생략함

주역 원론 ⑥

1999년 5월 30일 1판 1쇄 인쇄
1999년 6월 10일 1판 1쇄 발행
2022년 7월 20일 3판 6쇄 발행

지은이 / 한국주역과학연구원 · 김승호
편집인 / 장상태 · 김범석
펴낸이 / 김영길
펴낸곳 / 도서출판 선영사
주소 / 서울시 마포구 서교동 485-14 선영사
전화/ (02)338-8231~2
팩스 / (02)338-8233

E-mail sunyoungsa@hanmail.net
등록 1983년 6월 29일 (제02-01-51호)

ISBN 978-89-7558-376-6 93150